绿色办奥　共享办奥

开放办奥　廉洁办奥

北京冬奥会会徽

会徽以汉字“冬”为灵感来源，运用中国书法的艺术形态，将厚重的东方文化底蕴与国际化的现代风格融为一体，呈现出新时代的中国新形象、新梦想，传递出新时代中国为办好北京冬奥会，圆冬奥之梦、体育强国之梦，实现“带动三亿人参与冰雪运动”目标，推动世界冰雪运动发展，为国际奥林匹克运动做出新贡献的不懈努力和美好追求。

会徽图形上半部分展现滑冰运动员的造型，下半部分表现滑雪运动员的英姿。中间舞动的线条流畅且充满韵律，代表举办地的山峦、赛场、冰雪滑道和节日飘舞的丝带，为会徽增添了节日喜庆的视觉感受，也象征着北京冬奥会将在中国春节期间举行。

会徽以蓝色为主色调，寓意梦想与未来，以及冰雪的明亮纯洁。红黄两色源自中国国旗，代表运动的激情、青春与活力。

北京冬残奥会会徽

会徽设计秉承展现举办地文化、体现以运动员为中心的理念，将中国书法艺术与冬残奥会体育运动特征结合起来。设计展现了汉字“飞”的动感和力度，巧妙地将其幻化成一个向前滑行、冲向胜利的运动员，同时形象化地展现了轮椅等冬残奥会特殊运动器械形态。

会徽图形上半部分线条刚劲曲折，下半部分柔美圆润，寓意运动员经过顽强拼搏、历经坎坷最终达到目标获得圆满成功。会徽展现了运动员不断飞跃、超越自我、奋力拼搏、激励世界的冬残奥精神。

会徽图形整体充满了昂扬向上的激情，奋进飞跃的动感，色彩丰富，构图完美，象征并激发运动员以坚强的意志作为精神的翅膀，在冬残奥赛场上放飞青春梦想！

奥林匹克文化读本

北京 2022 年冬奥会和冬残奥会组织委员会　编

北京体育大学出版社

策划编辑：力　歌
责任编辑：张　力
责任校对：王泓滢
版式设计：谭德毅

图书在版编目（CIP）数据

奥林匹克文化读本 / 北京2022年冬奥会和冬残奥会组织委员会编. -- 北京 : 北京体育大学出版社, 2022.1
ISBN 978-7-5644-3611-7

Ⅰ. ①奥… Ⅱ. ①北… Ⅲ. ①奥运会—文化研究 Ⅳ. ①G811.21

中国版本图书馆CIP数据核字（2022）第016125号

奥林匹克文化读本
AOLINPIKE WENHUA DUBEN

北京 2022 年冬奥会和冬残奥会组织委员会　编

出版发行：北京体育大学出版社
地　　址：北京市海淀区农大南路1号院2号楼2层办公B-212
邮　　编：100084
网　　址：http://cbs.bsu.edu.cn
发 行 部：010-62989320
邮 购 部：北京体育大学出版社读者服务部 010-62989432
印　　刷：北京瑞禾彩色印刷有限公司
开　　本：710mm × 1000mm　1/16
成品尺寸：170mm × 240mm
印　　张：20
字　　数：346千字
版　　次：2022年1月第1版
印　　次：2022年1月第1次印刷
定　　价：88.00元

北京 2022 年冬奥会和冬残奥会
系列教材编委会

《奥林匹克文化读本》编委会

目 录

Contents

第一章　绪　论

奥林匹克运动是人类社会一个罕见的杰作，它的影响力远远超出体育的范围。它将体育运动的多种功能发挥得淋漓尽致，在当代社会的政治、经济、哲学、文化、艺术、传媒等众多领域产生了一系列令人称奇的效应。奥林匹克运动之所以能如此，与它独特的多重性密切相关。奥林匹克运动既是促进人类和平与进步的社会运动，也是现代社会规模宏大的体育运动。与其他社会运动相比，奥林匹克运动的不同之处在于，它以体育运动为手段促进社会进步。体育运动在很多人眼里不过是跑跑跳跳、打打闹闹、玩玩乐乐的儿戏，既登不了大雅之堂，也解决不了实际问题，因此不值得认真对待。然而，以皮埃尔·德·顾拜旦为代表的奥林匹克先驱们却独具慧眼，认识到体育运动不仅有促进人的发展的独特作用，而且有推动社会进步的巨大潜能。于是，这些思想敏锐、见识卓越的先进人物破除陈规陋习，试图用“不严肃的”体育运动作为工具，实现其“严肃的”的社会目标。事实证明，这在当时许多人看来异想天开的“荒谬”做法，让奥林匹克运动有了大众可参与、可体验、可观赏、可交流的实践工具。体育运动让奥运以人们喜闻乐见的方式扎根社会、广接地气，与青少年为主体的各类人群结合起来，使奥林匹克运动独具特色，成为当代最具活力的全球性社会运动。与一般的体育运动相比较，奥林匹克运动的特异之处在于它立意高远，坚持体育“服务于人类和谐发展”的方向，以体育运动培养和教育全世界的青少年，促进社会进步，从而“通过体育运动，建立一个更美好的世界”。这种强烈的历史使命感和社会责任心，使奥林匹克运动在众多体育运动中脱颖而出，其源于体育、超越体育，迸发出撼人心弦的感召力。这就是为什么世界杯、世界锦标赛让人赏心悦目，而奥运会则不仅给人美的享受，而且让人感动。

人们不禁要问，奥林匹克运动依靠什么将体育运动与社会功能融为一体，独树一帜，形成了自己的特性，产生了如此多的正能量？答案就是它有自己独具特色的文化色彩。

文化是人类社会十分重要而常用的一个概念。但是，对于究竟什么是文化却仁者见仁，智者见智，关于文化的定义多达160多种。尽管人们对文化的看法五花八门，多有争议，但有一点是共同的，即文化的核心是价值观念，一种文化的产生同发展与它所秉持的价值理念息息相关。当其价值观念符合社会需求、顺应时代潮流时，这种文化就兴旺发达；当其价值观念脱离社会需求、逆潮流而动时，这种文化就趋于衰败。

奥林匹克运动是由政府、社会、市场的诸多组织及无数个体共同参与、协同运作的伟大事业。国际奥林匹克委员会（以下简称国际奥委会）是非政府非营利的社会组织，用通俗的话来说，它既无权势，也无钱势。然而，奥林匹克价值观使得国际奥委会具有超强的号召力，让差异巨大的众多参与者团结起来，各司其职，各尽所能，同心同德地致力于奥林匹克伟业。国际奥委会的《奥林匹克宪章》对此有明确的说明，奥林匹克运动是在国际奥委会为最高权力机构的指导下，所有参与者和组织在奥林匹克主义价值观的激励下，开展的一个一致的、有组织的、普遍的和持久的活动。显然，正是有了奥林匹克主义价值观的激励，共识才得以凝聚，平台才得以锻造，奥林匹克运动才吸引了各类参与者的全身心投入并获得全世界的普遍认同。

那么，什么是奥林匹克主义价值观？《奥林匹克宪章》指出，奥林匹克主义是将身、心和精神方面的各种品质均衡地结合起来，并使之得到提高的一种生活哲学。它将体育运动与文化、教育融为一体。奥林匹克主义所要建立的生活方式是以奋斗中所体验到的乐趣、优秀榜样的教育价值、社会责任及对一般伦理基本原则的推崇为基础的。显然，奥林匹克主义是沿着由个体到社会，由微观到宏观的操作顺序构建的。其要义是，通过体育运动促进个人的和谐发展，将人自身的和谐与社会和谐结合起来，以人的进步促进社会的进步，最终建立一个和平而美好的国际社会。奥林匹克主义涉及人自身、人与社会及人与环境，可从不同维度和层次引申并开发出许多价值，如人的均衡发展、公平竞争、健康生活方式、积极的人生态度，对胜利者的赞扬、对失败者的尊重、相互了解、和平、团结、正义、民主及绿色环保、可持续发展等。国际奥委会经过认真研究，确定“卓越”（Excellence）、“友谊”（Friendship）和“尊重”（Respect）为奥林匹克核心价值。由于奥林匹克主义以竞技运动为实践手段，而竞技运动的灵魂是公平竞争 (fair play)，只有公平公正地比赛，才能让运动员和观众认同并践行奥林匹克核心价值，因此，公平竞争在奥林匹克文化中是具有底线意义的规范价值。这样，奥林匹克文化的核心价值可以概括为“卓越”“友谊”“尊重”与“公平竞争”。这些奥林匹克价值是奥林匹克运动的定盘星和压舱石，也是奥林匹克运动的文化基础。顾拜旦等先驱者筚路蓝缕、殚精竭虑开创的奥林匹克运动，在一百多年的风云变幻中历经艰难困苦，仍能生机勃勃、持续不断地为人类社会注入活力，一个根本原因就是它围绕着奥林匹克价值理念，构建出独具特色的文化，为奥林匹克运动提供了有力的支撑，引导其与时俱进，持续走在时代前列。

以奥林匹克价值为基础构建起来的奥林匹克运动的特有文化可以表述为“以奥林匹克体育运动为手段，促进人的和谐发展，促进一个和平的维护人的尊严的社会所需要的价值观念、制度体系和活动安排”。（图 1-1）

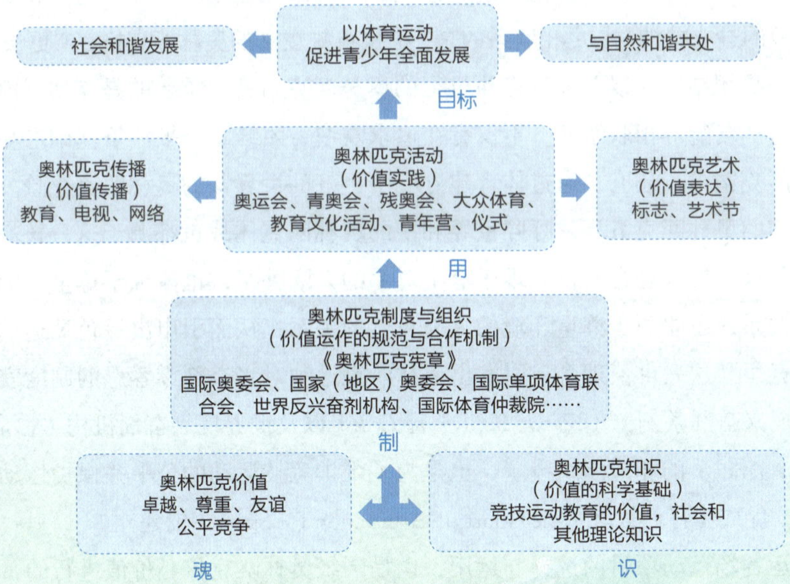

图 1-1　奥林匹克文化的结构

奥林匹克价值是奥林匹克运动的灵魂；奥林匹克知识为奥林匹克价值提供坚实的认知基础，保证奥林匹克运动沿着理性的道路前进；奥林匹克制度与组织是将奥林匹克价值付诸实践的中介转化器，决定着奥林匹克运动的文化运作方式与效率；奥运会等奥林匹克活动及其衍生物，如奥林匹克标志、仪式、吉祥物、建筑、文学、艺术、音乐、影视等是奥林匹克价值的外显形态，将抽象的奥林匹克价值转化为可视、可听、可触，可感知的实践形态，是践行奥林匹克主义的工具。奥林匹克运动的实践形态种类繁杂、丰富多彩，虽然内容不同，形式各异，但都是奥林匹克价值的载体，因此散而不乱，多而不杂，在奥林匹克价值的统领下集结为一个统一的整体。

奥林匹克价值对奥林匹克运动具有导向性、基础性和整合性的重要作用。它决定着奥林匹克知识的探求方向、奥林匹克组织制度设置的准则及奥林匹克运动在实践中的应用范围与对象。从文化视角理解和学习奥林匹克运动，关键在于把握奥林匹克价值。只要切实理解了卓越、友谊、尊重与公平竞争这些核心价值理念，也就理解了奥林匹克运动的精髓，因为奥林匹克运动的各种要素都是围绕着奥林匹克价值生发和展开的。在奥林匹克运动的理念构建、制度安排、组织设计、活动计划、标志标记、场景布置、媒体造势等多姿多彩的表象背后，我们都能看到奥林匹克价值无所不在的身影。

例如，“卓越”这一价值理念，体现了奥林匹克运动中奋斗拼搏、积极进取、永不言败的进取精神。与之相联系的是，推崇英雄主义的奥林匹克格言“更快、更高、更强——更团结”，以及强调奋斗过程的奥林匹克名言“重要的是参加，而不是取胜”。与“友谊”相联系的，不仅有在追求友谊、团结、公平竞争基础上相互理解的奥林匹克精神，还有“通过体育建立一个更好的世界”的奥林匹克愿景。象征五大洲团结的奥林匹克五环，呼吁世界和平的奥林匹克休战也都源于这一核心价值。“尊重”这一价值理念不仅体现于尊重对手的人际关系，也体现于尊重规则的人与社会的关系，还体现于尊重环境的人与自然的关系，从而引申出绿色奥运的观念。“公平竞争”这一价值理念，引发出奥林匹克运动对兴奋剂零容忍的制度安排，如《世界反兴奋剂条例》（*World Anti-Doping Code*）以及世界反兴奋剂机构（World Anti-Doping Agency）的相应组织设置，也是为了维护竞技运动的公平并保护运动员的正当权益，促成体育仲裁院（the Court of Arbitration for Sport）的建立。

奥运赛场运动项目的选择与运用，也是围绕奥林匹克核心价值进行的，以确保运动员在公平公正的身体对抗中，相互竞争，追求卓越，相互激励，增进友谊，相互尊重，加深理解。奥林匹克价值使奥运竞技超越单纯的体育比赛，获得新的文化意义，成为培养身心和谐，全面发展的一代新人的教育利器。不同的奥运项目从不同角度呈现奥林匹克价值，使这一教育利器类别丰富，功能齐全。

奥林匹克运动的价值理念不仅让奥运在理性层面求真，在道德层面求善，而且在情感层面求美。正如顾拜旦所言，体育运动应是一个创造美的过程，展示美的机会。通过这种独特的审美过程，让人的心灵得到净化，品质得到提高。于是，各种艺术手段都在奥林匹克运动中找到自己一显身手的用武之地，以“提供一个适宜的、充满崇高和壮美的场景来激发运动员和观众的最高尚、最慷慨的情感”。奥林匹克艺术之所以能创建这种场景，激发这种情感，靠的不是表浅虚浮的廉价美吸引人的眼球，而是通过浸透奥林匹克价值的艺术感染力，来打动人心，这就是顾拜旦说的“各种艺术互相渗透，声音、线条、色彩和形式仿佛在运动中结为一体……构成一个有价值的奥运会环境”。

奥林匹克价值观渗透并体现在奥林匹克运动的方方面面，使得奥林匹克运动的文化元素无所不在。奥林匹克价值观也是解读奥林匹克运动的钥匙，有了这把钥匙，我们才能全面而深刻地理解奥林匹克运动。

（任海　撰稿）

第二章　奥林匹克价值溯源：古代奥运会

我们深信，体育运动将借助于奥运会的复兴不断发展壮大，成为高尚完善的化身，全世界的青少年将在它的熏陶下，热爱和平，尊重生命。

——皮埃尔·德·顾拜旦

第一节　献给宙斯的祭礼

马克思说："价值这个普遍性的概念是从人们对待满足他们需要与外界的关系中产生的。"古代奥林匹克运动会（简称古代奥运会）作为一项延续千年的文化传统，自然有其自身独特而持续的价值。

由于古代奥运会的历史久远，加之古希腊是神话的王国，人们往往在古希腊美丽动人的神话中去寻找有关古代奥运会起源的故事与传说。最早关于古代奥运会起源的神话传说是：宙斯在战胜父亲克罗诺斯，成为新的万神之王后，在奥林匹亚举行了盛大的庆典活动，其中包含竞技比赛，这就是最初的古代奥运会。而在其他的神话传说中，古代奥运会的起源则与宙斯的儿子赫拉克勒斯有关：因为力大无比，赫拉克勒斯被誉为大力神。有一天，伊利斯国王奥吉亚斯与赫拉克勒斯打赌，如果赫拉克勒斯能在一天内，把3000头牛的牛圈打扫干净，就能得到300头牛的奖励。聪明的赫拉克勒斯引来阿尔菲斯河河水，很快就把牛圈冲洗得干干净净，然而，奥吉亚斯不仅要毁约，甚至还想杀死赫拉克勒斯。后来，在宙斯的帮助下，赫拉克勒斯杀死了奥吉亚斯，并在奥林匹亚举行竞赛来庆祝胜利，以报答宙斯，于是便有了古代奥运会。

虽然神话传说内容各异，但有一点是共同的，那就是古代奥运会的起源与古希腊的宗教习俗有关：古希腊人非常热衷举办竞技会，他们认为，只有让奥林匹斯山上的众神高兴，他们才会在种庄稼、航海、打仗等活动中帮助自己。举办竞技会，请众神观看，是古希腊人认为可以取悦神明的方法之一，因此在古希腊有着大量以祭神为目的的竞技会，如祭祀海神波塞冬的伊斯玛斯运动会、祭祀太阳神阿波罗的皮托运动会、祭祀智慧女神雅典娜的泛雅典运动会等，其中，古代奥运会因为是献祭给万神之王宙斯的，就成了古希腊影响最大的竞技会。可以说，宗教祭祀就是古代奥运会的价值渊源。

除宗教习俗外，古代奥运会还有着坚实的社会现实基础。古希腊位于欧洲南部巴尔干半岛。该半岛充满生机的自然环境使古希腊人形成了爱美和爱好运动竞技的传统。古希腊最早的奴隶制国家出现于公元前2000年的克里特岛。克里特人在古代东方文化的影响下创造了自己的文化，包括舞蹈、斗牛、拳击和摔跤等。公元前15—公元前12世纪的迈锡尼文化时期，若干祭礼竞技已逐渐具有了民族节日竞技的性质。公元前12世纪末，多利安人进入希腊，到公元前9世纪，逐步形成了许多城邦，这段时间被称为荷马时代。从荷马史诗《伊里亚特》和《奥德赛》中，可以看出这一时期古希腊人的体育还带有浓厚的原始性质。当时进行的祭礼运动的主要竞技项目有战车赛、站立式摔跤、拳击、赛跑、标枪、铁饼、跳跃、混斗、射箭等。城邦经济文化的繁荣和城邦间的复杂竞争，带来了古希腊体育的繁荣。斯巴达和雅典先后成为繁荣时期希腊体育的代表。

位于伯罗奔尼撒半岛东南部的斯巴达城邦，在公元前6世纪中叶以前的两个多世纪中，一直保持着军事和体育方面的优势地位。为了加强对自由民和希洛族奴隶的统治，斯巴达实行彻底的全民皆兵制度，不重视文化教育。每个儿童都属于国家，被元老视为身体强壮合格的男孩在7岁时被送到公民教育机构，在青年指导员的指导下过集体生活。他们常年穿单衣，睡草垫，学习投枪、掷铁饼、跳跃、角力、赛跑五项运动，以及游泳、球戏、游戏和音乐、舞蹈等。随着年龄的增长，与军事有关的内容也相应增加。为了培养机敏和勇敢的品质，这些儿童还被纵容偷窃食物，但被发觉后仍要受到惩罚。年满18岁的青年进入士官团接受正规军事训练，包括使用兵器、五项运动和被称为斯巴达体操的拳击练习，并在军官的带领下参加夜间捕杀奴隶的偷袭活动。两年后，他们宣誓效忠国家，开始服兵役，正式成为军人，在30岁取得公民资格，有权出席公民会议，可以结婚，组成家庭，但要继续住在军营服兵役，直到55岁年老体弱为止。斯巴达城邦还派专人负责在专门的场所对女孩进行身体和军事训练，训练内容和男孩大致相同。斯巴达女子教育的目的是培养强健的母亲，以期生育健康的后代。

雅典是希腊的另一大城邦。在公元前338年希腊被马其顿征服之前，雅典是其当时教育和体育最发达的城邦。雅典公民既是军人，又是社会和文化活动家，因而雅典的教育注重培养身心和谐发展的公民。心的教育包括文化和音乐教育；身的教育既着眼于军事准备，也很重视身体的健美匀称。儿童7岁前在家庭接受由双亲安排的教育。7岁后，男童开始通过私立学校接受文法和音乐教育，并每天由体育教师带领进行一般的体操和户外游戏，以培养正确姿势，养成优美的举止；13岁后，除在原学校继续接受教育外，还必须进入体操学校进行较正规的体育训练，并学习赛跑、跳远、投标枪、掷铁饼和摔跤五项竞技运动，以及游泳和舞蹈；16岁左右，一般要进入国家体操馆继续学习，并参加成人的各种社会活动；18岁起，测验合格者成为公民，宣誓入伍，接受两年严格的军事训练，并到边防去见习；毕业后，只要无战争就可从事自己喜欢的职业。雅典的女性不像斯巴达的女性那样享有较广泛的权利，她们只是在音乐学校接受一些与舞蹈有关的身体训练。

从荷马时代兴起的古希腊祭礼竞技，随着城邦经济的日益繁荣，孕育产生了许多地方性或全希腊的运动会，其中影响较大的有：奥林匹克竞技会、伊斯特摩斯竞技会、皮提亚竞技会、尼米亚竞技会、赫拉竞技会、菲利普波利斯竞技场的竞技会和雅典娜女神节竞技会等，其中的奥林匹克竞技会，即古代奥运会的前身。

第二节　跨越城邦的庆典

古代奥运会是一个以祭祀神灵为主要内容、以体育竞技为主要形式的综合性的希腊民族盛会，成千上万的人居住在奥林匹亚，大多数人会在平原上搭建帐篷。古希腊人除了进行宗教仪式和体育赛事之外，还进行形式多样的政治、经济、文化交流活动。各个城邦借此机会进行商谈和签订盟约；哲学家互相交流思想，探讨深奥问题；商人们则大肆推销自己的商品；各地的诗人和艺术家也齐聚一堂。奥运会就是全希腊和平的盛会，加强了城邦之间的联系和友谊，促进了希腊文明的发展。

在古代奥运会的第一天下午，由于体育竞赛尚未开始，而盛大的竞技者祭祀仪式已经完毕，所以这天下午就成了艺术家们推销自己的大好时机。这时，各城邦许多著名的学者、艺术家、社会名流以及四方游学之士纷纷云集到这一宗教文化活动的中心，把古代奥运会变成了一场艺术的盛会，并借机向人们宣扬他们的哲理，灌输他们的思想，展示他们的才华，以传播古希腊的灿烂文明。这种艺术形式在后来近千年的历届竞技会上都不曾取消，并演化为一种艺术的竞技比赛，备受人们的欢迎。

被人们称为“历史之父”的希罗多德在第 84 届奥林匹克竞技会艺术比赛中朗诵了其所著的《历史》中的某些章节，热情歌颂了古希腊将士在公元前 490 年的马拉松平原英勇抗击波斯侵略军的英雄气概，富有强烈的民族正义感，荣膺艺术比赛的第一顶桂冠。赛会期间，除了来自各城邦的艺术家、哲学家和历史学家，还有商人借此洽谈买卖、订立契约，使竞技会同时成为古希腊思想、文化、经济交流的大集会。

第三节　血统纯正的竞技

古代奥运会对参赛运动员资格有着严格的规定：必须有纯希腊血统，必须是男性，必须有良好的品行，从未被判过刑或受过罚。奴隶、女性和外国人则被排斥在比赛之外。在古代奥运会漫长的历史中，纯希腊血统且从未受过刑罚的男性公民和自由人是选拔运动员最主要的原则。

凡初审合格的运动员，必须按规定在赛会前进行 10 个月的训练。他们先在自己的城邦训练 9 个月，然后到伊利斯最大的体育馆向裁判员报到，在裁判员的监督和指导下再进行 1 个月艰苦严格的训练。训练期间，运动员不得吃肉，只能吃些枣、新鲜干酪、无花果、菜汤、粟谷之类。训练结束时，运动员将再次接受审查，在社会背景、个人品德、身体状况和运动技能等方面不合格的选手会被剔除，以最后决定他们是否具有参加竞赛的资格。凡合格者，其姓名会被写在一块柏木板上，放置于奥林匹亚最显眼的地方。最后，全体运动员列队听取裁判员这样一段会前例行的讲话：“如果你们的训练无愧于奥林匹克竞技会，如果你们不因为懒惰和不光彩的行为而丢脸，那就勇敢地前进。如果你们不这样办，那就请便吧！”从这时候起，这些入选的运动员便不许退出未来的竞赛。这样一来，能够进入古代奥运会赛场的都是出类拔萃的古希腊青年，他们一旦被选中，便不许退出比赛，如果退出，不仅要交纳很重的罚金，而且会被人唾弃，从此颜面无光，在城邦里抬不起头。

古代奥运会按运动员的年龄分为两级，17~20 岁者为少年级，20 岁以上者归于成年级。少年级运动员也可以参加成年级的比赛，但必须得到裁判的允许，否则成绩不予承认。在最初几届竞技会上，运动员腰上都束一种叫作“兜裆布”的东西，从公元前 720 年第 15 届开始，运动员均以裸体参赛。

古希腊运动员们通常裸体进行训练和比赛，以此表达身体和心灵和谐的理想。在体育馆或运动场上，运动员会在身体上涂抹橄榄油，然后覆盖细沙粉尘。油和沙子的组合有助于调节运动员的体温，并阻隔阳光的直射，同时还能减轻教练棍子体罚的疼痛。在训练或比赛结束后，运动员会先用弯曲的刮油板刮去皮肤上的汗水、油脂和沙子，然后用水和海绵清洁身体。

古代奥运会的组织工作由伊利斯城邦的官员和宗教领袖具体负责。古代奥运会从第 1 届开始即设立裁判员。第一位裁判员是伊利斯国王伊菲图斯，以后裁判职务按传统由伊利斯人继承。在最初的 200 年中，裁判员只有一人，由伊利斯最负盛名的俄克叙卢斯家族的人担任。公元前 580 年，改为伊利斯各族人公选两名裁判。到第 75 届时，裁判员增为 9 人，3 人负责车马赛，3 人负责五项竞技，3 人负责其他比赛，并选出一名裁判官。以后裁判人数时有增减，到公元前 348 年第 108 届奥林匹克竞技会才正式确定为 10 人。古代奥运会举办前一年，由伊利斯城邦在有名望的贵族中推选出裁判官主持奥运会比赛，每届竞技会开始前 10 个月，中选的裁判员必须到伊利斯参加集训，主要学习比赛规则和其他一些常识。裁判员不仅要承担比赛期间的裁判工作，还要负责整个竞技会的组织工作。如在收到运动员报名单后，要对运动员进行资格审查，将合格者登记入册；在运动员报到后，要在每天早上给以训练指导，讲解运动道德方面的问题。裁判员还有一项重要工作，就是在每届竞技会前一天，向古希腊各城邦下达“神圣休战”1 个月的命令（后来又延长到 3 个月）。他们身着紫色长袍，头戴月桂冠，手握赋予极大权力的法鞭。整个竞技会在他们指挥下井然有序地进行。竞赛中有不服判决者，可向竞技会评议会提出上诉，如果确系误判，裁判员将被课以罚金，但判决结果不会更改。在整个古代奥运会历史上，裁判员一直起着很大的作用，判决也较为公正。古代奥运会以执法严格闻名，如有违反规则，比如贿赂裁判员等，将会受到严厉惩罚。在古代奥运会遗址内有一处叫作“达奈斯”的区域，立有 16 座宙斯铜像，它们是由违反奥运会规则的人敬献的，底座上刻有违规者的名字，以示惩罚，警示后人。

第四节　千年不辍的赛会

古代奥运会大约起源于 3000 年前，从公元前 776 年有文字记载的第 1 届古代奥运会到公元 393 年，每 4 年一届，共举办了 293 届，历时 1169 年。

古代奥运会的举办地在奥林匹亚，它位于伯罗奔尼撒半岛西部，伊利斯城邦南面的阿尔菲斯河和克拉德斯河交汇处，距离雅典300余千米。奥林匹亚原是自然神崇拜的地方，在公元前1200年左右才成为祭祀宙斯的圣地。奥林匹亚的中心是阿尔提斯神域，这里既是运动员比赛和颁奖的地方，也是人们祈祷与祭祀的场所。阿尔提斯神域是一块不规则的方形区域，每边长约182米，这里是为宙斯举行祭祀仪式的地方，神域内的主要建筑是宙斯神庙和赫拉神庙，此外还有圣院、宝物库、宾馆及行政用房等。神域内最早的建筑物可上溯到公元前2000年—前1600年，其中以位于中央的宙斯神庙（约公元前460年建）最为著名。宙斯神庙长约66米，宽30米，在东西两端各有6根、南北两面各有13根多里安式石柱。在东西两面的山墙上则是表现古希腊英雄珀罗普斯在奥林匹亚赛车及古希腊人与半人半马怪兽斗争的神话故事的雕像，这些雕像是古希腊早期古典雕刻的代表作。神庙内有一座巨大的宙斯神像，相传为古典雕刻大师菲迪亚斯的作品。它大约建造于公元前5世纪后半叶，由黄金、象牙镶嵌制作而成，是古希腊极盛时期雕塑的代表，极为宏伟精美，被誉为古代世界七大奇迹之一。神域东北侧为体育场，四周有大片坡形看台，西侧设运动员和裁判员入场口，场内跑道的长度为210米，宽32米。它与附近的演武场、祭司宿舍、宾馆、会议大厅、圣火坛和其他用房等共同构成了竞技会的庞大建筑群。在古代奥运会创立初期，奥林匹亚的设施非常简陋，运动员们在草地上进行比赛，观众则站立在草地两旁的土坡上呼喊加油。后来，随着古代奥运会影响力的不断扩大，奥林匹亚开始逐渐修建起各种类型的训练馆、运动场和其他附属设施。

相传早在古代奥运会创立之前，奥林匹亚就曾举行过纪念希腊神话英雄珀罗普斯的殡葬会，后来大力神赫拉克勒斯又在这里举行竞技会，用来奉献给众神之王宙斯。公元前776年，斯巴达城邦与伊利斯城邦结成神圣同盟后，奥林匹亚的竞技会被再次恢复，并确定每4年举行一次。而这一年也就成为按竞技会计算的全希腊纪元的开端。公元前4世纪时，人们开始把古代奥运会的序次作为纪年的序次，如公元前760年被称为第5届奥林匹克第一年，公元前757年被称为第5届奥林匹克第四年。

古代奥运会在夏至后第一个望月日开幕，会期最初只有一天，随着规模的扩大，从公元前632年第37届古代奥运会开始，会期延长到3天，从公元前472年的第77届古代奥运会起，会期又延长到5天。5天中，除了进行竞技比赛外，还会举行各种祭祀活动和艺术比赛，具体活动安排是：

第1天，浩浩荡荡的队伍由裁判官率领，在中午时分到达奥林匹亚。运动员前往议事厅，在宙斯的神像前供奉上一头野猪，然后宣誓，表明自己已经至少训练了10个月，将公平地参加比赛。运动员的父亲、兄弟和教练，还有裁判员也都要宣誓。比赛项目和运动员姓名将被写在竞赛秩序板上，并公之于众。奥运桂冠也准备就绪。这一天还要进行号手赛和传令员赛，优胜者获得比赛服务的资格，在比赛期间吹号和宣布选手姓名。

第2天，全天用于少年比赛项目。进行的第一项比赛是跑步。第二项比赛是摔跤，少年运动员捉对比赛，直到剩下最后一对来争夺冠军。然后进行拳击比赛和混斗。落日时分，比赛结束。

第3天，上午是激动人心的赛马和赛车，比赛的顺序是：四马车赛、成年马比赛、骡车赛、马驹赛或牝马赛、双马车赛、四马驹车赛、双马驹车赛。届时观众齐集赛场周围，全神贯注地观看比赛，向胜利者欢呼，并嘲笑失败者。下午，大家又蜂拥到竞技场，观看五项比赛（跳远、掷铁饼、赛跑、掷标枪和摔跤）。晚上是祭祀活动，在珀罗普斯墓前奉上祭品——一只黑色的公羊。

第4天，首先是大型的宗教祭祀，也叫“百牲祭”。各城邦的代表团列队前往宙斯祭坛，在祭坛前宰杀100头公牛，将其大腿作为祭品置于祭坛上焚烧，将牛身的其余部分分给观众，然后继续进行比赛。首先是赛跑，傍晚进行重竞技，即摔跤、混斗和拳击。这天的最后一项比赛，也是整个古代奥运会最后进行的项目是武装赛跑。

第5天，主要用于表彰优胜者。在观众的热烈欢呼下，优胜者列队行进，抵达宙斯神庙。传令员大声地逐一宣布获胜者名单，然后由最年长的裁判员给他们戴上桂冠。优胜者给宙斯献上祭品并表示敬意。中午赛会组织者举办盛大宴会。晚上各城邦代表或乐善好施的富人也会举办各种宴会，祝贺优胜者，人们欢唱、庆贺、舞蹈，彻夜不眠（图2-1）。

图2-1　古代奥运会裸体竞技的运动员

随着古希腊城邦社会由繁荣走向衰落，由各古希腊城邦组成的环地中海经济圈开始瓦解，古代奥运会失去了其作为文化纽带维系各古希腊城邦的重要作用，也就不再是古希腊人的精神家园，从而走向衰落。公元前338年兴起于古希腊北部的马其顿王国南侵，进一步加速了古代奥运会的衰亡。马其顿人在征服古希腊以后，尽管保留了古代奥运会，但古代奥运会的神圣精神已大为褪色，其规模和人们对它的关心、热情程度已远不如昔。古代奥运会已不再是以往古希腊人所盼望的那种全民族的节日庆典了。公元前146年，罗马人又征服了马其顿人，希腊半岛也因此而成为罗马共和国的一个省份。罗马人对古希腊的“赤身运动”甚为反感，所以在一段时间内几乎废除了古希腊的节日竞技活动。对于古代奥运会则表示各国运动员皆可参加，项目中也增加了罗马的“人兽角斗”，这便否定了奥林匹亚的神圣，打破了只有古希腊人才能参加古代奥运会的传统。公元394年，罗马皇帝狄奥多西一世立基督教为国教，禁止异教活动，古代奥运会亦被废止。公元426年，狄奥多西二世又下令烧毁了奥林匹亚残存的庙宇。斗转星移，数百年后，经过几次洪水和地震，古代奥运会遗址被埋于地下。

第五节　神圣休战的传统

“战争与和平”被认为是推动古代奥运会产生与发展的最重要动力。公元前9—公元前8世纪，希腊城邦制的奴隶社会逐渐形成，建立了200多个城邦，这些城邦各自为政，战争频繁。准备战争的需要使各城邦都有专门的体育制度，力求通过身体的教育和训练来培养符合战争需要的人，摔跤、混斗、拳击、四马战车赛、马车赛、角力、赛马、武装赛跑、五项竞技等古代奥运会的比赛项目大多也与军事技能有关，比赛项目设置将战争与古代奥运会的密切关系展现得淋漓尽致。

虽然起源于备战的需要，但古代奥运会最重要的结果却是在各城邦之间实现和平。正如演说家吕西亚在《奥林匹克演说》中所说：“各位，我们应该纪念赫拉克勒斯的很多功绩，尤其要记得，是他，因为对希腊人的爱，第一个开展了这一竞技。在此之前，各个城邦之间如同陌生人。但是他在粉碎了专制和惩罚了暴行后，建立了一个体育比赛，这是对财富的挑战，是在希腊最美的部分展示智慧，使我们能为了自己的这些耳目之乐而集合在一起，因为他认为，我们在此处的盛会，将是希腊人相互友善的开端。”在实现和平的方面，古代奥运会有着独特的制度保障——“奥林匹克神圣休战”。

小贴士

奥林匹克神圣休战

每逢奥运会，会有3位使者头戴橄榄花冠，手持节杖，从伊利斯出发，前往希腊的每一个城邦，宣告奥运会即将举行，“神圣休战”开始。“神圣休战”一经宣布，整个伊利斯城邦成为宗教圣地，禁止任何军事行动，也禁止人们带武器进入，通往奥林匹亚的所有道路畅通无阻，任何人不得阻拦。违背“神圣休战”的人和城邦都会受到严厉处罚。公元前420年，在“神圣休战”宣布后，斯巴达人攻打了伊利斯城邦的一个小镇子，伊利斯城邦便根据规定，按每名士兵罚款两个米那计算，要斯巴达人交罚金2000米那(相当于2万只羊的价钱)。斯巴达人抱怨说，他们实在不知道“神圣休战”已经宣布，拒不交罚金，伊利斯城邦就毫不客气地禁止斯巴达人参赛。“神圣休战”最初为期1个月，后因地中海沿岸的希腊殖民城邦也参加奥运会，便延长到3个月。“奥林匹克神圣休战”协议被铭刻在一个铁饼上，存放于赫拉神庙中。该协议延续了1000多年，使古代奥运会摆脱了战争的干扰，成为和平与友谊的盛会，体现了古希腊人渴望和平的意愿，并对现代奥运会产生了深远的影响。

第六节　影响深远的文化遗产

古代奥运会虽然消失在历史的长河中，但它给人类社会留下了一笔宝贵的文化财富。它创造的竞技运动组织模式与奥林匹克理想和精神，对现代体育产生了深远的影响。尽管古希腊体育披着宗教和军事的外衣，但在实质上，其对人体力量、技巧和健美的追求，已成为古希腊人生活的重要组成部分。这不仅体现了系统身体训练的形成，而且标志着体育本身已经成为一种社会实践活动。古希腊人为世界提供了实践体育所必需的多种组织形式：从单一项目的竞赛，到大型的综合性运动会；

从斯巴达国家主义型的体育制度，到雅典的大众型体育制度。这些都曾经对古代世界产生过广泛影响，并且为近代各国所仿效。崇尚智慧的古希腊人也为我们留下了许多宝贵的精神财富，今天体育科学的不少基本问题，例如关于体育的功能，德育、智育、体育、美育的关系，锻炼原理和方法，训练周期，体育道德等，都可以在古希腊哲人的言论中找到它们的萌芽形式。

一、身心和谐发展的理念

尽管古希腊体育涂上了浓重的宗教和军事色彩，可是对人体力量、技巧和健美的追求也成为古希腊人重要的生活方式。在斯巴达城邦，锻炼身体是人生的第一要务，青年人大半时间都在练习场上角斗、跳跃、拳击、赛跑、掷铁饼，为的是练成结实、轻灵、健美的身体。而在雅典城邦，教育的目的是培养身心和谐的公民，使他们既重视文化艺术的修养，也注意形体的健美。

古代奥运会所提倡的不仅是强壮的身体、超群的技艺，还有健美优雅的身体形态、良好的道德风尚。这是因为古希腊人认为美与善是不可分割的（对人体健美的追求，在一定程度上也反映了古希腊人对人的内心美好世界的追求）。这种观念在教育制度中形成，反过来又促进古希腊教育制度的成熟和发展。灵肉和谐的身体观，对文艺复兴和启蒙运动产生了深刻的影响，并为后世的体育所仿效。

二、寻求团结友谊的竞技精神

在纷争不已的古希腊，人们渴望和平与友谊，并尝试以各种方式实现这种愿望。聪明的古希腊人想到了以宗教祭祀性质的竞技运动比赛来强化城邦间的联系，使古代奥运会成为维系整体希腊世界的文化纽带，并设计出切实可行的措施如“奥林匹克休战”，来维护古代奥运会这一功能。这使竞技运动成为服务于人类和平事业的有力工具。古代奥运会化干戈为玉帛，使人民能够自由交往、经商旅行，不仅给当时社会生活带来生机，也为现代奥运会树立了榜样。

古代奥运会不是单纯的体育比赛，它包含着强烈的精神追求，进而形成了一种特有的竞技精神，主要体现为和平与友谊的精神。在“神圣休战”期间，各城邦人民可以自由交往、经商旅行，反映了人民渴望和平的意愿，对友谊的尊崇，公正、平等竞争的精神。这既是一种社会对人的理想化的规范，也反映了人们对公正、平等竞争的渴望与崇敬。

三、倡导公平竞争的社会伦理

古代奥运会创造了一整套公平竞争的原则和方法，使参赛者能够在平等的条件下进行比赛。公平竞争不仅是竞技运动赖以生存的基本前提，也是一个社会能够健康正常发展的基本条件。古代奥运会在维护公平竞争方面可谓不遗余力，如在第 53 届古代奥运会的混斗比赛中，费格里亚的阿尔哈霍翁被对手非法致死，裁判以荣冠戴其头上，并在奥林匹亚建立铜像以示纪念。对公平竞争精神的提倡，不仅保证了古代奥运会的发展和延续，也促进了古希腊社会的文明与进步。

四、张扬拼搏奋进的精神

古代奥运会是人们展示自我、表现自身价值的一种形式。古代奥运会竞赛制度继承了荷马时代形成的拼搏奋进的竞技精神。选手在奥运会上比赛，就是“要胜过别人，成为第一名”。古代奥运会只奖励第一名，只有冠军才享有胜利者的荣誉。这强化了人们敢于斗争、敢于胜利的拼搏精神，并将这种精神渗透进古希腊社会生活的各个方面，使其成为推动社会前进的重要动力。

五、成功的体育赛会模式

古代奥运会是具有多种社会功能的大型综合性盛会，是竞技运动与宗教、政治、经济、文化艺术进行结合的一次大胆而成功的尝试。其在发展过程中对与竞技运动赛事组织有关的一系列重大问题，如比赛设施、比赛周期、礼仪制度、项目设置、竞赛方式、道德要求及奖励方式等进行了全面而深入的探索，总结出一整套行之有效的办法，形成有法可依、有章可循的操作模式。古代奥运会的模式对后世体育运动的发展有深远影响。

古希腊人为世界提供了多种组织形式的体育赛会。从单一项目的竞赛，到大型综合性的运动会，都曾经对古代各国产生过广泛影响，并且为近代各国所仿效。直至今天，综合性运动会最成功的模式依然当数古代奥运会。

古代奥运会期间，除了体育竞赛外，还进行政治、经济、文化等活动。各地的艺术家在展示自己的作品，诗人们在高声吟咏，历史学家在讲演，哲学家们在辩论，商人们在交易场上讨价还价，官员们则聚在一起解决政治冲突、签订和约。古代奥运会成为古希腊城邦在政治、经济和文化等方面进行大交流的集会，这种模式深刻地影响了现代奥运会。

六、合理的奥林匹亚德

古代奥运会被看作是整个古希腊的庆典节日。根据当时的规定，古代奥运会每隔 4 年举行一次，后来人们便把这一周期称为“奥林匹亚德”。古代奥运会的举办年都是闰年，现代奥运会亦沿袭旧制，并始终遵循奥林匹亚德的原则，即使因战争无法按期举办奥运会，每逢闰年仍算届。第二次世界大战（以下简称“二战”）中的 1940 年和 1944 年即如此。“二战”结束后，奥运会延至 1948 年才举行第 14 届，也是因为这一年是闰年。必须强调的是，这一周期的称谓不适用于冬季奥运会。冬季奥运会是按实际举办次数来计算的。

（王芳　撰稿）

第三章　奥林匹克价值统摄：奥林匹克精神要素完善

奥林匹克主义是将身、心和精神方面的各种品质均衡地结合起来并使之得到提高的一种生活哲学。

——《奥林匹克宪章》

纵观全球的体育组织，可以发现：国际奥林匹克委员会（International Olympic Committee，IOC，简称国际奥委会），是一个具有浓郁精神元素和浓厚文化氛围的国际组织。虽然多数国际体育组织都具有非政府和非营利属性，甚至像国际足球联合会等组织也有规模庞大的管理团队，但是均与国际奥委会有着较显著的区别。国际奥委会拥有自身独特而鲜明的价值体系，在冠名为“奥林匹克主义”的精神符号指引下运行组织和开展活动，并使自身成为现代国际体育的领导者，同时也使名下的奥林匹克运动会（简称奥运会）、冬季奥林匹克运动会（简称冬奥会）、青年奥林匹克运动会（简称青奥会）、冬季青年奥林匹克运动会（简称冬青奥会）成为不同于其他国际体育赛事的、具有特殊氛围和仪式的国际文化活动。

第一节　奥林匹克主义

国际奥委会制定的关于奥林匹克运动的最高法律效力的文件是《奥林匹克宪章》，是约束所有奥林匹克运动参与者行为的根本大法、基本标准和奥林匹克运动利益相关方进行合作的基础，而奥林匹克主义是现代奥林匹克运动的核心价值引领。

《奥林匹克宪章》在序言的第一句就是：现代奥林匹克主义是由皮埃尔·德·顾拜旦提出的，1894 年 6 月在他的倡议下举行了巴黎国际体育大会。

最新版的《奥林匹克宪章》是2021年8月8日生效的，其第一项核心内容就是“奥林匹克主义的基本原则”，其中第一条就对奥林匹克主义做了严格的界定：

奥林匹克主义是增强身体、意志和精神并使之全面均衡发展的一种生活哲学。奥林匹克主义把体育运动和文化、教育相融合，谋求创造一种以奋斗中求乐、发挥良好榜样的教育作用及社会责任并尊重基本公德原则为基础的生活方式。

这里全面阐述了三个基本观点：一是奥林匹克主义是一种通过身体 + 精神 + 意志全面发展，进而实现人类均衡发展的生活哲学；二是奥林匹克主义实现的基本机制是体育 + 文化 + 教育，推动社会的和谐运行；三是奥林匹克主义通过倡导榜样的教育价值 + 以奋斗为乐 + 社会基本公德原则，促进人类建立一个和平的美好世界。（图3-1）

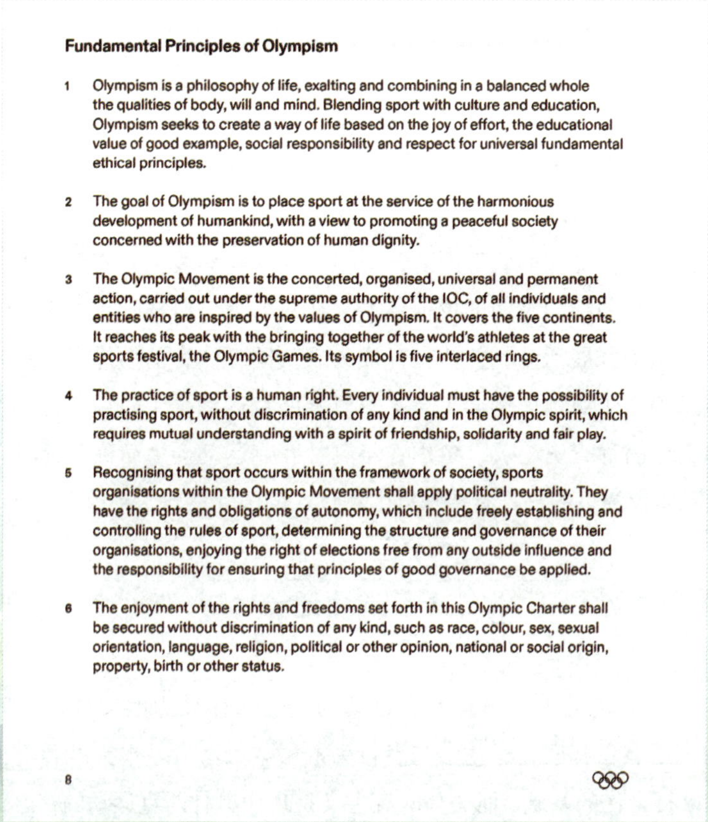

Fundamental Principles of Olympism

1 Olympism is a philosophy of life, exalting and combining in a balanced whole the qualities of body, will and mind. Blending sport with culture and education, Olympism seeks to create a way of life based on the joy of effort, the educational value of good example, social responsibility and respect for universal fundamental ethical principles.

2 The goal of Olympism is to place sport at the service of the harmonious development of humankind, with a view to promoting a peaceful society concerned with the preservation of human dignity.

3 The Olympic Movement is the concerted, organised, universal and permanent action, carried out under the supreme authority of the IOC, of all individuals and entities who are inspired by the values of Olympism. It covers the five continents. It reaches its peak with the bringing together of the world's athletes at the great sports festival, the Olympic Games. Its symbol is five interlaced rings.

4 The practice of sport is a human right. Every individual must have the possibility of practising sport, without discrimination of any kind and in the Olympic spirit, which requires mutual understanding with a spirit of friendship, solidarity and fair play.

5 Recognising that sport occurs within the framework of society, sports organisations within the Olympic Movement shall apply political neutrality. They have the rights and obligations of autonomy, which include freely establishing and controlling the rules of sport, determining the structure and governance of their organisations, enjoying the right of elections free from any outside influence and the responsibility for ensuring that principles of good governance be applied.

6 The enjoyment of the rights and freedoms set forth in this Olympic Charter shall be secured without discrimination of any kind, such as race, colour, sex, sexual orientation, language, religion, political or other opinion, national or social origin, property, birth or other status.

8

图3-1　2021年8月8日生效的《奥林匹克宪章》中关于奥林匹克主义的页面

在国际奥委会官方网站一个介绍“奥林匹克运动的愿景和使命”的图片中，奥林匹克主义被置于最顶端，用于统摄奥林匹克运动的愿景、价值观、使命、工作原则，其表述为：Olympism is a philosophy of life, which places sport at the service of humankind，其含义为：奥林匹克主义是一种用体育服务人类的生活哲学。显然，这个表述比《奥林匹克宪章》的界定更加简洁、明晰。

1911 年，现代奥林匹克运动的创始人皮埃尔·德·顾拜旦在“奥林匹克理想”概念的基础上提出“奥林匹克主义”这一新概念。1918 年，他在回答什么是奥林匹克主义时说：“奥林匹克主义是一种充满活力的宗教，它在促进健康和热心公益的基础上，围绕技艺与思想，通过富有阳刚之气的运动实践发展一种强有力的教育。”同时，他于 1918 年 2 月 24 日在洛桑希腊自由俱乐部的演讲中提出了“新奥林匹克主义”（Neo–Olympism）这一概念。

在他的语境中，奥林匹克主义被视为“一种精神状态”“信条”“维护世界和平的强有力因素”“强壮的身体文化”“建立在某种哲学和宗教理论上的学说”等。此外，顾拜旦也提出过“奥林匹克主义的基础是推崇奋斗、蔑视危险、热爱祖国、慷慨、骑士精神、熟识艺术与文学”的观点。1974 年，国际奥委会的罗马尼亚籍委员西波科提议给奥林匹克主义做一个明确的界定。1991 年 6 月 16 日生效的《奥林匹克宪章》第一次从国际奥委会官方层面给出了奥林匹克主义的定义。这一定义一直沿用至今。

奥林匹克主义确立了奥林匹克运动的最高指导原则，然而在奥林匹克运动的实践中，人们常常将奥林匹克主义与一些意义相近而不同的术语混用，如奥林匹克理想（Olympic ideal）、奥林匹克宗旨（goal of Olympism）、奥林匹克价值观（Values of Olympism）、奥林匹克精神（Olympic spirit）等。当然，奥运会、冬奥会、青奥会、冬青奥会等举办地也是根据本国国情对奥林匹克运动的指导思想有自己的独特认知和阐释系统。特别是在中国，人们常常用“奥运精神”来指代现代奥林匹克运动的最高指导思想，通过举办北京 1990 年亚运会和北京 2008 年奥运会创造性地生发出了“北京亚运精神”（无私奉献、艰苦奋斗、团结协作、争创一流）和“北京奥运精神”（为国争光的爱国精神、艰苦奋斗的奉献精神、精益求精的敬业精神、勇攀高峰的创新精神、团结协作的团队精神），带有鼓励全民支持举办亚运会和奥运会的意味，成为丰富国际奥林匹克运动指导思想的一种创造性的精神文化传承。

事实上，国际奥委会的精神元素和文化意味构成了以奥林匹克主义为最高指导思想的严密体系，上述奥林匹克宗旨、奥林匹克精神直接出现在《奥林匹克宪章》

的“奥林匹克主义的基本原则”七条内容中，相互之间的关系也是清晰明确的。

对奥林匹克主义的具体含义可以做如下解读：

第一，作为现代奥林匹克运动最高指导思想的奥林匹克主义是一种生活哲学，这是现代奥林匹克运动创始人顾拜旦的理想信念和现代奥林匹克运动不断升华的历程所决定的。随着时代的发展和现代体育的演进，国际奥委会的继任者们突破了顾拜旦本人的历史局限性，顺应时代潮流，建立了现代奥林匹克运动的指导思想，将奥林匹克主义定位于服务人类的和谐发展，力图通过对体育生活方式的倡导促成一个关注人类尊严的和平社会。

第二，奥林匹克主义首先关注人的个体身体、精神、意志的全面与均衡提升。这是奥林匹克主义致力实现和谐的、更美好的、和平的社会的基础。现代奥林匹克运动初兴时代的历史环境和社会背景是这一观念产生的基础，现代社会矛盾和人类发展的困惑为现代体育促进人类身体、精神、意志的全面均衡发展提供了机遇。在机器大工业、电子计算机和人工智能等相继成为人类发展的重要推动力乃至一个时代主题的历史进程的推动下，人类的未来发展对体育提出了更高要求，这也是现代奥林匹克运动服务人类的基本功能。

第三，奥林匹克主义强调通过体育与文化、教育融为一体的方式促进社会的进步，而体育与教育结合是个体身体、精神和意志和谐发展的基础。只有充分发挥体育运动的教育功能，使体育参与者，特别是青少年在体育运动中获得健美的身体、健全的心理、健康的灵魂，这样才能为和谐社会的形成奠定坚实的基础。要实现体育运动的教育功能和取得良好的教育效果，在全社会倡扬体育的价值，必须努力将文学、音乐、绘画、雕塑、建筑等文化艺术形式与体育有机融合起来，使体育运动参与者和社会公众获得审美享受、艺术熏陶、情操陶冶、志趣培育、境界提升等多重收益，从而提升体育运动的精神价值和文化魅力。

第四，奥林匹克主义谋求通过奥运会选手的榜样作用改善人们的思维方式和生活方式，促进维护人的尊严的和平社会的建立。竞技运动的基本手段是通过竞赛产生优秀选手，并通过优秀选手的榜样作用、特殊的感染力和号召力，引领广大青少年和社会公众体味奋斗中的乐趣、遵守规则和尊重社会基本公德原则。与此同时，社会对优秀选手榜样作用的关注也是对选手自身的一次考验，利于促使其发挥积极的社会引导功能。

总之，奥林匹克主义首先倡导通过体育促进人的身体、精神、意志全面均衡发展，其次强调体育运动与文化、教育融为一体，实现人类社会的和谐发展，最后致力于发挥优秀运动员的榜样作用，倡扬奋斗中的欢乐、社会责任并遵守基本社会公德原则的生活方式，从而为建立一个和平的、更加美好的人类社会作出贡献。

第二节　奥林匹克运动愿景与国际奥委会的使命

产生于 19 世纪末期的奥林匹克运动是人类社会进入工业文明以后开启的一项伟大的社会实践，它是在奥林匹克主义指导下的国际社会活动，以竞技运动和四年一度的奥林匹克庆典——奥运会为主要活动内容，致力促进人的生理、心理和社会道德全面发展，促进沟通各国人民沟通和相互了解，在全世界普及奥林匹克主义，维护世界和平。

在国际奥委会的官方网站关于自己的介绍中，专门有包含着奥林匹克主义、愿景、价值观、使命和工作原则的“奥林匹克运动的愿景与使命”图。这是巴赫就任国际奥委会主席以来，国际奥委会对自身思想体系和运行逻辑的一种全新概括和表述（图 3-2）。

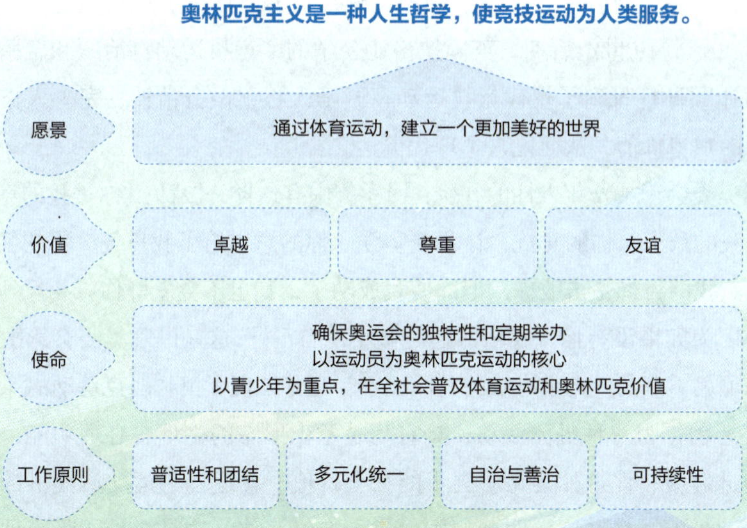

图 3-2　奥林匹克运动的愿景与使命

一、奥林匹克运动的愿景

图 3-2 中，国际奥委会将奥林匹克运动的愿景简化为：通过体育运动，建立一个更加美好的世界。

20 世纪与 21 世纪之交，国际奥委会强化了奥运会、冬奥会和青奥会、冬青奥会申办中的“愿景”，特别在申请、申办文件中突出这一全新内容，并将其置于申办城市思考和实践的优先领域，要求在申办报告中首先回答“愿景和规划”问题。

当北京申办 2008 年奥运会时，国际奥委会要求申办城市提交的文本中没有对“愿景”的明确要求。当 2010 年冬奥会和 2010 年第一届青奥会、2012 年奥运会、2014 年冬奥会申办时，国际奥委会专门将“理念和遗产”作为申办城市需要首先回答的问题。在 2007 年对 2016 年奥运会申办城市提交报告的要求中，国际奥委会提出申办委员会首先要回答的问题是“愿景、遗产和沟通”，将其置于“理念”之前。从此，国际奥委会对奥运会、冬奥会申办城市提交申办报告时的第一项内容均设置为“愿景、遗产和沟通”。这是国际奥委会对自身愿景实现的一种期许，寄望与奥运会、冬奥会主办城市的愿景达成一致，为创造永续的奥林匹克遗产共同努力。

奥运会的核心形式是竞赛表演，是运动员之间竞技水平的激烈较量和参与者的友善交流。体育运动作为交流媒介，为何可以实现“建立一个更加美好的世界”的愿景呢？作为一个教育家和社会活动家，顾拜旦为何选择了复兴奥运会这一形式而非其他形式呢？ 19 世纪后期，英国拉格比公学的“竞技运动自治”和希腊复兴奥运会的努力让顾拜旦看到了现代竞技运动在激励人心、振奋精神、完善人格、提振士气等方面的独特价值，从而复兴了现代奥运会。

国际奥委会《2002 年人性的礼赞：对手》中有这样一段话：“你是我的竞争对手，但你不是我的敌人。你的对抗，让我更坚强。你的意志给了我勇气，你的精神引领我提升。虽然我的目标是击败你，但即使我成功了，我也不会羞辱你。相反地，我将向你致敬，因为如果没有你，我依然还是渺小的自己。”这是国际奥委会第七任主席胡安·安东尼奥·萨马兰奇很喜欢的一段文字，充分体现了奥林匹克运动的愿景。

体育运动作为一种身体活动，具有超越意识形态的生理、心理功能，具有增强体质、增进健康、促进社会文明进步的社会价值。奥运会为运动员提供的恰恰是让具有不同背景的人在共同的明确规则下进行友好交往，这是一种国际交往的典范，对参与者的理性竞争精神是极其生动的检验。正是在体育运动的交往中，人们强化了对于本民族、国家的内部认同，也强化了对于国际规则、人类价值的认同。

二、国际奥委会的使命

作为当今世界统摄力最强的国际体育组织，国际奥委会的使命是在全世界推广奥林匹克主义，并领导奥林匹克运动。这种使命简而言之就是：确保奥运会的独特性和定期举办；将运动员作为奥林匹克运动的核心；以青少年为重点，在全社会普及竞技运动和奥林匹克价值。

在 2021 年 8 月 8 日生效的《奥林匹克宪章》中，国际奥委会的任务扩展到 18 条，具体如下：

- 鼓励和支持通过体育运动促进体育领域的道德和善治，以及对青年的教育，并致力确保在体育运动中弘扬公平竞争的精神，禁止暴力；
- 鼓励和支持体育及体育赛事的组织、发展和协调；
- 确保奥运会的定期举行；
- 与有关的公共或私营机构及当局合作，努力使体育为人类服务，从而促进和平；
- 采取行动，加强奥林匹克运动的团结，保护奥林匹克运动的独立性，维护和促进其政治中立性，维护体育的自治性；
- 反对影响奥林匹克运动的任何形式的歧视；
- 鼓励和支持在奥林匹克运动中当选的运动员代表，由他们在国际奥委会运动员委员会领导下作为所有奥运会和有关事项中成为运动员的最高代表；
- 鼓励和支持在各层级和所有机构中促进女性参与体育运动，以实施男女平等原则；
- 保护“干净”的运动员，维护体育诚信，领导反兴奋剂斗争，并采取行动打击一切形式的赛事操纵和相关腐败行为；
- 鼓励和支持与运动员有关的医疗保健和健康措施；
- 反对任何政治或商业上滥用体育及运动员的行为；
- 鼓励和支持体育组织和公共当局为运动员的社会和职业前途做出努力；
- 鼓励和支持大众体育发展；
- 鼓励和支持对环境问题的关注并承担相关责任，促进体育的可持续发展，并要求奥运会依此举办；
- 向主办城市、地区和国家推广奥运会的积极遗产；
- 鼓励和支持将体育与文化、教育融合的举措；

- 鼓励和支持国际奥林匹克学院（IOA）和其他致力于奥林匹克教育的机构的活动；
- 促进安全运动和保护运动员免受一切形式的骚扰和伤害。

第三节　奥林匹克价值

国际奥委会从一开始就希望自身成为世界体育的领导者。虽然在国际奥委会成立前已经有国际体操联盟、国际滑冰联盟等国际体育组织存在，但现代奥运会的复兴通过吸纳国际化的运动项目成为奥运会项目等形式，引领现代奥林匹克运动向前发展。而具有鲜明人文情怀和教育理想的顾拜旦也将传播奥林匹克主义及其理想作为国际奥委会的核心任务。一百多年来，国际奥委会通过奥运会、文化、教育、科技、艺术等多种形式，始终在弘扬和传播积极价值观，使奥林匹克五环成为世界上鲜有的受到国际社会广泛识别和认可的重要标志，也使奥林匹克价值观念深入人心，具有世界范围内普遍的知晓度和美誉度。2014 年，现任国际奥委会主席巴赫在国际奥委会第 127 次特别全会的开幕式上提及："如果我们想让奥林匹克主义的价值观——卓越、友谊、尊重、对话、多元、非歧视、宽容、公平竞争、团结、发展与和平的价值观对社会发挥作用，现在就是改革的时机。"这里比较全面地概述了国际奥委会倡扬的多种价值观。

奥林匹克最初通过《奥林匹克宪章》传达的价值观是"鼓励奋斗""保护人的尊严""发展和谐"。目前，国际奥委会经过认真研究，确定了"卓越（Excellence）、尊重（Respect）、友谊（Friendship）"为奥林匹克三大核心价值。

北京 2008 年奥运会结束后的 2009 年 1 月 12 日，赞助智库（sponsorship intelligence）发布了《北京 2008 奥林匹克品牌的全球研究》（*2008 Olympic Global Research: The Olympic Brand*），其中提到了对全球范围内的公众进行调查的一个结果：公众对于奥林匹克五环和奥运会在卓越、友谊、尊重三个描述上的认知虽略有不同，但均超越的 7 分（10 分制），表明公众对其具有较高的认同度。（表 3-1）

表 3-1　国际社会对奥林匹克三大核心价值的认知（满分为 10 分）

价值描述	五环分值	奥运会分值
卓越	7.8	7.9
友谊	7.4	7.0
尊重	7.6	7.3

一、追求卓越

最新的《奥林匹克宪章》对此专门做的解释是：追求卓越和鼓励人们尽其所能做到最好。

工业革命以来，人类社会以智力代替体力、以人工代替自然、以室内代替室外，使人们的生理、心理和社会行为健康面临一系列新的困惑。竞技运动以其鲜明的较量方式，倡导超越自我、超越对手、超越纪录的勇毅精神，抵御着现代化对人类健康和文明的负面影响。

竞技运动的本质特征就是运动员之间的相互竞争和较量，通过竞赛在运动员之间分出输赢是现代竞技赛事的基本职能。虽然国际奥委会和各国家（地区）奥委会不在赛场上为获胜的运动员颁发任何奖金，但奥运会上的颁奖仪式和国际奥委会的档案中均要记载获得奖牌的运动员和取得前八名的运动员及其成绩。其他运动员只在参赛代表团的名单记录中可以查询。

人的潜能在遇到挑战时会得到更好的激发。竞技运动将参与者置于竞争的环境中，双方潜在的体能、智能、意志、自制和创造精神会被激活。此前“更快、更高、更强”的奥林匹克格言呼唤的正是个体潜能的解放。潜能激活的必然结果是主体意识的觉醒。追求卓越是奥林匹克运动永恒的主题，更是其独特的魅力。

二、突出尊重

最新的《奥林匹克宪章》对此做的专门解释是：以多种方式宣示尊重，包括尊重自己，尊重规则，尊重对手，尊重环境，尊重公众等。

奥运会的竞技是在运动员相互尊重的过程中完成的，尊重首先包括尊重自己、对手、队友、教练员和裁判员；其次是尊重规则，遵守体育道德和伦理规则，尊重运动环境。运动员通过公平竞争来显示尊重，奥林匹克运动在反兴奋剂斗争、保护干净运动员、提倡安全运动、在体育领域提高女性地位、促进环境的可持续发展等领域中，均体现出相互尊重这一价值承诺。

《奥林匹克宪章》在“奥林匹克主义的基本原则”第四条指出：奥林匹克精神

就是以友谊、团结和公平竞争的精神相互理解；第六条明确指出：所有奥林匹克运动参与者应该不受任何歧视，如种族、肤色、性别、性取向、语言、宗教、政治或其他言论、国籍或社会阶层、财产、出身或其他地位。

近年来，国际奥委会与联合国、部分民间智库、环保组织等多方合作，把善治原则、诚信、保护“干净”运动员、反对性别歧视等摆在重要位置，也体现了尊重运动员的努力成果和遵守公平竞争精神的价值理念。

三、彰显友谊

最新的《奥林匹克宪章》对此做的专门解释是：庆祝友谊是奥运会作为一项将人们定期聚集起来的赛事的非凡特质。

竞技运动的外在表现是身体直接或间接的冲突与对抗。然而，奥运赛场上的对抗遵循的不是以强凌弱、弱肉强食的丛林法则，而是以关爱生命、尊重对手、公平竞争为基本前提，使运动员的技能和境界相互促进。这种文明框架下的竞争闪耀着人性的光辉，拼搏彰显的是友谊的价值。

奥林匹克主义谋求一个和平的、更加美好的世界的建立，即基于奥运会搭建一个没有歧视的友好交往平台，使全世界的运动员在奥林匹克旗帜下欢聚一堂。奥运会被认为是和平时期的礼仪化竞争，友谊是奥林匹克运动的核心价值之一。国际奥委会鼓励运动员和观众将竞技运动视为个人之间，以及世界各国人民之间相互理解的工具，并依靠友谊价值，使运动员与自己的队友以及竞争对手形成持续终身的联系。

国际奥委会通过对难民运动员的人道主义援助、奥林匹克团结基金对各国家（地区）奥委会的支持、与联合国共同将 4 月 6 日确定为体育促进和平与发展国际纪念日、在全世界普遍开展奥林匹克日活动、闭幕式大联欢的进场方式、与利益相关方的公平对话等，切实彰显友谊的核心价值。

小贴士

互相学习的对手

在东京 2020 年奥运会上，中国女子乒乓球运动员孙颖莎表现出色，在女单半决赛横扫伊藤美诚，在女团决赛中再胜伊藤美诚。刘国梁也对孙颖莎的出色表现予以了充分肯定。孙颖莎在接受采访时被问到给自己的表现打多少分。

孙颖莎表示打 80 分到 85 分，因为单打没能拿到金牌，还是有一些遗憾，争取在 3 年后的巴黎 2024 年奥运会上拿到满分。伊藤美诚对输给孙颖莎始终耿耿于怀，不止一次表示自己输球是因为没有发挥出全力，并且伊藤美诚还向中国国家乒乓球队宣战，表示要在 2021 年 11 月份的世乒赛击败很多中国选手。对于伊藤美诚的表态，孙颖莎一直都很大度，在面对采访时，孙颖莎表示她们两人的年龄一样大，每次跟伊藤美诚比赛，自己都会很开心，因为伊藤美诚的身上也有很多优点，比如打球风格，以及在比赛中的变化，这些都值得自己学习。孙颖莎还表示，每次跟伊藤美诚打球，不管输赢，都能看到对方身上的进步，有伊藤美诚这样的对手存在，还会逼迫自己不断进步，不断提高。在孙颖莎 4 比 0 战胜伊藤美诚后，后者还送给孙颖莎一个饭团，孙颖莎吃着饭团和伊藤美诚谈笑风生，成为东京 2020 年奥运会赛场上一道独特的风景。

第四节　奥林匹克运动的其他精神遗产

一、奥林匹克精神

《奥林匹克宪章》在“奥林匹克主义的基本原则”第四条中指出：参与体育运动是人类的权利。每个人都必须能够以奥林匹克精神——友谊、团结和公平竞争相互理解、毫无歧视地进行体育运动。

这一核心观念的落脚点是相互理解，这也是奥林匹克主义实现自身建立和平的、更加美好世界的必由之路，而友谊、团结、公平竞争又是实现相互理解的必要前提。

二、奥林匹克格言

“更快、更高、更强”是奥林匹克运动的著名格言，它出自顾拜旦的好友、巴黎阿奎埃尔修道院院长亨利·迪东之口。在 1895 年举行的一次户外运动会上，迪东鼓励学生们说：“在这里，你们的口号是：更快、更高、更强！”顾拜旦将其借用过来，并在 1920 年安特卫普第 7 届奥运会上首次使用。

这句格言虽然只有短短 6 个字，但却具有非常丰富的内涵。它既是指在竞技场上面对强大的对手，敢于斗争、敢于胜利，又指对自己永不满足，不断地挑战自己，向新的极限冲击。不仅如此，这句格言还鼓励人们在生活中不断超越自我、不断更新，永远保持蓬勃的朝气。

2021 年 7 月 20 日，国际奥委会第 138 次全会通过投票表决，同意在奥林匹克格言“更快，更高，更强”之后增加“更团结”，体现了国际奥委会为了应对新冠肺炎疫情及今后更大挑战背景下谋求使更多利益相关者更加团结的强烈愿望。

三、奥林匹克名言

“参与比取胜更重要”是奥林匹克广为流传的名言，这句充满哲理意味的话源自伦敦 1908 年奥运会上美国宾夕法尼亚州大主教埃塞尔伯特·塔尔博特主持宗教仪式时的布道词：“奥运会，取胜不像参加那样重要。”顾拜旦听后颇受启发，并在演讲中多次引用。他说：“在奥运会上，重要的不是取胜，而是参与。正如在生活中最重要的事情不是凯旋，而是奋斗，最重要的不是你曾征服，而是你曾奋力拼搏过。”（图 3-3）

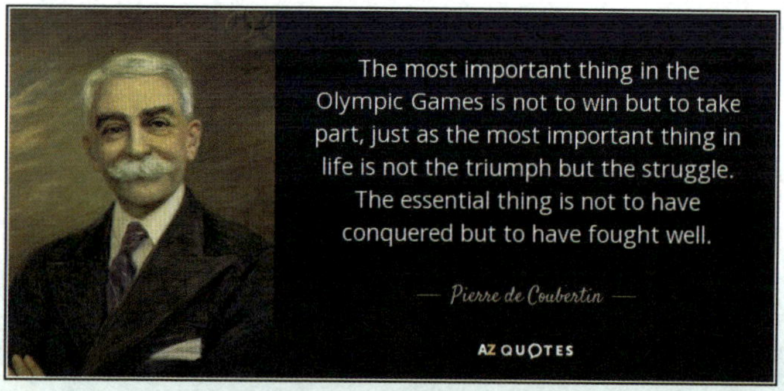

图 3-3　奥林匹克名言

奥林匹克名言与奥林匹克格言是相辅相成的。竞技训练和比赛是一个过程，运动员应该追求更快、更高、更强的结果，达到高水平才能获得参加奥运会的资格，奥运会成绩的最终评定也是有直观的高下之分的，这就是“更快、更高、更强”的基本含义。但是竞技运动的价值不能只取决于结果，“重要的是参与，而不是取胜”体现了训练和竞赛过程中拼搏和奋斗的价值。正因如此，在奥林匹克赛场上，有无数明知取胜希望渺茫却仍尽全力努力拼搏的勇士，他们在积极参与和努力奋斗的过程中充分体现了自己的价值，发挥了优秀榜样的教育作用。

小贴士

践行奥运名言的冬奥英雄：张丹 张昊

在中国花样滑冰舞台上，除了申雪、赵宏博外，还有一对优秀的搭档，他们就是张丹、张昊。都灵2006年奥运会对张丹来说意义非凡，在花样滑冰双人自由滑的比赛中，由于俄罗斯组合的出色表现，担负着冲金任务的张丹、张昊决定放手一搏，使出“撒手锏”抛四周跳。在《龙的传人》的优美音乐中，张丹、张昊向金牌发起了最后的冲击，但是意外却发生了：张丹被张昊抛起后，未转满四周便重重地跌落在冰面上，倒滑着撞向了护墙……帕拉维拉体育馆响起一片惊呼声。就在几乎所有人都认定张丹、张昊即将退出比赛的时候，音乐再次响起，掌声如潮，张丹再次跃动在冰面上。腾空、旋转、滑翔……带伤坚持的张丹给比赛增添了悲壮的色彩，张丹、张昊用出色的演出感染了现场观众，用执着诠释了奥林匹克格言，并获得了一枚银牌。这是温哥华2010年冬奥会申雪、赵宏博收获金牌之前，中国花样滑冰选手在奥运会历史上的最好战绩，只那一瞬，人们记住了这个坚强的女孩，记住了她带给我们的感动与震撼，各国电视台体育解说员均对张丹做出了高度评价。

四、奥林匹克主义的宗旨

《奥林匹克宪章》的“奥林匹克主义的基本原则”第二条为：“奥林匹克主义的宗旨是使体育为人类的和谐发展服务，以促成一个关注人类尊严的和平社会。”

这是对“奥林匹克主义的基本原则”第一条的升华和延伸。第一条中指出了奥林匹克主义的三个层面：个体均衡和谐发展；体育与文化、教育的融合；追求奋斗中的欢乐、发挥优秀榜样的作用及社会责任、遵守基本公德原则的生活方式。

人的身体、精神、意志均衡发展就是人类和谐发展的基本前提，而倡导体育与文化、教育的融合，以及上述生活方式，就是关注人类尊严的和平社会的重要基础。因为竞技运动不仅是身体活动，而且能促进健康、预防甚至治疗现代文明病，还可以作为教育工具，培养认知、规范社会行为、加强社会整合力度。

（易剑东　撰稿）

第四章　奥林匹克价值创造：奥林匹克制度体系构建

让我们一同塑造一个宏伟的、真正全球化的奥林匹克运动更加光明的未来。

——托马斯·巴赫

第一节　国际奥委会的制度规范

一、《奥林匹克宪章》

《奥林匹克宪章》是由国际奥委会正式通过的关于奥林匹克主义基本原则、规则和附则的法规文件，是治理奥林匹克运动组织、行动和运行一切活动的准绳。就本质而言，制定《奥林匹克宪章》的目的在于：作为宪法性的基本载体，明确阐释奥林匹克主义的基本原则和重要价值；作为国际奥委会的法规，明确奥林匹克运动组织“三大支柱”，即国际奥委会、国际单项体育联合会、国家（地区）奥林匹克委员会［简称国家（地区）奥委会］以及奥运会组织委员会［简称奥组委］的主要权利和责任，以上组织都要遵守《奥林匹克宪章》。

（一）从多名到正名：《奥林匹克宪章》的由来

《奥林匹克宪章》是随着奥林匹克运动的发展不断完善的。第一个具有奥林匹克宪章性质的文件是 1908 年顾拜旦起草的《国际奥委会地位》一文，其后，在这个文件的基础上逐渐形成了奥林匹克运动的宪章。在很长的一段时间内，这些规章名称混乱，如奥林匹克规则（Olympic Rules）、奥林匹克章程（Olympic Statutes）等。从 1978 年开始，国际奥委会正式使用“奥林匹克宪章”这一名称。随着奥林匹克运动的发展，国际奥委会对《奥林匹克宪章》做过多次修改，但奥林匹克运动基本原则的精神几乎未变，始终如一。现行的《奥林匹克宪章》是 2021 年 8 月 8 日生效的。（图 4-1）

图 4-1　2021 年 8 月 8 日生效的《奥林匹克宪章》封面

（二）《奥林匹克宪章》的结构与主要内容

《奥林匹克宪章》由奥林匹克主义基本原则、奥林匹克运动、国际奥委会、国际单项体育联合会、国家（地区）奥委会、奥运会、处置与惩罚、纪律程序和争议解决构成。

奥林匹克主义基本原则共有 7 条：

- 奥林匹克主义是将人的身体、精神、意志方面的各种品质均衡地结合起来，并使之得到提高的一种生活哲学。它将竞技运动与文化和教育融为一体，奥林匹克主义所要建立的生活方式是以奋斗中所体验到的乐趣、优秀榜样的教育价值、社会责任和对一般伦理基本原则的推崇为基础的。
- 奥林匹克主义的宗旨是使竞技运动为人的和谐发展服务，旨在促成一个维护人的尊严的和平社会。
- 奥林匹克运动是在国际奥委会的最高权力下，对一切受奥林匹克精神鼓舞的个人和团体采取的一致的、有组织的、普遍的和永久的行动。它覆盖五大洲，随着世界各地的运动员齐聚一堂参加奥运会而达到顶峰。其标志是五个交错的圆环。

- 参与竞技运动实践是一项人权。人人都必须具有参与不带有任何歧视、以奥林匹克精神——需要以友谊、团结和公平竞争的精神相互理解——参与竞技运动的可能性。
- 认同体育在社会框架内进行，奥林匹克运动的体育组织应保持政治中立。这些组织享有自治的权利和义务，包括自由建立和管理体育规则，确定其组织框架和治理，享有不受任何外部影响的选举权利，以及确保实行善治原则的责任。
- 确保《奥林匹克宪章》中正式通过的权利和自由得以实现，而且不带有任何种族、肤色、性别、性取向、语言、宗教、政治或其他言论、民族、社会阶层、财产、出身和其他地位等歧视。
- 加入奥林匹克运动须遵守《奥林匹克宪章》，并得到国际奥委会的承认。

第一章：奥林匹克运动

本章包括 14 条条款：

- 奥林匹克运动的组成和核心组织；
- 国际奥委会的使命和职责；
- 得到国际奥委会的承认；
- 奥林匹克大会；
- 奥林匹克团结基金；
- 奥运会；
- 奥运会权利和奥林匹克资产；
- 奥林匹克五环图案标志；
- 奥林匹克旗；
- 奥林匹克格言；
- 奥林匹克徽记；
- 奥林匹克会歌；
- 奥林匹克圣火、奥林匹克火炬；
- 奥林匹克设计。

第二章：国际奥委会

本章包括 10 条条款：

- 法律地位；
- 成员；
- 组织结构；
- 全会；
- 执行委员会；
- 主席；
- 国际奥委会专门委员会；
- 国际奥委会道德委员会；
- 语言；
- 国际奥委会资源。

第三章：国际单项体育联合会

本章包括 2 条条款：

- 对国际单项体育联合会的承认；
- 国际单项体育联合会在奥林匹克运动中的使命和职责。

第四章：国家（地区）奥委会

本章包括 5 条条款：

- 国家（地区）奥委会的使命和职责；
- 国家（地区） 奥委会的组成；
- 国家（地区）单项体育联合会；
- 国家（地区）奥委会所在的国家（地区）和名称；
- 国家（地区）奥委会的会旗、会徽、会歌。

第五章：奥运会

本章是《奥林匹克宪章》中条款最多的一章，分 4 个部分：

第一部分是奥运会的举办、组织和公共管理。本部分包括 8 条条款：

- 奥运会的举办；
- 奥运会举办地的遴选；
- 奥运会的举办地点、场地和场馆；
- 奥运会组委会；

- 奥林匹克主办合同；
- 奥运会协调委员会；
- 奥运村；
- 文化计划。

第二部分是参加奥运会。本部分包括 5 条条款：

- 参加奥运会；
- 参赛者国籍；
- 年龄限制；
- 《世界反兴奋剂条例》和奥林匹克运动竞赛操作防范条例；
- 邀请与加入。

第三部分是奥运会竞赛项目。本部分包括 6 条条款：

- 奥运会比赛项目；
- 与奥运会相关的国际单项体育联合会的职责；
- 青年营；
- 奥运会的媒体转播；
- 与奥运会有关的出版物；
- 广告、传播与宣传。

第四部分是礼宾。本部分包括 8 条条款：

- 仪式；
- 奥运会身份和注册卡附带权利；
- 奥林匹克旗的使用；
- 奥林匹克圣火的使用；
- 开闭幕式；
- 颁奖、奖牌、证书颁发仪式、授予奖牌；
- 荣誉名册；
- 国际奥委会最终裁定权。

第六章：处置和惩罚、纪律程序和争议解决

本章包括 3 条条款：

- 处置和惩罚；
- 对国际奥委会决定有争议；
- 争议解决。

二、《奥林匹克 2020 议程》

《奥林匹克 2020 议程》是当前国际奥林匹克运动与国际奥委会改革的战略路线，是巴赫当选主席后在 2013 年 9—10 月与另外 5 位主席竞选人单独面谈以及征求其他国际奥委会委员、国际奥林匹克大家庭成员意见后提出来的。相关改革建议在 2014 年 9 月提交给国际奥委会的各委员会和 2014 年 10 月的国际奥委会执行委员会讨论。详细的《奥林匹克 2020 议程》最终在 2014 年 12 月 8—9 日摩纳哥举行的第 127 次特别全会上通过全体委员的讨论后经全会批准，正式生效。（图 4-2）

图 4-2 《奥林匹克 2020 议程》封面

巴赫在国际奥委会第 127 次特别全会开幕式上的讲话强调了国际奥委会改革的三个核心理念：可持续、公信力、青少年。而《奥林匹克 2020 议程》在讨论和决策过程中的 14 个工作组则从五个部分展示了国际奥委会改革的核心思想。

（一）奥运会的独特性

该部分包含申办程序、可持续性和遗产、奥运会的独特性、奥林匹克项目构成的程序、奥运会管理 5 个工作组，共 13 条建议。

- 申办程序：改进申办为邀请；评价关键的机遇和挑战；减少申办成本。
- 可持续性和遗产：将可持续性贯穿于奥林匹克运动（简称奥运）的所有方面；将可持续性置于奥运每天的运行中。
- 奥运会的独特性：与体育项目组织者密切合作；强化与基于不同能力群

体体育组织的关系；处理好与职业体育联盟的关系。

- 奥林匹克项目构成的程序：为奥林匹克项目设计一个框架；从以大项为基础转向以小项为基础；培育性别平等意识。
- 奥运会管理：减少成本和强化奥运会管理的灵活性；最大化整合奥林匹克利益相关者。

（二）将运动员作为奥林匹克运动的核心

该部分包含保护“干净”的运动员 1 个工作组，共 5 条建议。

保护“干净”的运动员：强化奥林匹克主义基本原则的第六条（消除性别、种族、宗教、政治和其他不平等）；改善保护干净运动员的理念；筹集 2000 万美元（1 美元 ≈6.36 元）基金保护干净运动员；给干净运动员以荣耀；强化对运动员的支持。

（三）奥林匹克主义在行动：一年 365 天保持奥林匹克主义的活力

该部分包含奥林匹克频道，奥林匹克主义在行动（含青年战略），青奥会，文化政策 4 个工作组，共 8 条建议。

- 奥林匹克频道：推出一个奥林匹克频道。
- 奥林匹克主义在行动（含青年战略）：介入战略伙伴；强化主张或辩护能力；传播基于奥林匹克价值观的教育；鼓励融入社区；评估“体育带来希望”项目。
- 青奥会：评估青奥会的定位。
- 文化政策：强化体育与文化的协调。

（四）国际奥委会的角色：整合多元化

该部分包含善治和自治，道德，赞助、供应、推销的战略评估 3 个工作组，共 10 条建议。

- 善治和自治：运用善治的基本原则；支持自治；增加透明度。
- 道德：强化国际奥委会道德委员会的独立性；确认遵守道德；强化道德。
- 赞助、供应、推销的战略评估：发展一个全球的供应项目；鼓励 TOP 赞助企业对国家（地区）奥委会事务的参与；扩大奥林匹克品牌的非商业使用渠道。

（五）国际奥委会的结构和组织

该部分包含国际奥委会委员 1 个工作组，共 4 条建议。

国际奥委会委员：处理国际奥委会委员的年龄限制；实施目标人物的招录程序；

培育奥林匹克运动内部及与外部社会的对话；评估国际奥委会专业委员会的范围和构成。

《奥林匹克 2020 议程》具体的 40 条建议如下：

- 在全球范围内邀请城市申办奥运会；
- 对申办城市的评估突出机遇和风险；
- 降低申办费用；
- 将可持续性理念全方位引入奥运会；
- 将可持续性理念全时段引入奥运会；
- 加强与其他赛事运营组织的合作；
- 加强与各种体育运营组织的合作；
- 加强与职业联赛的磨合；
- 确定奥运会竞赛项目的框架；
- 从大项封顶管理向小项封顶管理转化；
- 提倡男女平等；
- 降低奥运会运营成本，增强运营的灵活性；
- 最大限度地配合奥运利益相关者；
- 在奥林匹克主义第六款中强调拒绝性取向歧视；
- 保护“干净”的运动员；
- 使用 2000 万美元的国际奥委会基金来保护“干净”的运动员；
- 褒奖公平竞赛的运动员；
- 加强对运动员的支持；
- 开通奥林匹克频道；
- 与国际组织建立战略合作关系；
- 扩大国际奥委会的支持范围；
- 加强奥林匹克价值观教育；
- 强化社团活动；
- 评估“体育带来希望”项目；
- 重新定位青奥会；
- 进一步加强体育与文化的融合；

- 遵循善治的基本原则；
- 扩大自主权；
- 增加透明度；
- 加强国际奥委会道德委员会的独立性；
- 设置合规负责人岗位，完善工作规范；
- 加强道德规范；
- 让赞助商进一步参与“奥林匹克主义在行动”计划；
- 制订全球特评计划；
- 促进奥林匹克全球合作伙伴对国家（地区）奥委会的支持；
- 鼓励更多对奥林匹克品牌的非商业化使用；
- 放宽国际奥委会委员年龄限制；
- 实施国际奥委会委员的定向增补计划；
- 增进奥林匹克运动与社会的沟通；
- 重新定位国际奥委会的工作范围和职责。

在《奥林匹克 2020 议程》颁布和实施以后，北京 2022 年冬奥会组委会积极响应和全面践行，在众多领域落实其核心理念和主要措施，包括：节俭办赛，控制赛事运行预算；成立运动员委员会，关照运动员长远利益；贯彻善治原则，维护赞助商利益；高度重视大众参与，奥林匹克传播和宣讲日常化；加强多部门联动，强化奥运遗产与可持续发展。

三、《奥林匹克 2020 议程：奥运会新规范》

平昌 2018 年冬奥会前夕，国际奥委会延续了既往的改革思路，出台了《奥林匹克 2020 议程：奥运会新规范》（*Olympic agenda 2020 Olympic Games: the New Norm*，以下简称《新规范》），涉及“重新设计候选人流程”“国际奥委会遗产战略方针”“7 年筹备周期”3 个方面，对奥林匹克运动的发展提出针对性改革建议。

《新规范》共提出 118 项具体措施，其中涉及奥运举办权遴选的共 10 项，涉及国际奥委会遗产战略的共 8 项，剩余的 100 项为“4 +3”筹备期的具体措施。从《新规范》的内容看，国际奥委会将改革重点落在奥运会的筹备与执行环节。

（一）竞争申办改为邀请申办

为降低申办成本，国际奥委会将既往的申办程序进行了调整，从“竞争申办”转变为“对有意向城市的邀请申办”。新的申办策略已经在 2024 年、2028 年的奥运会举办权遴选中得到应用。其亮点在于：意向城市可与国际奥委会就举办奥运会进行磋商，提炼基于自身优势的申办规划，而不再拘泥于国际奥委会的标准条目。这一改革的目的在于有效降低申办城市的成本，凸显申办城市特色。

（二）国际奥委会遗产战略

2017 年底，国际奥委会可持续发展与遗产委员会出台《遗产战略：面向发展的未来》（Legacy Strategic: Approach Moving Forward），将奥运遗产界定为“举办奥运会等体育赛事为居民、城市、地区带来的有形和无形长期利益的综合”。《新规范》中，奥运遗产战略的目标细分为 4 个方面：奥运生命周期嵌入遗产；记录、分析和交流奥运遗产；鼓励实施奥运遗产战略；建立战略伙伴关系。同时，国际奥委会建议主办城市保证奥运遗产与举办城市长期的发展计划相一致，将其嵌入城市发展规划中，以实现未来数十年持续释放奥运价值的目标。如国际奥委会关于北京 2008 年奥运会的最终报告中，就将奥运会遗产的释放期解释为 30 年。

（三）“4 +3”的筹备策略

“4 +3”的筹备策略将奥运会筹备的 7 年时间分为 2 个阶段，即前 4 年的重点放在战略要素（如范围界定、资源保护、公众参与和沟通）上，后 3 年则主要关注赛事准备和服务交付。7 年的奥运会筹备内容侧重于“4 加 4 减”：“加”注重灵活性、有效性、可持续性和伙伴关系；“减”则关注赛事运行中的成本、复杂性、风险和浪费，以实现奥运会及残奥会的价值主张。

奥运会的筹备是《新规范》中最核心的环节，通过筹备阶段的成本控制，实现“降低复杂性和办赛成本的双重目标”。

从《新规范》的文本来看，该部分主要分为 3 个方面：整合利益相关者；集成业务控制，集中于奥运会筹备与办赛期间的支出控制；协调组织支持者，即支持国际奥委会的国际单项体育协会、地区奥委会等更好地介入奥运筹备，还包含国际奥委会商业开发计划 的成员如何更好地服务奥运会。

总之，奥运会《新规范》的推行，旨在最大化地发挥利益相关者的作用，降低奥运会筹备成本和运行的复杂性，以更积极的遗产惠及举办城市和居民，最终使奥运会能够“可承受、可收益、可持续”（Affordable, Beneficial, Sustainable）。（图 4-3）

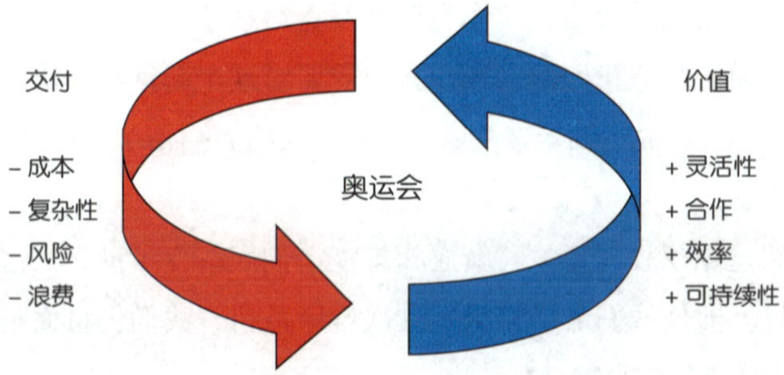

图 4-3 《新规范》的改革任务与目标指向

对北京 2022 年冬奥会和冬残奥会(全称冬季残疾人奥林匹克运动会)组委会而言，需在《新规范》指导下深化改革，在一些重点领域践行国际奥委会的改革精神，包括：①明确利益相关者责任，强化协同治理，将“最大限度地发挥与奥林匹克运动利益相关方的协同增效作用”作为目标之一；②持续推进成本控制，降低奥运会开支，包括场馆、奥运村、媒体中心、安保、赛事运行等成本控制；③继续执行冬奥会遗产计划，提高冬季项目的社会认知度，借助北京 2002 年冬奥会持续推进京津冀体育协同发展，推进青少年对冰雪运动的参与，推进冬奥文化传播；④降霾、保山、控水、节能，推进冬奥会绿色发展，有效改善北京地区空气状况，保护延庆、张家口自然山体环境，避免对水资源的过度使用，大力推进节能措施的应用。

四、《奥林匹克 2020+5 议程》

2021 年 3 月 13 日，国际奥委会第 137 次全会一致通过了《奥林匹克 2020+5 议程》（图 4-4）。

图 4-4 《奥林匹克 2020+5 议程》封面

国际奥委会主席巴赫指出：“作为奥林匹克运动的领导者，我们必须为这个新世界做好准备。为了塑造我们的未来，我们需要对这个新世界提出愿景。”议程的15条建议体现了奥林匹克运动未来5年发展的五大趋势：团结、数字化、可持续发展、公信力、财务韧性。

巴赫在介绍这项议程时说：“新冠肺炎疫情彻底改变了世界，这个世界已不可能再像以前那样。即使我们最终克服了这次健康危机，我们仍将面临深远的社会、金融、经济和政治方面的影响。”

制定构成《奥林匹克 2020 + 5 议程》的15条改革建议，是一系列具有包容性和协作性的过程。它们基于强有力的研究来确定在新冠肺炎疫情后，世界上可能起决定性作用的关键趋势。同时，体育和奥林匹克的价值观也将在挑战转化为机遇中发挥关键作用。

（一）团结

由于社会政治和经济两极分化的加剧，人们越来越接受狭隘利己主义，而较少追求团结互助、共同的价值观和共同规则，团结与和平正处于危险之中。然而，团结是奥林匹克运动所有主张的核心。同时，以二十国集团（G20）为代表的世界各国领导人以及联合国等机构已经认识到，只有团结一致，世界才能应对当前的挑战。这为奥林匹克运动提供了与这些志趣相投的领导人和机构合作的机会，通过体育运动，为团结一致，创建更美好、更具包容性的世界作出贡献。

（二）数字化

近年来，数字化已呈指数级增长。数字世界具有巨大的潜力，同时也存在巨大的风险。如果负责任地管理，将会迎来一个繁荣、互联互通和合作的新时代。否则，它可能会加剧现有的社会、经济和技术分歧。这是奥林匹克运动发挥其巨大积极潜力的机会。数字化为我们提供了机会，让我们可以更直接地与其他人打交道，与年轻人接触，并推广奥林匹克的价值观。同时，我们团结的核心价值观将指导我们去帮助仍未得到数字服务的这一部分世界人口。

（三）可持续发展

可持续性已经是《奥林匹克 2020 议程》的主要支柱之一，需要继续贯彻到国际奥委会和奥林匹克运动的所有活动中。为此，联合国可持续发展目标提供了明确的指导。展望未来，奥林匹克运动现在必须抓住机会，履行责任，以确保体育继续发挥潜力，成为实现联合国可持续发展目标的重要推动力。

（四）公信力

《奥林匹克 2020 议程》的另一个重要支柱是公信力。近年来，由于缺乏开放性讨论和回声室效应增多，人们对政府、社会机构、企业和国际奥委会这样的组织的信任日益减弱，而意见和偏见剧增。

在这方面，国际奥委会既有机会，也有责任。虽然国际奥委会在信誉领域取得了重要进展，但仍需要继续抓住已经形成的势头，并在奥林匹克运动组织者的廉正，透明和善治方面扩大影响力。同时，我们的机会还有普及体育和奥林匹克运动，连接和加深人与文化的理解，甚至跨越这些相互冲突的回声室效应。

（五）财务韧性

即使世界克服了当前的健康危机，也将面临深远的社会、财政、经济和政治影响。今天用于恢复计划的债务将需要在明天偿还。因此，建立经济和财务韧性对于全球各国和企业都至关重要。但是，这种新的韧性需要以目标为导向。通过奥林匹克运动的价值观和对联合国可持续发展目标的贡献，奥林匹克运动就可以达到这个目的。通过与志同道合的企业联手，国际奥委会可以实现社会价值最大化而不是利润最大化。

《奥林匹克 2020+5 议程》共包括 15 条建议，具体内容如下：

- 增强奥运会的独特性和普遍性；
- 促进奥运会可持续发展；
- 增加运动员的权利和责任；
- 继续吸引顶尖运动员；
- 进一步加强安全运动和对干净运动员的保护；
- 提升、推广奥运资格赛；
- 促进体育赛事和谐共生；
- 加强与受众的数字化互动；
- 鼓励虚拟运动的发展，并进一步与电子游戏社区互动；
- 加强体育对实现联合国可持续发展目标的重要推动作用；
- 加强对流离失所的难民和人们的支持；
- 向奥林匹克社区之外“破圈”；
- 继续树立企业公民榜样；

- 通过善政改善奥林匹克运动；
- 创新创收模式。

巴赫在总结发言时说道："《奥林匹克 2020 + 5 议程》是我们对奥林匹克运动未来的愿景，旨在应对这些总体趋势。目的是建立更加团结，利用数字化的积极潜力，成为实现联合国可持续发展目标的有力推动者，增强奥林匹克运动组成机构的公信力，并与其他价值观共同努力，或以目标为导向的组织。"

第二节　国际奥委会的构成与运作

一、奥林匹克运动的组织与架构

在国际奥委会最重要的文本《奥林匹克宪章》中，第一章"奥林匹克运动"就专门阐述了奥林匹克运动的组成与架构，具体内容如下。

① 在国际奥委会的最高权威和领导下，奥林匹克运动包括组织、运动员和其他同意以《奥林匹克宪章》为指导的人士。奥林匹克运动的宗旨是通过与奥林匹克主义及其价值观相一致的体育运动来教育青年，从而为建立一个和平的、更加美好的世界作出贡献。

② 奥林匹克运动的三大支柱是国际奥委会、国际单项体育联合会和国家（地区）奥委会。

③ 除了三大支柱外，奥林匹克运动还包括奥运会组委会、国家单项体育协会、俱乐部、国际单项体育联合会和国家（地区）奥委会的委员，特别是运动员，他们的利益构成了奥林匹克运动行动的基本要素，以及评审员、裁判员、教练员和其他体育官员和技术人员。它还包括国际奥委会承认的其他组织和机构。

二、国际奥委会的职能和事务

国际奥委会在官方网站中专门列出了我们做什么（what we do）、我们是什么（who we are）、我们怎么做（how we do it）三个统摄性的栏目，分门别类地阐述了国际奥委会的组织属性和构成、国际奥委会的管理事务和范畴、国际奥委会的工作原则和方式。"我们做什么""我们是谁""我们怎么做"这 3 个逻辑严谨的布局和组织体系的构建，彰显了国际奥委会的组织架构：从业务描述到组织设计再到运行考虑，构成了严密的完整体系。

（一）国际奥委会的职能

在“我们做什么”部分，国际奥委会列出了 4 项内容：举办奥运会、推进奥林匹克主义在行动、领导奥林匹克运动、支持和保护“干净”的运动员。然后对这四个部分内容又进行了细分。

“举办奥运会”部分包括 3 个内容：选择未来的主办城市、可持续、遗产。

“推进奥林匹克主义在行动”部分包括 10 个内容：体育和积极社会、性别平等、教育、社会发展、难民奥林匹克运动员代表队、通过体育实现和平、与联合国合作、奥林匹克研究中心、奥林匹克文化和遗产基金、奥林匹克日。

“领导奥林匹克运动”部分包括 7 个内容：《奥林匹克 2020 议程》《奥林匹克 2020+5 议程》诚信、国家（地区）奥委会、国际单项体育联合会、奥运会组委会、国际奥委会认可的组织。

“支持和保护‘干净’的运动员”部分包括 7 个内容：奥林匹克团结基金、职业生涯 +、运动员社群、反对兴奋剂、防止操纵比赛、健康的身体形象、安全运动。

这里提到的很多工作，国际奥委会以往也实施过或提出过主张，但巴赫自就任国际奥委会主席以来，对这些工作进行了分类和细化，使之建立在组织保障和工作目标确认的体系中，使各项事务的完成及其绩效评估有了更加具体的保证。例如，奥林匹克团结基金对于运动员生涯项目（Athletes Career Program, ACP）进行专款投入，并且下拨给有关国家（地区）奥委会，帮助运动员进行在线学习，使他们在退役后转换职业时有一定的准备。

（二）国际奥委会的组织构架

在“我们是谁”部分，国际奥委会列出了 9 项内容：奥林匹克五环、组织、主席、委员、专门委员会、全会、代表大会、职业、奥林匹克格言。

奥林匹克五环作为全世界最有影响的品牌标志，始终是国际奥委会维持和发挥自身影响力的最大的无形资产，是奥林匹克运动人文精神、社会影响和商业价值的关键依托。国际奥委会近年来的多次调查表明，奥林匹克五环在全球 90% 以上的民众中得到认同，始终属于世界上最受民众认可的标志之一。

专门委员会是国际奥委会在全世界各大体育业务领域发挥作用和推进工作的主要组织机构，承担着连接国际奥委会与世界奥林匹克利益相关者的重要功能，是国际奥委会全会和执委会做出重大决策的主要技术支撑。

国际奥委会主席巴赫在《奥林匹克 2020 议程》通过之后，对专门委员会进行了较大程度的改革。与此前相比，目前的27个专门委员会呈现出明显变化。一是新增一批专业委员会，在保留运动员委员会的基础上增加了运动员体验委员会，奥林匹克频道委员会和奥林匹克频道服务委员会，通过体育参与公共事务和社会发展委员会，体育与积极社会委员会，世界反兴奋剂机构和基金委员会，数字技术委员会。二是调整了部分专门委员会的名称，如取消原先的新闻委员会，新设传播委员会；将文化和奥林匹克教育委员会调整为文化和奥林匹克遗产委员会；单设奥林匹克教育委员会、可持续与遗产委员会；取消电视转播权和新媒体委员会，设立奥林匹克转播负责人委员会。此外，还有部分专门委员会的名称做了微调，如医学委员会调整为医学和科学委员会，选举委员会改为国际奥委会委员遴选委员会，评估委员会、执委会等被纳入专门委员会体系。

这些组织机构的改革突出了国际奥委会的几个明确意图：更加重视参与社会构建和文化建设，希望对社会、文化等领域施加更多积极影响；更加强化奥林匹克价值观传播，希望奥林匹克思想观念更加普及；更加致力服务和保障运动员的利益，重视运动员的体验。

国际奥委会委员在巴赫当选国际奥委会主席以后变动比较大，但截至2022年1月只有102人，比2000年国际奥委会改革委员会提出并得到国际奥委会全会确认的115人上限少了13人。当然，新委员的增长较多，2020年就新增了8名委员，2010年以来当选的委员总数高达71人，占委员总数的70%。

在15人组成的国际奥委会执委会中，大洲间的委员数量也发生了显著的变化，体现出巴赫高超的平衡艺术和锐意改革的创新精神。巴赫就任国际奥委会主席之前的15名执委的大洲分布分别是：欧洲8人，亚洲3人，中北美洲2人，非洲1人，大洋洲1人。目前，国际奥委会15名执委的大洲分布比例更趋均衡，欧洲4人、亚洲4人、中北美洲2人、非洲2人、大洋洲2人、南美洲1人，这可以看成是国际奥委会在决策层面谋求的新均衡，更可以视为国际奥林匹克运动领导层决策民主化和全球利益均衡的一种善治取向，也是奥林匹克运动领域价值调控的一种积极取向。

（三）国际奥委会的工作原则

自巴赫成为国际奥委会主席以来，国际奥委会专门归纳和提炼了工作原则，并将其视为奥林匹克运动的愿景与使命的基础。

第一个原则是广泛性与团结。针对国际奥委会与内外部不同组织交往过程中的基本原则，且体育尚未成为国际秩序构建的核心单元，体育组织需要得到来自包括联合国、各国政府在内的各类组织和机构的支持，同时要对奥林匹克体系内部的各种机构，如国际单项组织和国家（地区）奥委会等进行利益协调，确保内部团结。与国际体育总会、世界奥委会协会、世界反兴奋剂机构、国际体育仲裁法庭、各类国际体育职业联盟等机构的利益协调问题至关重要。

第二个原则是整合多元化。这是巴赫在竞选国际奥委会主席时的一个口号，也代表着他本人的主张，即无论内外部利益和结构如何多元化，都必须尽可能地将其整合到奥林匹克的思想、组织和活动体系中，使奥林匹克运动成为国际体育不可替代的统摄者，这是国际奥委会发展的必由之路。

第三个原则是自治和善治。国际奥委会自 2008 年推出国际体育善治准则以来，在欧洲产生了较大影响，但不同国家的政治体制和法律制度不同，体育的自治和善治很难在短期内实现。而体育特殊的专业性、欧洲体育的自治传统及当前避免其他矛盾纷扰的必要性等，又使国际奥委会不得不倡导在一定程度上的理性自治和有效善治，否则将严重危及国际奥林匹克运动的健康发展。目前，国际奥委会已在《主办城市合同》的需求中专门开辟了“治理”的内容，希望奥运会 / 冬奥会组委会能借鉴国际奥委会的治理理念和办法开展筹办工作。

第四个原则是可持续性。联合国最新的阶段目标就是实现人类可持续发展，这是继联合国千年发展目标之后的又一个希冀统摄全球发展的核心目标，其中也对体育的特殊地位给予了关照。在奥林匹克运动进入奥运会 / 冬奥会申办遇冷、外部形象有所弱化、各种矛盾不断出现的现阶段，国际奥委会强化可持续发展目标，不仅是为自身的新发展赢得舆论和理论支持，也是为获得其他相关利益主体的支持而推出的共赢理念。

第三节　国际奥委会的营销体系

一、奥林匹克营销的目的

目前最新的《奥林匹克营销档案》是由国际奥委会于 2021 年 3 月更新的，该报告首先提出国际奥委会奥林匹克营销项目的 7 个目的：

- 将获得的收入分配给整个奥林匹克运动——包括奥运会组委会、国家（地区）奥委会和大洲的奥林匹克组织，国际单项体育联合会和承认的国际体育组织，同时对新兴国家体育给予财政支持；

- 为每个奥运会组委会构建成功的营销活动体系，从而不再需要为每个奥运会创造一个营销框架；
- 确保世界范围内的人们通过转播体验奥运会；
- 保护和推进奥林匹克形象和理念与其生来的公正性；
- 控制和限制奥运会的商业化；
- 创造和维持长期的营销项目；
- 在奥林匹克理想的推进中谋求奥林匹克营销伙伴的支持。

巴赫对于国际奥委会的全球合作伙伴给予高度评价：“我们的全球合作伙伴不仅为奥运会筹办提供根本贡献，而且他们的财务支持确保所有国家的运动员能投入训练和在世界上最伟大的赛事里竞争。”

二、奥林匹克营销架构

国际奥委会受洛杉矶 1984 年奥运会启发而启动 4 年为一个周期的奥林匹克营销计划，最初包括全球合作伙伴计划和转播权销售计划，目前已经有包括 TOP 计划、持权转播商计划和国际奥委会官方供应商及特许计划，构建起了完整的体系(图 4-5)。

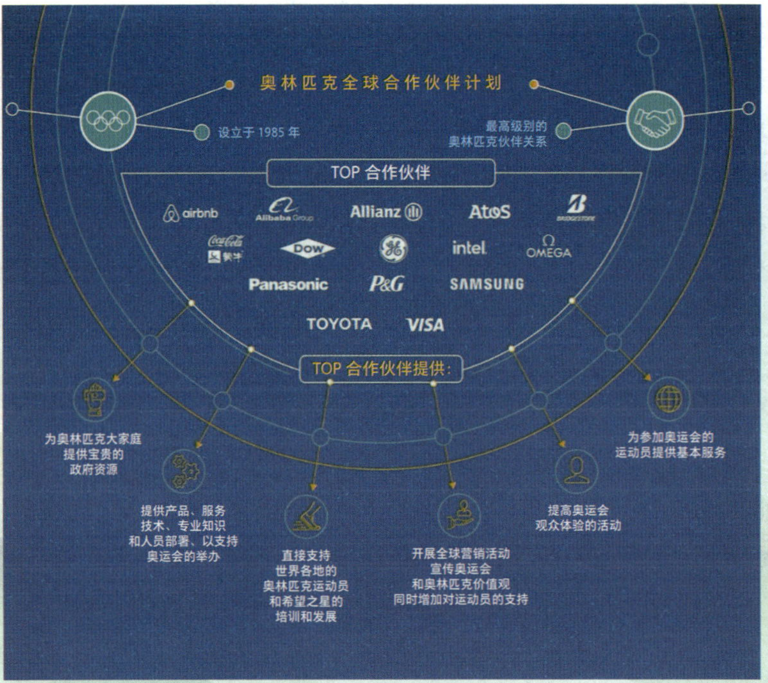

图 4-5　国际奥委会的营销架构

与此同时，国家（地区）奥委会、奥运会组委会、国际单项体育联合会也通过自己的商务计划（包括国内赞助商、票务、国内的特许计划等）获得收入（图 4-6）。

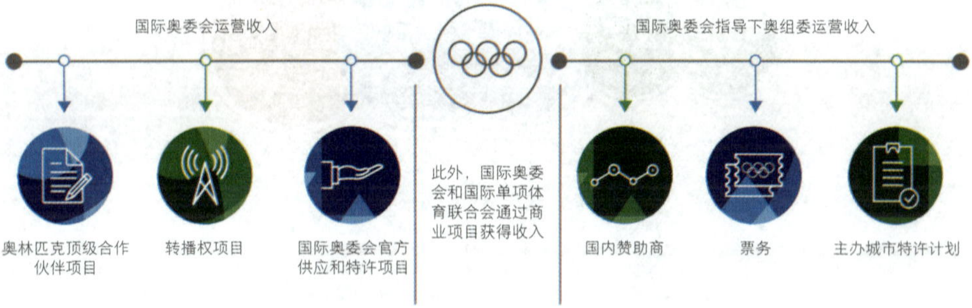

图 4-6　奥林匹克营销收入渠道

国际奥委会只保留所有收入的 10%，用于发展体育和保持自身运行，其余 90% 都进行分配（图 4-7）。2020 年，国际奥委会对外宣称，国际奥委会在全世界支持运动员和支持各种层面的体育组织，每天贡献 340 万美元（含资金和等价值服务）。分享国际奥委会营销收入，各奥运会组委会、其他奥林匹克和体育组织、国际奥委会支持世界范围内体育发展的活动、项目和计划。

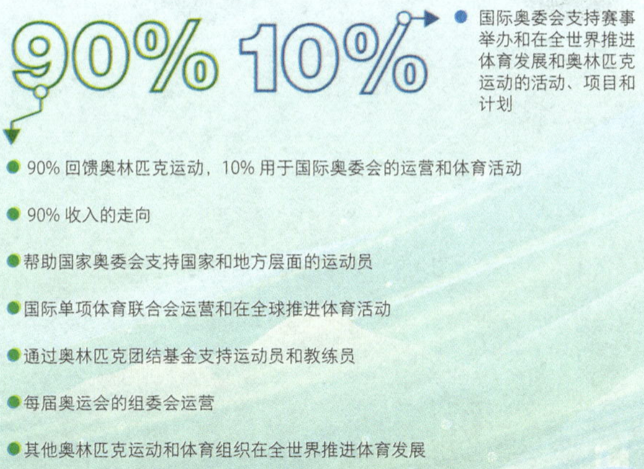

图 4-7　国际奥委会收入去向

具体到冬奥会，国际奥委会的支持（含实物和资金）情况如图 4-8 所示。（表 4-8）

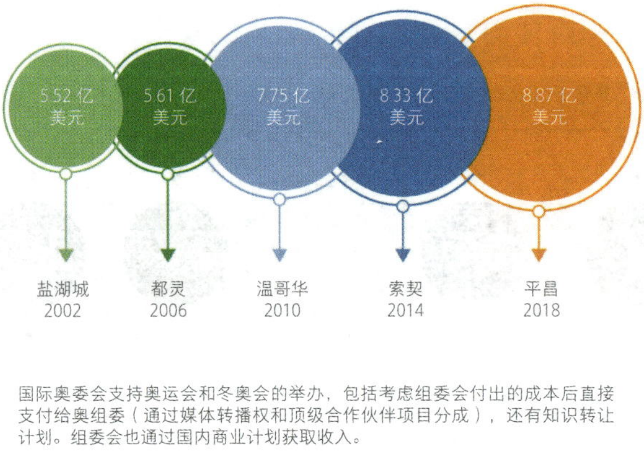

图 4-8　国际奥委会对冬奥会的支持内容

此外，国际奥委会还通过奥林匹克团结基金对国家（地区）奥委会和国际单项体育联合会进行经济支持。在最新奥林匹克营销周期的支持情况如图 4-9 所示。（表 4-9）

图 4-9　奥林匹克团结基金

目前，最新的奥林匹克营销周期是 2017—2020 年，但由于东京 2020 年奥运会推迟到 2021 年，目前该周期的财务数据尚未全部产生。统计显示：国际奥委会 2013—2016 年的总收入为 57 亿美元，比 2009—2012 年的收入增长 7.6%。国际奥委会的奥林匹克团结基金在平昌 2018 年冬奥会中，通过奥林匹克奖学金计划支持来自 60 个国家（地区）奥委会的 268 名运动员，还有来自 10 个国家（地区）奥委会的 13 支队伍，支持资金达到 1100 万美元。

表 4-1 是国际奥委会过去 6 个奥林匹克营销周期的特权转播商计划和 TOP 计划的收入情况。

表 4-1　国际奥委会过去 6 个奥林匹克营销周期的特权转播商计划和 TOP 计划的收入情况

来源（百万美元）	1993—1996 年	1997—2000 年	2001—2004 年	2005—2008 年	2009—2012 年	2013—2016 年
转播权收入	1251	1845	2232	2570	3850	4157
顶级合作项目收入	279	579	663	866	950	1003
总计	1530	2424	2895	3436	4800	5160

所有数据只统计到百万美元单位

表 4-2 是国际奥委会过去 6 个奥林匹克营销周期的各奥运会组委会的营销收入情况。

表 4-2　国际奥委会过去 6 个奥林匹克营销周期的各奥运会组委会的营销收入情况

来源（百万美元）	1993—1996 年	1997—2000 年	2001—2004 年	2005—2008 年	2009—2012 年	2013—2016 年
奥组委国内赞助项目	534	655	796	1555	1838	2037
奥组委票务项目	451	625	411	274	1,238	527
奥组委特许计划	115	66	87	185	170	74
总计	1100	1346	1294	2014	3246	2638

下表是国际奥委会给最近几届奥运会的分成情况。（表 4-3、表 4-4）

表 4-3　国际奥委会给国家（地区）奥委会的分成

奥运会	分成（百万美元）
雅典 2004	234
北京 2008	301
伦敦 2012	520
里约热内卢 2016	540

冬奥会	分成（百万美元）
盐湖城 2002	87
都灵 2006	136
温哥华 2010	215
索契 2014	199
平昌 2018	215

表 4-4　国际奥委会给国际单项体育联合会的分成

奥运会	分成（百万美元）
雅典 2004	257
北京 2008	297
伦敦 2012	520
里约热内卢 2016	540

冬奥会	分成（百万美元）
盐湖城 2002	92
都灵 2006	128
温哥华 2010	209
索契 2014	199
平昌 2018	215

三、奥林匹克营销改革

在国际奥委会的改革文本《奥林匹克 2020 议程》的 40 条建议中，第 33—36 条是关于奥林匹克营销改革的具体建议。国际奥委会的奥林匹克营销始终强调社会价值、公益属性、人文精神等基本取向，彰显奥林匹克营销的独特功能和精神诉求，以此为基础挖掘奥林匹克商业价值，谋求赞助商与多元化价值、传承遗产和继承传统、全球化和包容性的融合。

第 33 条：让赞助商进一步参与“奥林匹克主义在行动”计划。

国际奥委会试图促使全球合作伙伴参与“奥林匹克主义在行动”计划的资金筹集、宣传和实施过程，加强赞助商对该活动的认可。对此，可以做如下理解。

第一，国际奥委会将阐明“奥林匹克主义在行动”计划的哪些活动有助于宣传奥林匹克品牌。

第二，国际奥委会将把“奥林匹克主义在行动”计划简化为几项可以让赞助商落地，并且符合“通过体育运动，建立一个更加美好的世界”这一愿景的核心措施。

第三，国际奥委会将审查并了解与各个全球合作伙伴的哪些合作有助于实现“奥林匹克主义在行动”计划的目标。

第四，国际奥委会电视及市场服务有限责任公司将邀请全球合作伙伴共同构思未来的“奥林匹克主义在行动”活动。

第五，加强对合作伙伴参与“奥林匹克主义在行动”计划的表彰。这里所有设计和规划都集中指向国际奥林匹克运动和国际奥委会核心理念的传播——在社会中推广奥林匹克主义，这也是奥林匹克营销改革中精神指南的意涵所在。正如巴赫所言：奥林匹克主义远超体育，它是一种生活哲学。TOP 计划将这个宏大而高远的奥林匹克主义与赞助商的投入点有机对接，正是要建立起国际奥林匹克运动和赞助企业自身可持续发展的长远活力和生命力。

第 34 条：制订全球特许计划。

国际奥委会宣称制订全球特许计划的重点在于宣传而非创收。为支持其长期的品牌管理战略，国际奥委会决心制订一个长期的全球特许权计划。

第一，国际奥委会将制定与全球合作伙伴、国际特许权持有人、国家（地区）奥委会以及它们各自的特许权持有人进行合作的模式。

第二，国际奥委会将制定奥林匹克设计原则，以帮助、指导和启发特许权持有人的设计团队创造出真正独特和“必备”的奥林匹克特许商品。

第三，国际奥委会将评估各项特许计划的定位，确保与下列计划的一致性：“奥林匹克收藏品”（奥林匹克五环及愿景和价值观信息）、“奥林匹克遗产收藏品”（之前的各届奥运会）、“奥运会项目”（未来的各届奥运会）。

第四，国际奥委会将对特许计划的整体管理进行审查，以确保采用市场上领先的最佳实践并且实现奥林匹克特许模式的最优化，从而使奥林匹克利益相关方受益。制定并实施更新后的可持续性政策和标准，确定客户关系管理(CRM)方法，促进与拥趸的持续交流，国际奥委会将对集中化的全球特许模式进行市场审计，考虑让奥林匹克运动员（包括现役和退役的）担任大使以深化与各种特许计划的情感联系。

目前，国际奥委会除在总部洛桑建立实体的奥林匹克商店以外，还通过网络平台上的奥林匹克商店销售历届奥运会纪念品和相关产品。显然，这个奥林匹克商店开设的目的也不仅是为创收，而更多指向传播奥林匹克主义和宣传奥林匹克品牌。奥林匹克全球特许计划的实施，就是希望鼓励更多具有奥林匹克运动特色和风格的产品出现在奥林匹克商店上，昭示奥林匹克运动的可持续发展和奥林匹克主义的全球传播。

第 35 条：促进奥林匹克全球合作伙伴对国家（地区）奥委会的支持。

国际奥委会宣称将推出计划，加强全球合作伙伴与国家（地区）奥委会的合作。第一，国际奥委会希望量身定做，加强全球合作伙伴在当地的活力及与国家（地区）奥委会协同合作，支持各国家（地区）奥委会与赞助商利用国家（地区）奥委会资产发展并加强当地的赞助活动。

第二，国际奥委会希望与奥林匹克团结基金及国家（地区）奥委会协会合作，为国家（地区）奥委会创办市场开发研讨会，提供关于奥运会市场开发和最佳实践经验的信息。该研讨会面向所有国家（地区）奥委会，有助于提升国家（地区）奥委会的市场开发和服务能力，以更好地支持并最大程度推进赞助活动。现有的国家（地区）奥委会培训项目，将成为研讨会计划的关键组成部分。

第三，国际奥委会将考虑在全球合作伙伴协议中 加入一项合同义务，促进全球合作伙伴与国家（地区）奥委会的合作。显然，国家（地区）奥委会的权利对于全球合作伙伴而言是一项重要资产。过去的较长时间里，全球合作伙伴并没有最大化地利用这项资产。很多合作伙伴只是局限于通过奥运会举办地或自身产品和服务的重点辐射区域开展活动。今后，国家（地区）奥委会与全球合作伙伴的合作将为双方带来持续的价值。

第 36 条：扩大奥林匹克品牌的非商业化使用。

第一，制定将奥林匹克品牌用于更广泛非商业用途（包括可能使用奥林匹克的知识产权）的框架。该框架受制于下列条件：根据对奥林匹克运动（奥运会）的贡献确定非商业化使用（实体）的优先等级；在品牌包容性和品牌完整性之间实现平衡，以避免品牌信息破碎化；继续打击不法侵害和未经授权使用奥林匹克知识产权的行为，以保护全球合作伙伴。

第二，在奥林匹克运动及利益相关方中就品牌管理框架进行广泛交流，并强化不同参与者之间的品牌管理协调。奥林匹克品牌营销的实质是通过具有人文和公益特性的奥林匹克理念传播。一方面需要保护赞助商的权益，另一方面不能将打击隐性营销的范围扩大化，从而避免可能导致的挫伤奥林匹克品牌人文性和公益化传播的相关组织的积极性。甚至在当今民间团体、社会组织、慈善和公益机构的微利运营获得普遍认可的大背景下，保护赞助商合法权益和打击隐性营销行为的一些原则要重新审视，相关规则要详细商讨。

当然，国际奥委会的奥林匹克营销改革并不局限于《奥林匹克 2020 议程》和《奥林匹克 2020+5 议程》，而是根据实际情况及时调整了相关政策。比如，巴赫打破了过去 4 年为一个周期的 TOP 计划规则，不定期吸纳顶级赞助商，并且采取灵活定价和划分类别的做法，如普利司通轮胎成为 2014—2024 年 TOP 计划赞助商，阿里成为 2017—2028 年 TOP 计划赞助商，它们分别支出 2.34 亿美元和 8 亿美元。

北京 2022 年冬奥会为中国企业带来巨大的商机，但必须明晰《奥林匹克 2020 议程》关于营销改革的整体思路，践行奥林匹克主义，促进奥林匹克品牌的人文性和公益性传播，慎重选择自身介入的层面和力度。

（易剑东　撰稿）

第五章 奥林匹克价值分享：奥林匹克利益相关者协同

国际奥委会本身一无所有，我们需要别人正如别人需要我们一样。如果没有团结我们就会虚弱，没有团结我们就会在几个月内垮掉。

——胡安·安东尼奥·萨马兰奇

团结是奥林匹克精神的核心要素之一，百余年来无论奥林匹克运动组织是从管理到治理还是到善治，团结都是奥林匹克运动组织的根脉。

在经济全球化背景下，国际奥委会作为奥林匹克运动的领导者，为了实现奥林匹克主义的宗旨，除了要与国际体育组织建立亲密关系外，还在国际舞台上与国际政府间组织、非体育国际非政府组织建立合作关系，提高国际影响力，相互支持配合，寻找最佳方案来应对复杂问题，共同承担社会责任，推动社会的发展，从而践行奥林匹克运动的愿景和宗旨。此外国际奥委会还通过奥林匹克全球合作伙伴计划与跨国公司建立战略联系，确保奥林匹克运动的经济独立。（图 5-1）

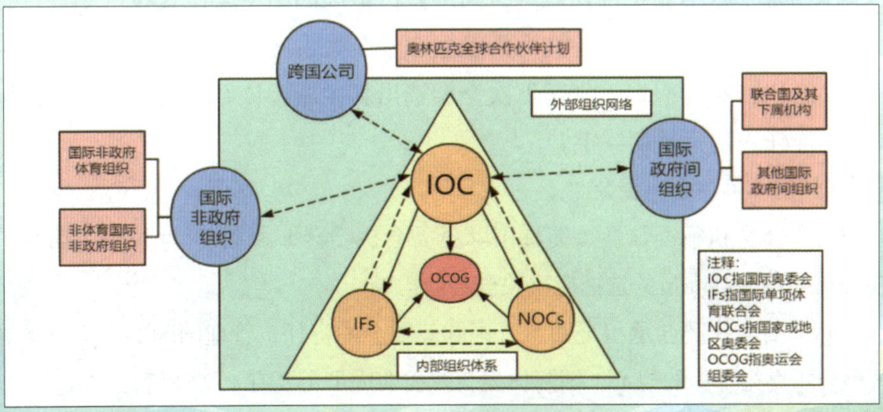

图 5-1 现代奥林匹克运动组织体系图

第一节　国际奥委会的内外部利益相关者

一、国际奥委会自身的内部利益相关者

在国际奥委会官方网站中，组织一栏详细列出了各类具体内容，包括国际奥委会的主席、执委会、委员、全会、代表大会、专门委员会、行政机构等。

（一）国际奥委会主席

从1894年6月23日成立至今，国际奥委会一共有9位主席，分别是希腊的德米特留斯·维凯拉斯（1894—1896）、法国的皮埃尔·德·顾拜旦（1896—1925）、比利时的亨利·德·巴耶－拉图尔(1925—1942)、瑞典的西格弗里德·埃德斯特隆(1942—1952)、美国的艾弗里·布伦戴奇（1952—1972）、爱尔兰的迈克尔·莫里斯·基拉宁(1972—1980)、西班牙的胡安·安东尼奥·萨马兰奇(1980—2001)、比利时的雅克·罗格（2001—2013）以及现任主席德国的托马斯·巴赫（2013—2025）。国际奥委会主席的任期最初并不严谨，目前已经有严格的限定。

《奥林匹克宪章》关于国际奥委会主席的条款明确规定：

- 全会以无记名投票方式从其委员中选举一位主席，任期8年，可以连任一期，任期4年；
- 主席代表国际奥委会，并主持其全部活动；
- 当客观情况不允许全会或国际奥委会执委会采取行动或作出决策时，主席可以代表国际奥委会采取行动或作出决策，此类行动或决策应尽快提交主管机构签署；
- 如果主席不能履行其职责，则由排位最高的副主席代其履行职责，直至主席恢复履行职责的能力，若主席永久失去履行职责的能力，则该副主席代其履行职责，直至下次全会选出新主席，该新主席任期8年，可以连任一期，任期4年。

（二）国际奥委会执委会

国际奥委会执行委员会（简称国际奥委会执委会）由主席、4位副主席和其他10位委员组成。其委员的选择应反映全会的构成。

国际奥委会执委会承担全面掌管国际奥委会的责任，管理国际奥委会事务。根据《奥林匹克宪章》的规定，国际奥委会执委会成员主要有13项权利：

- 监督《奥林匹克宪章》遵守情况；

- 批准所有与其组织机构有关的内部管理规章；
- 确认包括财务报告在内的年度报告，并与审计报告一起提交全会；
- 向全会提交修改宪章规则或细则的建议；
- 向全会提交其推荐参加国际奥委会选举的候选人名单；
- 确定并监督主办奥运会的候选城市的接受和遴选程序；
- 确定全会议程；
- 根据主席的提议，任免总干事。主席决定总干事的薪酬，也可给以处分；
- 依法确保妥善保管国际奥委会的所有会议记录、财务报告和其他档案，包括所有全会、国际奥委会执委会和其他专门委员会或工作组会的会议记录；
- 以其认为最适当的形式，制定所有决策和发布具有法律约束力的国际奥委会规章，如：条例、裁决、规范、方针、指南、手册、指令、要求和其他决策，特别是包括但不限于一切必要的规章，以确保正确执行《奥林匹克宪章》和组织奥运会；
- 至少每两年举行一次与国际单项体育联合会和与国家（地区）奥委会的定期会议。这类会议由国际奥委会主席主持，在与有关机构磋商后，主席决定会议的程序和议程；
- 设立和颁发国际奥委会荣誉；
- 行使和履行法律或《奥林匹克宪章》未赋予全会或国际奥委会主席的所有权力和职责。

（三）国际奥委会委员

国际奥委会委员是自然人，《奥林匹克宪章》规定总数不得超过 115 名，目前有 102 人。大多数委员的委员身份与具体的职责或职位无关，包括最多 5 名在特殊情况下选举的委员，这部分委员的总数不能超过 70 人。除了上述 5 名委员外，在役运动员总人数不超过 15 人，国际单项体育联合会、国际单项体育联合会总会或其他国际奥委会承认的组织的主席或担任执委或高级领导职务的人员，总人数不超过 15 人；国家（地区）奥委会及世界或大洲的国家（地区）奥委会协会的主席、执委或担任高级领导职务的人员，总数不超过 15 人。任一特定国家（地区）在国际奥委会中的此类委员不会超过 1 人。

国际奥委会举行仪式接纳新委员，新委员在仪式上宣读以下誓言，同意履行其职责：

"我荣幸地当选为国际奥林匹克委员会委员，并宣布我认识到这一身份的责任，我愿意竭尽所能服务于奥林匹克运动，遵守《奥林匹克宪章》的一切规定和国际奥林匹克委员会的决议，并保证使之受到人们的尊重。我认为这些条款和决议对我来说是不容置疑的；我将遵守《道德准则》，绝不受任何政治或者商业的影响，不受任何种族或宗教因素的左右，同一切其他形式的歧视作斗争，并在任何情况下增进国际奥林匹克委员会的利益和奥林匹克运动的利益。"

每个国际奥委会委员都有以下义务：

- 遵守《奥林匹克宪章》《道德准则》和国际奥委会的其他规定；
- 参加全会；
- 参加其被指派的国际奥委会专门委员会的工作；
- 为奥林匹克运动的发展和推广作出贡献；
- 在委员所在的国家（地区）和其服务的奥林匹克运动的组织中，监督国际奥委会的各种计划的实施；
- 应国际奥委会主席的要求，通报委员所在国家（地区）和在其服务的奥林匹克运动的组织中奥林匹克运动的发展与推进情况及其需求；
- 向国际奥委会主席及时通报其所在国家（地区）或在其服务的奥林匹克运动的组织中可能妨碍执行《奥林匹克宪章》或在其他方面对奥林匹克运动有不利影响的事件；
- 完成国际奥委会主席分配的其他任务。

（四）国际奥委会全会

国际奥委会全会是国际奥委会委员的全体会议。它是国际奥委会的最高权力机构。其作出的决定是最终决定。例行全会每年举行一次。国际奥委会特别全会可由主席召集或应至少三分之一委员的书面请求召开。

国际奥委会全会的权力如下：

- 通过或修改《奥林匹克宪章》；
- 选举国际奥委会委员、名誉主席、名誉委员和荣誉委员；
- 选举主席、副主席和其他国际奥委会执委会委员；

- 选举奥运会主办城市；
- 确定举行例行全会的城市，主席有权确定举行特别全会的城市；
- 批准国际奥委会年度报告和财务报告；
- 任命国际奥委会的审计员；
- 决定国际奥委会对国家（地区）奥委会、国家（地区）奥委会协会、国际单项体育联合会、国际单项体育联合会总会和其他组织的完全承认的授予和撤销；
- 开除国际奥委会委员，撤销名誉主席、名誉委员和荣誉委员地位；
- 解决和决定法律或《奥林匹克宪章》赋予它的所有其他事项。

（五）奥林匹克代表大会

奥林匹克代表大会是奥林匹克运动组成机构代表的集会，按照由国际奥委会决定的间隔期举行；奥林匹克代表大会由国际奥委会主席召集，其职能是协商性的。

奥林匹克代表大会由国际奥委会主席根据国际奥委会全会的决定召集，并由国际奥委会在全会确定的地点和日期组织召开。国际奥委会主席主持并确定程序。

奥林匹克代表大会由国际奥委会委员、名誉主席、名誉委员和荣誉委员、各国际单项体育联合会和各国家（地区）奥委会的代表出席；同时，国际奥委会承认的组织的代表也可以参加。此外，奥林匹克代表大会还有以个人身份或代表身份受到邀请的运动员和著名人士参加。

国际奥委会执委会在与各国际单项体育联合会和国家（地区）奥委会磋商后，确定奥林匹克代表大会的议事日程。（表 5-1）

表 5-1 国际奥委会历届奥林匹克代表大会召开的时间与地点（1894—2009 年）

届次	年份	城市	国家
1	1894	巴黎	法国
2	1897	勒阿弗尔	法国
3	1905	布鲁塞尔	比利时
4	1906	巴黎	法国
5	1913	洛桑	瑞士
6	1914	巴黎	法国
7	1921	洛桑	瑞士
8	1925	布拉格	捷克

续表

届次	年份	城市	国家
9	1930	柏林	德国
10	1973	瓦尔纳	保加利亚
11	1981	巴登巴登	德国
12	1994	巴黎	法国
13	2009	哥本哈根	丹麦

（六）国际奥委会专门委员会

《奥林匹克宪章》规定：为了向国际奥委会全会、执委会或主席提供建议，可以创建国际奥委会专门委员会。必要时，主席可设立永久或其他常设或特别委员会和工作组。除非《奥林匹克宪章》或执委会制定的具体规则中另有明确规定，主席确定委员会的职责范围，任命所有委员会成员，并在主席认为已完成任务时予以解散。没有主席的事先同意，各专门委员会或工作组不得举行任何会议，除非《奥林匹克宪章》和执委会制定的具体规则中另有明确的规定。主席是所有委员会或工作组的当然成员，而且他在出席任何会议时，都应位于首席。

目前国际奥委会的专门委员会包括：运动员委员会、运动员随员委员会、审计委员会、传播委员会、协调委员会、文化和奥林匹克遗产委员会、数字与技术委员会、纪律委员会、道德委员会、财务委员会、未来奥运会主办委员会、未来冬奥会主办委员会、人力资源委员会、委员遴选委员会、电视和营销负责人委员会、国际奥委会在世界反兴奋剂机构执委会的代表和基金委员会、法律委员会、医学和科学委员会、奥林匹克频道负责人委员会、奥林匹克频道和奥林匹克转播负责人委员会、奥林匹克教育委员会、奥林匹克项目委员会、奥林匹克团结委员会、体育促进公共事务和社会发展委员会、体育与积极社会委员会、可持续与遗产委员会、女性体育委员会。

（七）国际奥委会行政机构

国际奥委会行政机构是各奥林匹克利益相关者的管理、协调和服务机构，其工作任务是推进各国家（地区）奥委会、各国际单项体育联合会、奥运会及冬奥会等赛事组委会、顶级赞助商、转播商乃至联合国有关机构之间的合作。其核心使命是推广奥林匹克主义和领导奥林匹克运动。

按照《奥林匹克宪章》的要求，国际奥委会行政机构的角色是：

- 准备、实施和跟进全会、执委会、主席的决策；
- 准备和跟进所有专门委员会的工作及与各国际单项体育联合会、各国家（地区）奥委会和组委会的长期联系；
- 所有奥运会和青奥会筹备的协调；
- 其他奥林匹克赛事的组织和准备；
- 奥林匹克内部信息的流转；
- 给相关利益方提出建议；
- 维持与相关国际政府和非政府组织的关系，特别是体育、教育和文化部门；
- 联系奥林匹克团结基金和其他主席和执委会布置的持续推进的专门事项。

国际奥委会目前的行政机构主要有：主席办公室、发言人服务办公室、总干事办公室、副总干事办公室（奥林匹克运动关系）、首席运营官、奥林匹克团结基金、国家（地区）奥委会关系部、奥运会部、体育部、医学和科学部、企业与可持续发展部、奥林匹克文化和遗产教育、国际奥委会电视和营销服务系统管理、奥林匹克转播服务系统管理、奥林匹克频道服务系统管理、数字营销部、企业沟通和公共事务部、技术和信息部、人力资源部、财务部、法务部、企业项目和服务部、伦理合规与内部审计部。

二、国际奥委会与国际政府间组织的战略合作

国际奥委会与以联合国为代表的国际政府间组织积极合作，建立良好关系，目前已与 22 个政府间组织展开合作（表 5-2）。国际奥委会不仅与联合国及其下属机构合作，还与欧盟、区域政府间组织，经济合作与发展组织，经济领域政府间组织展开合作，既提高了国际奥委会的国际社会地位，又体现了国际社会对国际奥委会组织能力的认可。

表 5-2　国际奥委会与国际政府间组织合作一览表

序号	中文名称	英文名称	简称
1	联合国大会	UN General Assembly	UNGA
2	联合国环境署	UN Environment Programme	UNEP
3	国际自然保护联盟	International Union for Conservation of Nature	IUCN
4	联合国气候变化框架公约秘书处	UN Climate (UN Framework Convention on Climate Change)	UNFCCC
5	国际劳工组织	International Labour Organization	ILO
6	世界卫生组织	World Health Organization	WHO
7	联合国难民事务高级专员公署	The UN Refugee Agency	UNHCR
8	联合国教育、科学、文化组织	United Nations Educational, Scientific and Cultural Organization	UNESCO
9	联合国人权事务高级专员办事处	Office of the UN High Commissioner for Human Rights	OHCHR
10	联合国性别平等与女权署	The United Nation Entity for Gender Equality and the Empowerment of Women	UN Women
11	国际刑事警察组织	International Criminal Police Organization	INTERPOL
12	联合国毒品和犯罪问题办公室	UN Office on Drugs and Crime	UNODC
13	欧洲委员会	Council of Europe	COE
14	欧洲联盟委员会	European Commission	EC
15	经济合作与发展组织	Organization for Economic Cooperation and Development	OECD
16	联合国儿童基金会	United Nations International Children`s Emergency Fund	UNICEF
17	世界气象组织	World Meteorological Organization	WMO
18	世界银行集团	World Bank Group	WBG
19	联合国开发计划署	United Nations Development Programme	UNDP
20	万国邮政联盟	Universal Postal Union	UPU
21	联合国粮食和农业组织	Food and Agriculture Organization of the United Nations	FAO
22	世界旅游组织	World Tourism Organization	UNWTO

资料来源：IOC–Sustainability–Report–2018

（一）国际奥委会与联合国的战略合作

长期以来，联合国一直认同竞技运动对发展与和平的贡献。国际奥委会与联合国的关系可追溯到 1922 年，当时国际奥委会和国际劳工组织（劳工组织）建立了一种机构合作关系。从 20 世纪 80 年代开始，国际奥委会开始以主动的姿态谋求与联合国建立联系。1984 年 6 月，国际奥委会与联合国教科文组织首次签署了合作协议。

1993 年 10 月 25 日，联合国举行第 48 届大会第 36 次全体会议，与会代表一致通过了由国际奥委会倡议，奥林匹克运动全体成员国签署的“奥林匹克休战”提案，即在奥运会期间和奥运会前后各一周，像古希腊人一样，各成员国放下武器，停止战争行动，让全世界人民在和平的气氛中欢度四年一度的奥林匹克节日。

从20世纪90年代开始，国际奥委会与联合国下属机构纷纷建立合作关系（表5-3）。合作领域包括环境、教育、人权等多项内容。

表 5-3　国际奥委会与联合国下属机构合作一览表

序号	名称	简称	合作时间
1	联合国环境署	UNEP	1992
2	世界卫生组织	WHO	1993
3	联合国儿童基金会	UNICEF	1994
4	联合国毒品和犯罪问题办公室	UNODC	1995
5	世界气象组织	WMO	1996
6	世界银行集团	WBG	1996
7	联合国开发计划署	UNDP	1996
8	万国邮政联盟	UPU	1997
9	联合国粮食和农业组织	FAO	1997
10	国际劳工组织	ILO	1998
11	联合国教科文组织	UNESCO	1998,2004
12	世界旅游组织	UNWTO	1999
14	联合国气候变化框架公约秘书处	UNFCCC	2017
15	联合国难民事务高级专员公署	UNHCR	1994
16	联合国人权事务高级专员办事处	OHCHR	2010
17	联合国妇女署	UN WOMEN	2017

资料来源：任海 . 国际奥委会演进的历史逻辑：从自治到善治 [M]. 北京体育大学出版社 , 2013:159.

进入 21 世纪，在合作的基础上，二者之间的战略合作机制持续加强。

首先，联合国对奥林匹克运动的认同度越来越高。2009 年，联合国大会授予国际奥委会常驻观察员地位。这一决定使国际奥委会能够直接参与联合国议程，并参加联合国大会，在大会上发言，从而为在新的水平上促进体育运动提供了可能。2014 年 4 月，联合国和国际奥委会签署了一项协议，旨在加强两个组织在最高层面上的合作。该协议强调，国际奥委会和联合国“有着共同的价值观，通过体育为一个更美好、更和平的世界作出贡献”。2015 年，联合国正式将竞技运动确认为可持续发展的“重要推动者”，并将其列入《联合国 2030 年可持续发展议程》，这对竞技运动和奥林匹克运动而言都是一个历史性时刻。

其次，国际奥委会在国际社会面临的问题中发挥了不可替代的作用。面对全球难民危机，在过去的 20 年里，国际奥委会和联合国难民署特别利用体育来支持世界各地许多难民营和定居点的年轻难民的康复和发展。成千上万的难民受益于国际奥委会捐赠的体育项目和设备。在 2015 年 10 月的联合国大会上，国际奥委会主席巴赫宣布成立难民奥林匹克运动员代表队。这是第一支参加里约热内卢 2016 年奥运会的代表队。

最后，在新冠肺炎疫情的影响下，合作伙伴关系进一步深化。2020 年 6 月 23 日国际奥林匹克日，国际奥委会与联合国建立合作伙伴关系，以“共同健康”为主题，为启动合作，鼓励世界各地的个人和社区采取行动，使我们大家都能健康相聚。联合国秘书长安东尼奥·古特雷斯指出：“在这个前所未有的挑战和变化时期——从 COVID-19 大流行到为种族和社会正义以及气候危机而进行的持续斗争——从来没有像现在这样需要全球团结。参与奥林匹克运动的运动员一直是人类最优秀的运动员，联合国很高兴与国际奥委会和世界卫生组织合作，呼吁世界各地的人们团结起来，共同健康。”

综上所述，国际奥委会与联合国的合作关系在国际社会的风云变幻中愈加紧密，机制化程度不断加强。

（二）疫情下国际奥委会与世界卫生组织的战略合作

世界卫生组织是联合国下属的一个专门机构，是国际最大的政府间组织。从 1993 年开始，国际奥委会与世界卫生组织就建立了合作关系。在新冠肺炎疫情使全球面临困境的情形下，国际奥委会在日内瓦世界卫生组织总部签署新的合作协定，在全球推广健康的生活方式，包括身体活动、竞技运动和积极的娱乐活动，作为促进健康的工具，共同致力于通过体育促进健康社会，与可持续发展目标 3（“健康和福祉”）保持一致，为预防非传染性疾病作出贡献。

国际奥委会主席巴赫说：“在当前危机的过去几个月里，我们都看到了体育运动对身心健康的重要性。”体育可以拯救生命。“在应对后疫情时代的挑战时，我们将受益于世界卫生组织的建议，卫生将在公共政策中发挥更为突出的作用。我们期待着与世界卫生组织进行更密切的合作。国际奥委会呼吁世界各国政府将体育纳入其危机的支柱方案，因为体育在预防非传染性疾病和传染病方面发挥着重要作用。”

世界卫生组织总干事谭德赛·阿达诺姆指出：“很高兴与国际奥委会正式建立这一长期伙伴关系。”世界卫生组织不仅致力应对疾病，还帮助人们实现他们最健康的生活，而这种伙伴关系正是这样做的。作为新协议的一部分，国际奥委会和世界卫生组织将继续寻求协同作用，共同行动，在世界范围内促进健康的生活方式和基层体育活动，并与缺乏体育锻炼的现象作斗争。在这一具体领域，世界卫生组织以《2018—2030 年全球体育活动行动计划》为指导，目标是到 2030 年将全球缺乏体育活动的成人、青少年人数与全球成人、青少年总数比例相对降低 15%。

国际奥委会是签署了《全球公平获得新冠疫苗政治宣言》的组织之一。虽然新冠疫苗目前已在全世界 70 多个国家分发，但大多数中低收入国家尚未开始接种疫苗。这一宣言要求纠正这种不平等，卫生工作者获得疫苗的机会在这些国家也得到优先考虑。该宣言是对全球团结的强烈呼吁，这也是国际奥委会邀请各国家（地区）奥委会主席与其国家（地区）奥委会或个人签署该宣言，并支持世界卫生组织围绕这一主题交流的主要原因。国际奥委会还鼓励他们将这一宣言作为与本国政府讨论的一个关键部分，讨论如何以及何时根据国家免疫指导方针，在东京 2020 年奥运会和北京 2022 年冬奥会之前在本国为奥运会和残奥会队接种疫苗。

（三）新冠肺炎疫情下国际奥委会与二十国集团的合作

新冠肺炎疫情下，世界各国领导人聚集在由二十国集团轮值主席国沙特阿拉伯王国主办的二十国集团领导人视频峰会上，表达了对东京 2020 年奥运会以及北京 2022 年冬奥会的强烈支持。

峰会的最后宣言指出：“作为人类在克服新冠问题上的复原力和全球团结的象征，我们赞扬日本决心在 2021 年主办东京 2020 年奥运会和残奥会。我们期待北京 2022 年冬奥会。”

应二十国集团轮值主席国沙特阿拉伯的邀请，国际奥委会主席巴赫参加了二十国集团领导人视频峰会，向各国领导人发表讲话：

“运动可以拯救生命。在这场冠状病毒危机中，我们都看到了体育运动对身心健康的重要性。”“世界卫生组织认同这一点，与国际奥委会签署了合作协议。根据这项协议，联合国、世界卫生组织和国际奥委会发起了一个以‘共同健康’为主题的联合品牌活动，并在国际上进行推广。此外，我们正准备为全球支持疫苗接种运动作出贡献。”

与此同时，巴赫希望二十国集团的与会者支持奥运会和国际奥委会的政治中立：“因此，我谦卑地呼吁你们支持我们的政治中立，使我们能够毫无歧视地使奥运会和残奥会成为全球团结的伟大象征。”

（四）国际奥委会与欧盟的合作

对兴奋剂零容忍，一直是国际奥委会秉持的坚定态度。基于雅典2004年奥运会和都灵2006年冬奥会都在欧洲举行，欧盟也加大了反兴奋剂斗争的力度，并将其列为工作日程上的一项重要任务。时任国际奥委会主席罗格与欧盟主管体育事务的官员索特在布鲁塞尔达成协议：欧盟成员国与有关体育组织加强合作，共同抑制使用违禁药物现象的抬头。这项协议使有关体育组织和政府的合作更加紧密。

欧盟体育专员雷丁对国际奥委会在反兴奋剂问题上采取的果断立场赞赏有加。他认为，盐湖城2002年冬奥会创纪录地处理了5名违禁运动员，说明国际奥委会在反兴奋剂方面的立场是明确的，那就是把兴奋剂从体育赛场上赶走。“如果我们采取姑息的态度，那么奥林匹克精神就成了一句空话。”

三、国际奥委会与国际非政府间组织的协同

国际奥委会与国际非政府间组织建立关系，树立了自身在国际体育领域的权威，体现了现代奥林匹克运动的人道主义精神。

国际奥委会和红十字会与红新月会国际联合会（International Federation of The Red Cross and Red Crescent Societies）都认为，所有人都有权追求身体和智力的和谐发展，并有权过上体面和平的生活，尊重普遍的基本伦理原则。

奥林匹克运动的宗旨和国际奥委会的使命是通过不带任何歧视的竞技运动教育青年，为建设一个和平与更美好的世界作出贡献。为此，国际奥委会与其他组织合作，在力所能及的范围内，采取行动促进和平和提供救济。

根据红十字与红新月会国际联合会的原则，鼓励促进其成员国红十字会与红新月会为改善最弱势群体的状况而开展的人道主义活动，促进各国社会之间的合作，并努力加强有效灾害管理、保健和社会发展的能力。

国际奥委会和红十字与红新月会国际联合会决定根据各自的任务和原则，合作促进国际团结，为人类发展和可持续发展作出特殊贡献。2003 年，国际奥委会与红十字国际委员会建立合作伙伴关系，以共同促进和加强人道原则。与此同时，国际奥委会和各国际单项体育联合会承诺分别鼓励各国家（地区）奥委会和各国家（地区）为实现这些目标而开展活动，特别是在志愿服务和援助处境不利和易受伤害社区方面。为此，双方同意设立一个联合工作组，该工作组每年至少举行一次会议，制定和维持合作方案。

第二节　国际单项体育联合会的组织与运作

国际单项体育联合会作为奥林匹克“三大支柱”之一，在百余年的奥林匹克运动发展中发挥了重要作用。二者之间的关系从松散和矛盾不断走向制度化和机制化。国际单项体育联合会融入奥林匹克运动大家庭的基础是得到国际奥委会的承认，根据《奥林匹克宪章》：为了发展和促进奥林匹克运动，国际奥委会可以承认国际单项体育联合会为在世界范围内管理一项或多项体育运动的国际非政府组织，以及得到国际单项体育联合会承认的国家层面的体育单项组织。《奥林匹克宪章》进一步规定：在奥林匹克运动中，国际单项体育联合会的规约、惯例和必须符合《奥林匹克宪章》，具体包括采纳并执行《世界反兴奋剂条例》以及《奥林匹克运动防操纵比赛条例》。在遵守上述规定的前提下，所有的国际单项体育联合会在治理其各自的体育项目中均保持独立性和自治性。

一、国际单项体育联合会在奥林匹克运动中的使命、职能和权利

根据《奥林匹克宪章》，国际单项体育联合会在奥林匹克运动中的使命和职能包括：依据奥林匹克精神，制定并实施与各自管辖运动项目实践有关的规则，并确保其实施；确保各自管辖的运动项目在全世界得到发展；为实现《奥林匹克宪章》中阐述的宗旨，尤其是为普及奥林匹克主义和奥林匹克教育作出贡献；支持国际奥委会审核各自项目奥运会候选资格；承担对各自管辖项目在奥运会中控制和指导的责任；对于其他国际奥委会赞助的国际综合性体育赛事，国际单项体育联合会负责或授权各自管辖运动项目的控制和指导；在奥林匹克团结基金的实际落实中，提供技术支持；鼓励并支持与运动员医疗和健康有关的措施。

国际单项体育联合会在奥林匹克运动中的权利包括：就《奥林匹克宪章》和奥

林匹克运动相关事宜向国际奥委会提出建议；协助奥林匹克大会的筹备；应国际奥委会的要求，参与国际奥委会各专门委员会的各项活动。

二、列入奥运会和冬奥会项目的国际单项体育联合会

当今，全球共有 100 多个国际单项体育联合会，获得国际奥委会承认的有 70 个，其中 35 个进入奥运会项目，包括夏季项目 28 个（表 5-4），冬季项目 7 个（表 5-5）。

表 5-4　列入奥运会项目的国际单项体育联合会

序号	中文名称	英文名称
1	国际田径联合会	World Athletics
2	世界赛艇联合会	World Rowing
3	世界羽毛球联合会	Badminton World Federation (BWF)
4	国际篮球联合会	International Basketball Federation (FIBA)
5	国际拳击联合会	International Boxing Association (AIBA)
6	国际皮划艇联合会	International Canoe Federation (ICF)
7	国际自行车联盟	International Cycling Union (UCI)
8	国际马术联合会	International Equestrian Federation (FEI);
9	国际击剑联合会	International Fencing Federation (FIE)
10	国际足球联合会	International Association Football Federation (FIFA)
11	国际高尔夫联合会	International Golf Federation (IGF)
12	国际体操联合会	International Gymnastics Federation (FIG)
13	国际举重联合会	International Weightlifting Federation (IWF)
14	国际手球联合会	International Handball Federation (IHF)
15	国际曲棍球联合会	International Hockey Federation (FIH)
16	国际柔道联合会	International Judo Federation (IJF)
17	世界摔跤联盟	United World Wrestling (UWW)
18	国际游泳联合会	International Swimming Federation (FINA)
19	国际现代五项联盟	International Modern Pentathlon Union (UIPM)
20	世界英式橄榄球联合会	World Rugby (WR)
21	世界跆拳道联合会	World Taekwondo
22	国际网球联合会	International Tennis Federation (ITF)
23	国际乒乓球联合会	International Table Tennis Federation (ITTF)

续表

序号	中文名称	英文名称
24	国际射击联合会	International Shooting Sport Federation (ISSF)
25	世界射箭联合会	World Archery Federation (WA)
26	国际铁人三项联盟	World Triathlon
27	国际帆船联合会	World Sailing
28	国际排球联合会	International Volleyball Federation (FIVB)

表 5-5　列入冬奥会项目的国际单项体育联合会

序号	中文名称	英文名称
1	国际冬季两项联盟	International Biathlon Union (IBU)
2	国际雪车联合会	International Bobsleigh and Skeleton Federation (FIBT)
3	国际雪橇联合会	International Luge Federation (FIL)
4	世界冰壶联合会	World Curling Federation (WCF)
5	国际冰球联合会	International Ice Hockey Federation (IIHF)
6	国际滑冰联盟	International Skating Union
7	国际滑雪联合会	International Ski Federation (FIS)

（一）列入奥运会项目的国际单项体育联合会在奥运会中的作用

每个国际单项体育联合会都负责其运动项目在奥运会期间的控制和指导。比赛的所有要素，包括赛程、比赛场地、训练场地和所有设备，都必须遵守其规则。对于所有这些安排，奥运会组委会必须咨询相关的国际单项体育联合会。奥运会组委会应在国际奥委会执委会的指导下，与国际单项体育联合会在各项项目的规划和实施方面密切合作，并与相关国际单项体育联合会商定具体责任。奥运会组委会必须确保奥运会运动种类包括的各个项目得到公平对待和整合。比赛日程和每日赛事由国际奥委会执委会作出最终决定。国际奥委会执委会在与各国际单项体育联合会协商后，确定在奥运会期间进行兴奋剂检测的运动员人数和方法，以及所有其他反兴奋剂措施。

（二）列入奥运会项目的国际单项体育联合会在奥运会中的权利和责任、技术规定、场地和设施

1．权利和责任

① 制定相应的项目、纪律和赛事的规则、规章和要求。最晚在奥运会开幕前三年，

国际单项体育联合会必须向奥林匹克运动会组织委员会（简称奥组委）、国际奥委会和国家(地区)奥委会通报奥运会期间在场馆中使用的技术设施和运动器材的规格。相关的国际单项体育联合会可以要求，在遵守国际奥委会执委会制定的任何指导方针下，由特定的公司提供此类体育设备。

② 确定奥运会比赛的最终成绩和排名。奥组委根据国际奥委会制定的准则，在每次比赛之后，由国际奥委会立即以电子形式向国际单项体育联合会提供这些结果，费用由奥组委承担。

③ 相关的国际单项体育联合会有权在其官方网站上公布其运动项目的竞赛结果。在奥运会比赛和训练期间，根据国际奥委会执委会的授权，对各自运动项目的比赛和训练场地实行管理。

④ 选择国际技术官员。国际技术官员总数须经国际奥委会执委会批准，并经有关国际单项体育联合会提议。国际技术官员的住宿、交通和制服费用应由奥组委支付。国际技术官员必须在他们参加第一项赛事之前至少三天以及在最后一项赛事后一天到达现场。奥组委必须提供与奥运村分离的设施，供国际单项体育联合会任命的所有技术官员使用。奥运村不得接待技术官员。技术委员不得属于国家（地区）奥委会代表团成员。

⑤ 根据国际奥委会执委会商定的条件和人数任命国际单项体育联合会代表。在国际奥委会和国家（地区）奥委会的授权下，执行国际奥委会关于运动员参加奥运会的规则。与国际奥委会合作，编写和修订有关举办其运动项目的必要文件和要求。

⑥ 建立有关运动项目的所有技术事项的上诉机制或程序、所有裁决和决定，包括任何有关的制裁或措施，均为最终裁决，不得上诉，不妨碍国际奥委会执委会宣布的任何进一步措施和制裁。国际单项体育联合会关于技术事项的裁决和决定必须立即通知国际奥委会执委会，并提交所有辅助文件。

2. 技术规定

要求在提交国际奥委会执委会批准之前，先获得国际单项体育联合会和奥组委的同意：不迟于奥运会前两年，提供运动项目的赛程表；测定成绩的技术设备；奥运会期间国际单项体育联合会官员（如裁判员）所需的制服。国际单项体育联合会提案需要国际奥委会执委会批准：在各自的运动项目中制定奥运会项目方案，包括增加或删除的运动大项或小项；确定每个项目、每个国家的参赛人数以及参加奥运会的参赛队数；不迟于奥运会前两年建立选手参赛制度，包括个人或团体运动以及项目的替补运动员人数；制定奥运会各项运动的比赛形式；确定国际单项体育联合会规则所需的国际技术官员人数（如裁判员、计时员、检查员或上诉陪审团）。他们按照上述的指示，与奥组委协调执行任务。

国际单项体育联合会制作的任何奥运会媒介视觉或视听记录都被禁止用于商业目的。

3．场地和设施

奥运会期间，奥组委应自费向管理本届奥运会项目内体育设施的国际单项体育联合会提供技术性事项所需的场所和设施。在得到国际奥委会执委会批准后，奥组委应根据国际单项体育联合会的要求，自费向国际单项体育联合会提供行政和技术设施，必要时应提供食宿，使国际单项体育联合会能够在东道国举行会议。由奥组委组织的测试赛：根据提交国际奥委会执委会批准的计划，奥组委在与国际单项体育联合会协商后，必须组织测试赛，以测试奥运会期间使用的设施、服务和程序。此类测试赛必须在相关国际单项体育联合会的技术监督下进行。

三、国际奥委会对其他国际单项体育联合会组织的承认

为确保国际奥委会在国际体育舞台的地位和作用，引领国际体育发展，国际奥委会还通过承认的方式，将更多的国际单项体育组织融入奥林匹克大家庭。国际奥委会承认了 5 个有关国际单项体育联合会协会（表 5-6），进一步确保了奥林匹克运动组织治理的机制化。

表 5-6　国际奥委会承认的各国际单项体育联合会协会

序号	中文名字	英文名称	简称
1	奥运会国际单项体育联合会协会	Association of Summer Olympic International Federations	ASOIF
2	冬奥会国际单项体育联合会协会	Association of the International Olympic Winter Sports Federations	AIOWF
3	国际奥委会认可的国际单项体育联合会协会	Association of IOC Recognized International Federations	ARISF
4	国际单项体育联合会全球协会	Global Association of International Sports Federations	GAISF
5	独立公认体育成员联盟	Alliance of Independent recognized Members of Sport(Provision)	AIMS

资料来源：IOC 官方网站

除了以上国际体育组织外，国际奥委会还承认了其他国际体育组织，以此壮大奥林匹克大家庭（表 5-7）。

表 5-7　国际奥委会承认的其他国际体育组织

序号	中文名称	外文名称	简称
1	多项运动国际组织	Panathlon International	PI
2	国际公平竞赛委员会	International Fair Play Committee	CIFP
3	国际健康、体育、娱乐、运动和舞蹈理事会	International Council for Health, Physical Education, Recreation, Sport and Dance	ICHPER-SD
4	泛伊比利亚奥林匹克学院协会	Pan-Iberic Association of Olympic Academies	APAO
5	国际大学体育联合会	International University Sports Federation	FISU
6	国际中学体育联合会	International School Sport Federation	ISF
7	国际天主教学校运动联合会	International Catholic Schoolsport Federation	FISEC
8	国际劳工体育联盟	International Workers and Amateurs in Sports Confederation	CSIT
9	国际军事体育理事会	International Military Sports Council	CISM
10	国际警察体育联盟	International Police Sport Union	USIP
11	国际世界运动会协会	International World Games Association	IWGA
12	国际地中海运动会委员会	International Committee of Mediterranean Games	CIJM
13	国际体育教育联合会	International Federation of Physical Education	FIEP
14	国际大众体育联合会	International Sport for All Federation	FISPT
15	国际大众体育协会	The Association For International Sport for All	TAFISA
16	国际儿童运动会委员会	Committee of the International Children's Games	CICG
17	英联邦运动会联合会	Commonwealth Games Federation	CGF
18	国际大师运动会协会	International Masters Games Association	IMGA
19	世界移植运动会联合会	World Transplant Games Federation	WTGF
20	国际残疾人奥林匹克委员会	International Paralympic Committee	IPC
21	国际聋人体育委员会	International Committee of Sports for the Deaf	CISS
22	国际特殊奥林匹克委员会	Special Olympics Inc.	SOI
23	欧洲体育科学学院	European College of Sport Science	ECSS

续表

序号	中文名称	外文名称	简称
24	国际非暴力竞技运动协会	International Association for Non Violent Sport	AICVS
25	国际体育科学与教育理事会	International Council of Sport Science and Physical Education	ICSSPE
26	国际运动医学联合会	International Federation of Sports Medicine	FIMS
27	国际体育和休闲设施协会	International Association for Sports and Leisure Facilities	IAKS
28	世界体育用品业联合会	World Federation of the Sporting Goods Industry	WFSGI
29	国际体育新闻协会	International Sports Press Association	AIPS
30	国际体育影视联合会	Fédération Internationale du Cinéma et Télévision Sportifs	FICTS
31	国际体育信息协会	International Association for Sports Information	IASI
32	世界奥林匹克选手协会	World Olympians Association	WOA
33	国际奥林匹克休战协定中心	International Olympic Truce Centre	IOTC
34	国际奥林匹克非洲基金会	Foundation Internationale OLYMPAFRICA	
35	国际计时员联合会	International Timekeepers Federation	FIC
36	欧洲非政府体育组织	European Non-Governmental Sports Organisation	ENGSO
37	国际奥林匹克休战基金会	International Olympic Truce Foundation	IOTF
38	国际奥林匹克史学会	International Society of Olympic Historians	ISOH
39	体育权利组织	Right to Play	RTP
40	世代和平组织	Generations for Peace	GTP
41	世界奥林匹克城市联盟	World Union of Olympic Cities	UMVO
42	国际奥委会常驻联合国观察员办公室	Office of the Permanent Observer for the International Olympic Committee to the United Nations	
43	奥林匹克难民基金会	Olympic Refugee Foundation	
44	国际奥林匹克收藏家协会	International Association of Olympic Collectors	AICO

资料来源：IOC 官方网站

四、项目的承认与接纳

奥运会项目是根据国际奥委会现行规则和其附则为每届奥运会制定的所有运动比赛项目。奥运会项目是在国际奥委会对历届相应奥运会项目进行审查后设立的。只有符合《奥林匹克宪章》和《世界反兴奋剂条例》的运动项目才有资格参加。奥运会比赛项目分为大项、分项和小项，以下简要介绍大项和小项。

（一）大项

奥运会比赛项目中的大项包括所有通过全会决定的，从国际奥委会认可的国际单项体育联合会管辖的运动项目中确定的特定届次奥运会的所有运动大项。对于大项，根据国际奥委会执委会的建议，国际奥委会全会应不迟于选举有关主办地前决定奥运会运动大项。国际奥委会全会应集体表决。如果未获得多数票，应由国际奥委会主席决定进行额外一轮投票，国际奥委会主席也可以针对单个或部分大项进行投票。根据国际奥委会执委会的建议，经有关奥组委、国际单项体育联合会和国际奥委会达成协议，运动大项可于有关奥运会开幕前三年由国际奥委会全会作出决定。

（二）小项

小项是由国际奥委会执委会所决定的特定届次奥运会的所有运动小项。小项是大项中的一项特定竞赛，其结果是在比赛中获得名次，并颁发奖章和证书。小项必须从入选奥运会大项和分项中遴选。在国际奥委会决定小项前，应咨询有关国际单项体育联合会。国际奥委会执委会应在有关奥运会开幕前三年内就运动小项作出决定。

举办某一届奥运会的奥组委可建议国际奥委会只对该届奥运会增加一项或多项项目；所有有关决定应完全符合《奥林匹克宪章》第 45 条及其附则，并遵守国际奥委会规定的具体条件。除非与相关奥组委另有约定，否则应适用以下数量：奥运会，运动 员人数为 10500 名，完成注册报名的教练员和运动员的支持人员人数为 5000 名，小项为 310 项。冬奥会，运动员人数为 2900 名、完成注册报名的教练员和运动员的支持人员人数为 2000 名，小项为 100 项。如果有关运动项目的管理机构不符合《奥林匹克宪章》或《世界反兴奋剂条例》，国际奥委会全会有权随时将该项目排除在赛程之外。

五、项目的评估与管控

奥运会和冬奥会的项目曾经在 20 世纪的近百年中持续增加，导致奥运会的规模不断扩大。这一方面是顺应众多体育项目国际化的结果；另一方面是照顾东道主的特殊需求的结果。萨马兰奇在 1980 年成为国际奥委会主席之后，不断规范奥运会的竞赛项目和表演项目，还推出了项目的入门门槛。要求被列入奥运会男子项目至少要在四大洲 75 个国家广泛开展，女子项目至少要在三大洲 40 个国家广泛开展。而东道主可以增设表演项目，但一个表演项目只有连续三届奥运会成为表演项目，方可成为奥运会正式项目。萨马兰奇在 2001 年卸任之前，又出台了一项特殊规则：出于“瘦身”的需要，东道主不再拥有增加表演项目和正式项目的权利。

罗格担任国际奥委会主席期间，奥运会项目总体上得到严控，但区分了核心项目和附属项目，导致棒球和垒球失去了伦敦 2012 年奥运会的席位，七人制橄榄球和高尔夫球进入了里约热内卢 2016 年奥运会的竞赛项目行列。巴赫就任国际奥委会主席以后，奥运会项目的管控规则再次发生改变：东道主再次拥有推荐新项目的权利，而且奥运会项目的限制从以大项为基准改为以小项为基准，直接导致东京 2020 年奥运会的项目激增到 33 个大项 339 个小项，甚至超出了《奥林匹克 2020 议程》设定的奥运会 310 个小项的限额。于是，在东亚三国就出现了一个由于时代不同和政策不同而导致的显著差异：日本通过 1964 年和 2020 年奥运会分别将柔道和空手道送进了奥运会，韩国通过 1988 年奥运会将跆拳道设为表演项目，随后在 1992 年和 1996 年奥运会通过游说，使跆拳道继续成为表演项目，继而使其在悉尼 2000 年奥运会上成为正式比赛项目。而中国却没能借助北京 2008 年奥运会使武术成为奥运会的竞赛项目甚至表演项目。

对奥运会项目的评估标准是从 2001 年开始推出的，首次实施是在雅典 2004 年奥运会上。该标准几经变更，不断吸取多方意见，已经日益完善和成熟，成为决定项目进入奥运会的技术关口。目前最新的由国际奥委会奥运项目委员会实施的《奥运会项目评价标准》（Olympic programme - Host city proposal Evaluation criteria for events）包括 5 个一级指标和 35 个二级指标，具体如下表。（表 5-8）

表 5-8　奥运会项目评估标准

一级指标		二级指标
奥林匹克提案	1	小项总数
	2	竞赛形式
	3	竞赛天数
	4	运动员和官员配额
	5	顶级运动员的参与
	6	场地（数量，永久 / 临时，容量，比赛场地规格）
为奥林匹克运动增添价值	7	赛事期间
	8	遗产
	9	青年
机构事项	10	国际单项体育联合会成立的年份
	11	国际奥委会承认国际体育组织联合会的年份
	12	迄今举行的世界锦标赛次数
	13	与各国家（地区）奥委会对应的成员国体育组织联合会数目
	14	参加上届世锦赛的国家级体育组织联合会数目
	15	参加上届世锦赛的各大洲国家级体育组织联合会数目
	16	组织全国锦标赛的国家级体育组织联合会的百分比
	17	由国际体育组织联合会管理的分项不属于奥林匹克提案的一部分
	18	国际体育组织联合会执行委员会（或最高决策机构）中的性别平等
	19	财务（营销 / 媒体版权产生的收入份额，分配给发展的支出份额）
	20	反兴奋剂（遵守世界反兴奋剂机构守则）
	21	国际体育仲裁法庭（遵守国际体育仲裁院规定）
	22	操纵竞争（打击垄断竞争的规则已出台）
	23	道德守则（提供和遵守）
	24	运动员委员会（设立运动员委员会，并在决策机构中派代表参加）
	25	随行人员委员会（设立运动员随行人员委员会，并在决策机构中派代表参加）
机构事项	26	女性与体育委员会（设立女性与体育委员会，并在决策机构中派代表参加）
	27	医疗委员会（设立医疗委员会，并在决策机构中派代表参加）
	28	运动员的健康、安全和保障（有则可依，据则落实）

续表

一级指标	二级指标	
受欢迎程度	29	门票销售及出席情况（参照最近举办的世锦赛数据）
	30	获得媒体认可（参照最近举办的世锦赛数据）
	31	电视报道覆盖率（参照最近举办的世锦赛数据）
	32	数字媒体报道覆盖率（参照最近举办的世锦赛数据）
	33	东道国知名度（参与者、活动参与情况、比赛结果、观众人数）
商业模式	34	潜在成本（场地，广播，技术）
	35	奥运会期间有针对性的额外收入（票务，许可，赞助）

2014 年通过的《奥林匹克 2020 议程》对奥运会和冬奥会的项目数量均有明确限制：奥运会和冬奥会小项数量分别为 310 项和 100 项，但事实上这种自设的限定已经被打破，东京 2020 年奥运会、平昌 2018 年冬奥会和北京 2022 年冬奥会的小项数已经分别达到 339、102、109 项。在奥运会和冬奥会项目增减的规程中，还有奥运项目委员会审核、东道主组织论证和国际奥委会执委会审核等环节，东道主的自主权日益扩大，国际奥委会的管控有所松动。

第三节 国家（地区）奥委会的地位与职能

作为奥林匹克组织体系三大支柱之一的国家（地区）奥委会，在百余年的奥林匹克运动发展过程中，同样发挥了重要且不可替代的作用。目前得到国际奥委会承认的国家（地区）奥委会的数量已达 206 个，遍及五大洲。

国家（地区）奥委会的任务是发展、促进和保护各自国家（地区）的奥林匹克运动。在竞技运动的框架内，在全国范围内推广奥林匹克运动的基本原则，并致力于运动员的发展，支持本国大众体育和竞技体育的发展，通过组织教育计划对体育行政管理人员进行培训。

国家（地区）奥委会的另一个目标是确保各自运动员参加奥运会。只有国家（地区）奥委会才能选派代表团和运动员参加奥运会。此外，国家（地区）奥委会还监督潜在申办奥运会城市的初步选择。在候选城市与其他国家竞争之前，首先必须经国家（地区）奥委会的选拔，且只有国家（地区）奥委会方能命名该城市为奥运会的主办城市。

一、国际奥委会的承认和管控

国家（地区）奥委会可参加由国际奥委会领导或资助的活动（包括地区性运动会），加入国际奥委会认可的国家奥委会总会，就《奥林匹克宪章》和奥林匹克运动（包括奥运会的组织工作）向国际奥委会提出建议，也可对申办奥运会的候选地提出意见；应国际奥委会的要求，参加国际奥委会下属委员会的活动；协助筹备奥林匹克大会；行使《奥林匹克宪章》或国际奥委会赋予它们的其他权利。国际奥委会通过各部门和奥林匹克团结基金帮助国家（地区）奥委会履行其使命。除了提供的措施和制裁侵犯《奥林匹克宪章》行为外，国际奥委会执委会可就保护国家（地区）奥委会的奥林匹克运动作出任何适当决定，包括：如果有关国家现行的宪法、法律或其他条例，或任何政府或其他机构的行为导致国家（地区）奥委会的活动或其制作或表达受到阻碍，则暂停或撤销对该国家（地区）奥委会的承认。国际奥委会执委会应向该国家（地区）奥委会提供在作出任何此类决定之前举行听证会的机会。

二、负责国家（地区）奥林匹克运动的开展

国家（地区）奥委会的使命是根据《奥林匹克宪章》在各自国家（地区）发展、促进和保护奥林匹克运动。国家（地区）奥委会的职责是：在各国家（地区），特别是在体育和教育领域，促进奥林匹克主义的基本原则和价值观，在各级学校、体育和体育教育机构以及大学推广奥林匹克教育项目，并鼓励建立专门负责奥林匹克教育的机构，如国家（地区）奥林匹克学院、奥林匹克博物馆和其他与奥林匹克运动有关的项目（包括文化项目）；确保其国家（地区）遵守《奥林匹克宪章》；鼓励发展竞技体育和大众体育；通过组织课程并确保这些课程有助于宣传奥林匹克主义的基本原则来帮助培训体育管理人员；对体育中任何形式的歧视和暴力采取行动；通过并实施《世界反兴奋剂条例》；鼓励和支持与运动员的医疗和健康有关的措施。

三、组团参加奥运会

国家（地区）奥委会拥有代表各自国家（地区）参加奥运会以及国际奥委会赞助的地区、大洲或世界综合性运动会的专属权力。此外，每个国家（地区）奥委会有义务按照《奥林匹克宪章》的规定，派遣运动员、团队官员和其他团队人员参加奥运会。

四、国家（地区）奥委会分成与专项补助（奥林匹克团结基金管理）

奥林匹克团结基金的目的是为国家（地区）奥委会提供运动员发展项目的援助，尤其是那些最需要帮助的项目。这种援助的形式是国际奥委会和国家（地区）奥委

会在需要时在国际单项体育联合会的技术援助下共同拟订的方案。

（一）奥林匹克团结基金的职责和目标

国际奥委会与国家（地区）奥委会的分享与管理是通过奥林匹克团结基金进行的。奥林匹克团结委员会负责确定主要行动方针，并管理洛桑奥林匹克团结国际办公室的活动。该办公室负责计划实施的所有运营方面，并与各大洲协会（表 5-9）、国家（地区）奥委会协会（Association of National Olympic Committees）以及办公室合作。（图 5-2）

表 5-9　国家（地区）奥委会的协会

序号	中文名字	英文名称	简称
1	非洲国家奥委会协会	Association of National Olympic Committees of Africa	ANOCA
2	亚洲奥林匹克理事会	Olympic Council of Asia	OCA
3	欧洲国家奥委会总会	The European Olympic Committees	EOC
4	泛美体育组织	Pan-American Sports Organization	PASO
5	大洋洲国家奥委会协会	Oceania National Olympic Committees	ONOC
6	南美洲体育组织	Organizacion Deportiva Suramericana	ODESUR
7	中美洲和加勒比海体育组织	Organizacion Deportiva Centroamericana Caribe	ODECABE

资料来源：IOC 官方网站

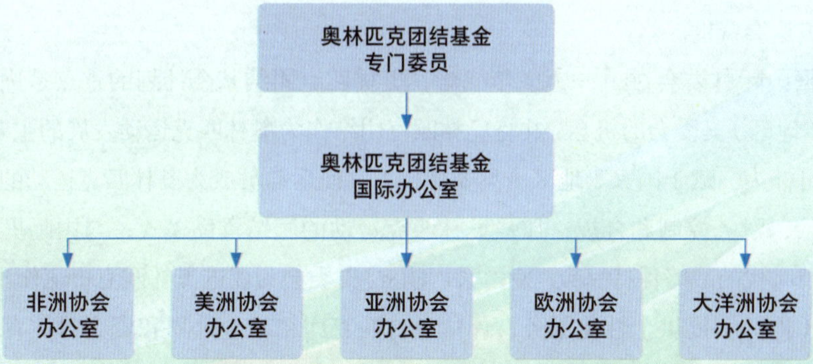

图 5-2　奥林匹克团结基金分配结构示意图

（二）奥林匹克团结基金资源分配

在 2017 年至 2020 年计划期间，超过 10 亿美元的资金用于各种全球和大陆计划，用于运动员发展和教练员教育，以使全球更多人获得参与奥运会的机会。此外，该计划的一部分资金还用于资助奥林匹克奖学金计划，向有需要的运动员提供每月的培训补助以及旅行补贴，以便这些运动员参加奥运会。此外，为了使自己进步，运动员们还需要专家指导。奥林匹克团结基金为 25000 余名运动员提供支持，支持国家（地区）奥委会活动 13500 余次，其中包括为运动员提供的 3000 人次奖学金，为教练和体育管理人员提供的 1600 次培训课程，2000 次的推广奥林匹克价值观活动，以及 64 个论坛、讲习班和研讨会，180 个 MEMOS 奖学金。

奥林匹克团结基金会希望确保来自世界各地的运动员能够参加奥运会。在里约热内卢 2016 年奥运会前夕，奥林匹克团结组织通过各种援助计划为 20000 多名运动员提供了支持，代表 171 个国家（地区）奥委会和 22 项运动的 815 名奥林匹克奖学金获得者参加了此届奥运会。101 枚奖牌（33 金、26 银和 42 铜）获得者来自奥林匹克团结基金援助，其中包括两名获得第一枚奥运会金牌的国家（地区）奥委会。

奥林匹克团结委员会为 2021—2024 年计划批准的发展和援助预算为 5.9 亿美元，对应于属于国家（地区）奥委会的奥运会（东京 2020 年奥运会和北京 2022 年冬奥会）的转播权份额。奥林匹克团结基金通过向国际奥委会承认的所有国家（地区）奥委会提供的计划来重新分配这些资金。奥林匹克团结基金 2021—2024 年预算具体内容包括：为世界计划提供 2.5827 亿美元，其中包括并加强了体育发展的所有领域；用于大陆计划的 2.221 亿美元，可以满足每个大洲的一些特定需求；国际奥委会对国家（地区）奥委会参加奥运会和青奥会的补贴为 7050 万美元，为国家（地区）奥委会提供奥运会资助。

根据国际奥委会 2021—2024 年战略，奥林匹克团结基金计划的重点是进一步拓展国家（地区）奥委会的机会，并将奥林匹克团结作为奥林匹克运动发展的主要参考，其战略目标为：赋予国家（地区）奥委会权力，使运动员成为奥林匹克运动的核心；确保善治，财务控制和合规；加强奥林匹克运动的团结资助模式；与国际奥委会针对后疫情时代的战略保持一致；使国家（地区）奥委会为促进奥林匹克价值作出贡献；为国家（地区）提供个性化服务；评估奥林匹克团结基金计划和资金对体育运动在全球范围内的实际影响。

第四节　奥组委的责任、义务与权利

国际奥委会主管的奥林匹克系列赛事包括：奥运会、冬奥会、青奥会、冬青奥会。国际奥委会将这些赛事的组织工作委托给所在城市的国家（地区）奥委会以及主办城市本身。为此，国家（地区）奥委会须建立奥组委。奥组委自建立之日起，直接与国际奥委会进行沟通，并接受指令。奥组委在其国家（地区）具有法人身份。组委会的执行机构包括：该国家（地区）的国际奥委会委员；国家（地区）奥委会主席兼秘书长；由主办单位指定至少一个代表主办单位的委员；此外，它通常包括公共机构和其他主要人物的代表。从其成立之日起到清算结束，奥组委按照《奥林匹克宪章》、国际奥委会、国家（地区）奥委会和主办城市之间的协议，以及国际奥委会执委会的任何其他规定或条例开展所有活动。组委会的工作从计划阶段开始，随后是组织阶段，最后是奥运会期间的实施或运营阶段。

一、奥组委的主要责任

奥组委的工作涵盖了奥运会组织的方方面面。奥组委的主要任务是：对列入奥运会的所有项目给予同等待遇，并确保按照国际单项体育联合会的规则进行比赛，选择并在必要时创建所需的装备，如比赛场馆、运动场和训练馆；安排所需的设施；招待运动员及其随行人员以及官员；组织医疗服务；解决运输问题；满足大众媒体的要求，以便向公众提供有关奥运会的最佳信息；组织文化活动；用两种官方语言编写有关奥运会庆祝活动的最终报告，并在奥运会结束后的两年内呈交。

二、奥组委的义务

为了更好地组织奥运会，加强国际奥委会、奥组委、国际单项体育联合会、国家（地区）奥委会之间的合作，国际奥委会主席应设立一个奥运会协调委员会。协调委员会应包括国际奥委会、国际单项体育联合会、国家（地区）奥委会和运动员的代表。协调委员会主席管理和执行这些缔约方之间的工作关系。协调委员会的任务包括：监督奥组委在奥运规划、组织、举办及资金筹措方面的进展，与有关公共当局合作，并为奥组委提供指引；对比赛、训练等设施，进行现场检查；向国际奥委会执委会报告奥运会筹备情况，特别是进展、挑战和风险；在获得国际奥委会执委会批准后，成立专门工作组，负责奥运会组织的具体工作；奥运会后，向国际奥委会执委会提交有关奥运会组织的报告；执行国际奥委会执委会授予它的额外授权或任何其他指示。如果协调委员会遇到它无法解决的事项，或任何一方拒绝按照其决定行事的事项，它应立即向国际奥委会执委会报告该事项及其全部情况，由国际奥委会执委会作出最后决定。在奥运会举办期间，协调委员会的职责由国际奥委会执委会承担。协调委员会主席参与奥组委举行的每日协调会议。

三、奥组委的权利

奥组委可在国际奥委会的引领下进行市场开发，为奥运会的举办筹措资金。

（一）商业合作伙伴

商业团体的支持对于奥运会的举办以及奥林匹克运动中各方面的运作（包括资金、技术服务和产品）都是至关重要的。奥林匹克全球合作伙伴（TOP）计划是奥林匹克赞助的最高级别，将奥运会、冬奥会和青奥会的类别专有营销权授予选定的一组全球合作伙伴。

该计划由国际奥委会于 1985 年创建，吸引了世界上一些最著名的跨国公司。通过它们的支持，奥林匹克全球合作伙伴为奥运会的举办奠定了基础，并帮助 200 多个国家（地区）的运动员参加了世界上影响力最大的体育比赛——奥运会。

（二）媒体转播

媒体转播是让全世界人民体验奥运会魅力的主要手段。国际奥委会是奥运会全球广播权的所有者，包括在电视、广播、移动和互联网平台上的转播，并负责通过权利协议的谈判，将奥林匹克广播权分配给全世界的媒体公司。

奥运会转播一直是奥林匹克运动和奥运会的经费来源；致力推动奥运会在全球推广；促进奥运会和奥林匹克价值观的传播。

（三）票务计划

对于世界上大多数人来说，参加奥运会是千载难逢的机会。奥林匹克票务计划为公众提供体验奥运会比赛和庆典的机会。奥运会票务计划的主要目标是使尽可能多的人体验奥运会，次要目标是产生必要的财政收入，以支持奥运会的举办。奥组委和国际奥委会致力确保门票供应，根据国内市场确定门票价格并确保票务计划的透明度。奥运会票务计划由奥组委管理，并获得国际奥委会的批准。

（四）全球特许计划

根据《奥林匹克 2020 议程》，全球特许计划旨在通过与特殊商品计划创建奥运会与奥林匹克主义的有形联系，提升奥林匹克形象和品牌价值，促进友好，不仅在奥运期间发挥作用，而且在奥运会后持续发挥作用。特许商品指向的具体目标群体包括奥林匹克遗产收藏、奥林匹克收藏和奥运会项目。

奥林匹克收藏旨在通过精美高质量的产品使更多的青年人参与奥运，并与更广泛的观众建立联系。该计划主要以体育器材和玩具为核心点，宗旨是将奥林匹克品牌的根本传播给竞技运动爱好者、积极生活的人们和体育观众。

国际奥委会已将奥林匹克遗产收藏作为其三个“全球许可”核心计划之一，旨在通过一系列限量发行的高端产品来庆祝以往奥运会的艺术和设计，使任何人都可以拥有自己的产品和一段奥林匹克的历史。

国际奥委会“全球许可”的第三个核心计划是奥运会项目，其由每个主办国的奥林匹克组织委员会制定和管理，其目标受众是前往参观主办城市或在家中观看奥运会并寻找其奥林匹克纪念品的奥林匹克迷。奥运会项目计划致力通过全面的商标立法、教育、监督和执行计划来确保奥运会商品的真实性和质量。这些努力可以保护消费者免受未授权或假冒商品的侵害，保护奥林匹克正式授权持有人免遭版权的侵害，并保护奥林匹克品牌免受低质量未授权商品的潜在负面影响。

第五节　两个特殊的利益相关者

一、世界反兴奋剂机构及其制度体系

世界反兴奋剂机构（World Anti-Doping Agency，WADA）成立于 1999 年，是一个国际性独立机构，由各国体育运动和政府组成和资助，其使命是领导一个全球协作的无兴奋剂运动。其主要活动包括科学研究、教育、反兴奋剂发展，以及对《世界反兴奋剂条例》进行监测。《世界反兴奋剂条例》是所有体育项目和所有国家都应该遵循的反兴奋剂政策文件。

（一）世界反兴奋剂机构的治理体系

1．政府代表

政府在反兴奋剂的斗争中负有许多责任，也拥有体育组织所没有的权力。例如，政府可以加强兴奋剂控制并支持国家测试计划；鼓励在可能含有违禁物质的产品的标签、销售和分销方面建立“最佳做法”；拒绝向使用兴奋剂或者支持使用兴奋剂的人员提供经济支持；采取措施制止制造和贩运兴奋剂；鼓励制定反兴奋剂职业守则；资助反兴奋剂教育和研究。

许多政府不受非政府文件在法律层面的约束，例如《世界反兴奋剂条例》。因此，各国政府拟订了《哥本哈根体育反兴奋剂宣言》这一政治文件，这意味着通过国际

条约，政府正式承认和执行《世界反兴奋剂条例》。2005 年 10 月，第 33 届联合国教科文组织大会一致通过了《反兴奋剂国际公约》，于 2007 年 2 月 1 日生效。联合国教科文组织会员国根据其各自的宪法权限批准了此公约。

2001 年 5 月，在南非开普敦举行的国际反兴奋剂政府间协商小组体育会议上，各国政府根据五个奥运区域分配代表权：非洲 4 个会员国，美洲 4 个、亚洲 4 个、欧洲 6 个、大洋洲 2 个。

2．**奥林匹克运动代表**（表 5–10）

表 5-10　国际反兴奋剂政府间会议的奥林匹克运动代表数量分配

	组织名称	代表数量
基金会董事会	国际奥委会（IOC）	4
	国家（地区）奥委会协会（ANOC）	4
	奥运会项目国际单项体育联合会协会	3
	全球国际单项体育联合会协会	1
	冬奥会项目国际单项体育联合会协会	1
	国际奥委会运动员专门委员会（IOC AC）	4
	国际残奥委员会（IPC）	1
执行委员会	国际奥委会（IOC）	1
	国家（地区）奥委会协会（ANOC）	1
	奥运会项目国际单项体育联合会协会	1
	全球国际单项体育联合会协会	1
	国际奥委会运动员专门委员会（IOC AC）	1

3．**基金会董事会**

由 38 名成员组成的基金会董事会是 WADA 最高的决策机构。它由奥林匹克运动和世界各国政府的代表组成。成员由各自的选区组任命。

4．**执行委员会**

董事会委托 14 人组成的执行委员会来管理机构的运作，包括活动的执行和资产管理，做出 WADA 章程未保留给董事会的所有决定。奥林匹克运动和公共机构的代表由各自的选区组任命。

5．提名委员会

2018 年 11 月，基金会董事会批准了广泛的治理改革，包括组建提名委员会，以确保在技能和独立性方面有合适的人才在 WADA 内担任高级职务。

6．常设委员会

常设委员会通过就具体问题进行详细的专家审议，为执行委员会提供建议，从而为世界反兴奋剂机构的使命提供支持。2021 年，有五个常设委员会：运动员委员会，合规审查委员会，教育委员会，财务与行政委员会，卫生、医学和研究委员会。

7．专家咨询小组

专家咨询小组是为向常设委员会和 WADA 管理提供持续的技术咨询和特殊专业知识而成立的机构。专家咨询小组的会员期限为两年，可以续签，但有 12 年的限制，在特殊情况下可以延长。

8．工作组

工作组仅在需要的基础上创建，并且通常具有确定的任务授权，要求在规定的时间范围内交付成果。尽管工作组不是永久性的，但它们并非仅是短期的，有些需要运行数年。

（二）世界反兴奋剂机构的反兴奋剂方式

1．反兴奋剂检查

检查是各类反兴奋剂组织的主要反兴奋剂手段。检查的开展是为了获得检测性证据，从而判断运动员是否严格遵循条例禁止使用禁用物质或禁用方法的规定。由 WADA 与国际单项体育联合会和其他反兴奋剂组织协商，根据检查和调查国际标准，制订检查计划。

2．反兴奋剂调查

除了检查以外，随着新型兴奋剂的不断研发，以及兴奋剂使用的多样化，《世界反兴奋剂条例》第 5 条还将调查和情报收集作为重要的反兴奋剂手段之一。兴奋剂调查应当着重搜集其他相关的情报和证据，以判断是否发生了兴奋剂违规行为。各类反兴奋剂组织在进行调查和情报收集时，应当适用并遵循检查和调查的国际标准，对从各渠道获得的情报进行分析和评估，运用于制订更加有效、适当和情报导向的检查计划，为调查可能存在的兴奋剂违规行为提供依据，并根据条款 7.6（违反行踪信息管理规定的审查）和 7.7（对 7.1—7.6 中没有涵盖的其他兴奋剂违规行为的审查）调查其他任何能够表明可能存在兴奋剂违规行为的检测或非检测性信息或情报等，以排除可能存在的兴奋剂违规行为或者为启动兴奋剂违规处理提供证据。这一调查标准注重从源头上查处兴奋剂，从运动员使用兴奋剂的来源、方法及帮助其使用兴奋剂的人员等方面进行调查，推动反兴奋剂工作。

3．运动员行踪信息管理制度

反兴奋剂各项工作的顺利进行、各类反兴奋剂组织得以对其有检查权的运动员进行兴奋剂检查和调查，与《世界反兴奋剂条例》对运动员行踪信息的管理制度密不可分。

《世界反兴奋剂条例》5.6（运动员行踪信息）条款，构建了运动员行踪信息管理的基本框架。主体上：以纵向的国际单项体育联合会和横向的国家反兴奋剂机构两个维度为主要的管理主体，形成运动员注册检查库。方式上：要求运动员在两个维度上均予以注册，根据检查和调查国际标准中规定的方式提供行踪信息。职责上：由国际单项体育联合会和国家反兴奋剂机构协调、鉴定运动员的身份信息并收集相关行踪信息，并通过反兴奋剂行政和管理系统（简称 ADAMS）或其他 WADA 批准的系统提供一份名单，以姓名或清晰的标志识别被纳入注册检查库的运动员，在列入或撤出注册检查库时应通知运动员。与其他反兴奋剂组织间信息共享：WADA 和其他根据条款 2 中规定有检查权的反兴奋剂组织可通过 ADAMS 或其他 WADA 批准的系统查询注册检查库内运动员的行踪信息。运动员隐私权保护：行踪信息为严格保密信息。限制使用目的：如不再使用时应予以销毁。各反兴奋剂组织以此为基础，结合其运动员管理体制，制定了特色的行踪信息管理机制。

二、国际体育仲裁院及其运作原则

国际体育仲裁院（Court of Arbitration for Sports，CAS）是一个独立于其他国际体育组织的机构，运用适用于体育界特定需求的程序规则，通过仲裁或调解来提供服务，以便解决与体育有关的争端。

（一）国际体育仲裁院的起源

20 世纪 80 年代初，与体育有关的国际纠纷数量的不断增加，缺乏专门处理体育相关问题和能够宣布具有约束力决定的独立权威机构，引起顶级体育组织对解决体育纠纷问题的反思。

1981 年，第七任国际奥委会主席萨马兰奇在当选主席后不久，就萌生了建立一个专门针对体育运动的司法机构的想法。第二年，在罗马举行的国际奥委会会议上，时任海牙国际法院法官的国际奥委会成员姆巴耶法官主持了一个工作组的工作，该工作组的任务是制定即将成立的“体育仲裁院”的章程。1983 年，国际奥委会正式批准了《国际体育仲裁院章程》，并于 1984 年 6 月 30 日正式生效。国际奥委会承担其所有运作费用。

（二）国际体育仲裁院的组织机构

1984 年的《国际体育仲裁院章程》附有一套程序规制。两者在 1990 年都做了微调。根据规则，国际体育仲裁院由国际奥委会、国际单项体育联合会、国家（地区）奥委会和国际奥委会主席指定的 60 位成员组成，四个机构各 15 名成员。国际奥委会主席必须从另外三个机构之外选出这 15 名成员。原则上，诉讼程序是免费的，但财务性质的争端除外，因为可能要求当事各方支付一份费用。只有在国际奥委会全会上，在国际奥委会执行委员会的提议下，才能修改《国际体育仲裁院章程》。

《国际体育仲裁院章程》只规定了一种争议性诉讼，无论争议的性质如何，申述人向国际体育仲裁院提出仲裁协议，随后国际体育仲裁院对此申诉进行审核，对是否受理该申诉作出裁决，但须由仲裁员小组作出最后决定，必要时，仲裁员小组将听取该争端并对其作出裁决。然后，诉讼程序可以在当事各方的提议下，或根据国际体育仲裁院主席的决定（如果他认为争端适合进行调解），开始试图达成和解。如果和解失败，仲裁程序就会启动。除了诉讼程序外，还有一个咨询程序向任何感兴趣的体育团体或个人开放。通过这一程序，国际体育仲裁院可以就任何与体育有关的法律问题提供建议。咨询程序现在仍然存在，但做了一些修改，并限制使用。

1991 年，国际体育仲裁院出版了《仲裁指南》，包含了若干仲裁条款。1991—1992 年，CAS 收到了种类繁多的案件，涉及运动员的国籍和雇用、电视转播权、赞助和许可的合同等问题。仲裁条款公布后，许多兴奋剂案件随后被提交给了 CAS。而正是由于这样的案件，CAS 又进行了改革。

（三）国际体育仲裁院改革

1992 年，赛马运动员贡德勒向国际体育仲裁法庭提起诉讼，因为马匹使用兴奋剂，他被取消比赛资格并处罚一定的罚金。因不满意国际体育仲裁法庭的判罚，贡德勒向瑞士联邦最高法院提起诉讼。虽然结果维持了原判，但在审判过程中，法院注意到国际体育仲裁院与国际奥委会之间有众多关联：国际体育仲裁院的绝大部分运作资金来自国际奥委会，国际奥委会可以修改《国际体育仲裁院章程》，国际奥委会及其主席可以指定国际体育仲裁院的成员。法院认为这些联系足以使国际体育仲裁院失去独立性，应该从财政上和机构设置上使其变得更加独立。

“贡德勒判决”引发了国际体育仲裁院的重要改革。首先，彻底修订了《国际体育仲裁院章程》，使其更有效率，并修改国际体育仲裁院的结构，使其完全独立于国际奥委会。这一改革带来的最大变化是成立了国际体育仲裁理事会（International

Council of Arbitration for Sport，ICAS），以管理国际体育仲裁院的运作和资金，从而取代国际奥委会。其他重大变化还包括设立了两个仲裁部门（普通仲裁和上诉仲裁），以明确区分单案纠纷和由体育机构决定引起的纠纷。国际体育仲裁院的改革被明确地载入了《体育仲裁条例》。该条例于 1994 年 11 月 22 日生效，2004 年 1 月 1 日进行了修订。

（四）《国际体育仲裁理事会章程协议》

1994 年 6 月 22 日，《国际体育仲裁理事会章程协议》签署，国际体育仲裁理事会的设立和国际体育仲裁院新的组织机构在巴黎获准。代表体育界的最高权威机构，即国际奥委会、奥运会项目国际单项体育联合会协会、冬奥会项目国际单项体育联合会协会和国家（地区）奥委会协会的主席签署了这份文件。

自该文件签署以来，所有的奥林匹克国际单项联合会和许多国家（地区）奥委会都承认了体育仲裁法庭的司法权，并在它们的章程中纳入了将纠纷提交体育仲裁法庭的仲裁条款。自 2003 年 3 月举行的世界体育兴奋剂大会以来，奥林匹克运动和许多国家政府颁布了《世界反兴奋剂条例》，其中第 13 条规定，国际体育仲裁法庭是所有与兴奋剂有关的国际争端的上诉机构。

（五）国际体育仲裁理事会

国际体育仲裁理事会是国际体育仲裁院的最高机关。其主要任务是维护其独立性和当事人的权利。为此，它负责国际体育仲裁院的行政管理和资金筹措。国际体育仲裁理事会由 20 位委员组成，他们都必须是熟悉仲裁和体育法律问题的高级法学家。委任后，理事会成员必须签署一份声明，保证以个人身份完全客观和独立地行使其职能。

任何与体育相关的仲裁规则的改变只能通过国际体育仲裁理事会的全体会议，更具体地说，需要有三分之二以上的成员通过。在其他情况下，过半数通过即可。国际体育仲裁理事会自己选举主席，并由该主席兼任国际体育仲裁院主席，同时选举出两位副主席，以及普通仲裁部和上诉仲裁部的主席和副主席。它还任命国际体育仲裁院的仲裁员，批准其预算和账目。

（六）国际体育仲裁法庭受理案件的类型

一般来说，争议只有在双方达成仲裁协议并明确向体育仲裁机构申诉的情况下，才可以提交体育仲裁法庭。国际体育仲裁委员会仅有权裁决与体育有关的纠纷。

原则上，可以向国际体育仲裁法庭提交两种类型的纠纷：一种是商业性质的，另一种是纪律性质的。

第一类基本上涉及与合同执行有关的纠纷，例如与赞助、电视转播权的出售、体育赛事的举办、球员转会以及球员或教练与俱乐部和 / 或经纪人之间的关系（雇佣合同和代理合同）有关的纠纷。与民事责任有关的纠纷也属于这一类（例如，运动员在体育比赛中发生的事故）。这些商业纠纷是由国际体育仲裁法庭作为一个单案来处理的。

纪律案件是提交国际体育仲裁法庭的第二类纠纷，大多数与兴奋剂有关。除了兴奋剂案件，国际体育仲裁法庭还需要对各种纪律案件（赛场上的暴力行为，辱骂裁判）作出裁决。这类纪律案件一般由体育主管部门进行一审处理，随后向国际体育仲裁法庭提出上诉，而国际体育仲裁法庭则作为终审法庭。

（七）国际体育仲裁院分支机构和特设部门

1996 年，国际体育仲裁理事会设立了两个永久的分支机构，第一个在澳大利亚的悉尼，第二个在美国的丹佛。1999 年 12 月，丹佛办事处迁至纽约。这些办事处隶属国际体育仲裁院，可以接收和通知所有程序性判决。这些机构的设立使大洋洲和北美洲注册的机构更方便与国际体育仲裁院联系。

1996 年，国际体育仲裁理事会成立国际体育仲裁院特设部门，旨在 24 小时内最终解决亚特兰大 1996 年奥运会期间出现的所有纠纷。这个特设部门由 2 名联合主席和 12 名仲裁员组成，他们在整个奥运会期间一直在举办城市。为了确保所有参加奥运会的人（运动员、官员、教练员、联合会成员等）能够联系特设部门，这个部门设立了一种简单、灵活和免费的特殊程序。此后，特设部门又在其他大型赛事成立。这些特设部门使国际体育仲裁院得到了更广泛的认知，对其发展发挥了重要作用。

历经百余年的历练与发展，团结不仅是奥林匹克精神的关键要素，更是确保奥林匹克运动组织运动的魂魄和第一法宝。尤其在新冠肺炎疫情的影响下，团结更成了全人类的正能量。

国际奥委会主席巴赫强调了在后疫情时代团结一致的重要性：“我们从这场危机中吸取了一个重要教训：我们需要更多的团结。社会内部更加团结，社会之间更加团结。我们不久将在推迟举行的东京 2020 年奥运会和残奥会上庆祝这种团结的表现。在所有 206 个国家（地区）奥委会和国际奥委会难民奥林匹克运动员代表团的参与下，这些奥运会将发出一个强烈的信息，表明人类在各种多样性中的坚韧和团结。”

（茹秀英　撰稿）

第六章　奥林匹克价值实践

只有奥运会能够将全世界的人们团结在一起进行“和平竞争”。

——托马斯·巴赫

第一节　奥运会

奥运会是世界规模最大的综合性运动会，也是全球影响力最大的体育盛会。奥运会一般是指夏奥会和夏残奥会。除此之外，冬奥会、冬残奥会、青奥会、冬青奥会也是奥运赛事中的重要组成部分。在奥运赛场上，各个国家的顶级运动员用竞赛的方式切磋竞技水平，弘扬奥林匹克主义精神，鼓励全世界人民将参与体育运动作为生活方式。

奥运会发源于2000多年前的古希腊，因举办地在奥林匹亚而得名。古代奥运会停办了1500年之后，法国人顾拜旦于19世纪末提出举办现代奥运会的倡议。1894年，国际奥委会成立。1896年举办了首届奥运会，1924年举办了首届冬奥会，1960年举办了首届残奥会，1976年举办首届冬残奥会，2010年举办了首届夏青奥会，2012年举办了首届冬青奥会。

一、奥运会的申办

原来的奥运会申办程序较为复杂，随着全球经济形势增速放缓，奥林匹克运动面临种种挑战，2014年底和2018年初，国际奥委会推出改革路线图——《奥林匹克2020议程》及《奥林匹克2020议程：奥运会新规范》（简称《新规范》），重点对奥运会申办规则进行了修订。

《奥林匹克2020议程》是国际奥委会于2014年底推出的整体改革路线图，“明确提出了以‘奥运会的可持续性、运动员的中心地位、奥林匹克主义的传播与教育、奥林匹克组织的自治与善治’为主旨内容的 40 条改革举措”。奥运会申办程序的改革被摆在了首位，由国际奥委会副主席约翰·科茨领导的工作组在广泛征求各方意见之后，最终形成了当前的奥运会申办新规则和主要阶段（图 6-1）。

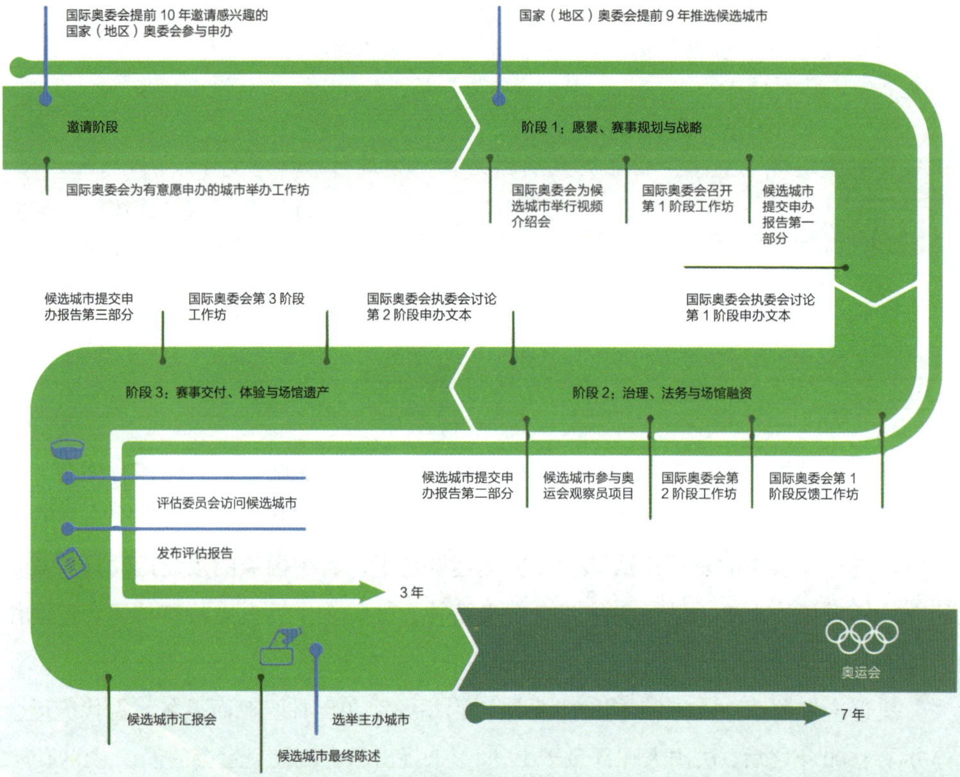

图 6-1　奥运会申办新规则及整体进程

新执行的奥运会申办程序，通过对以往的奥运会申办程序的优点、缺点、机会和威胁（SWOT）进行修订，最终确定申办程序由两个大阶段组成（邀请阶段和候选阶段），确保申办奥运会的吸引力和可持续性。

在邀请阶段（the Invitation Phase），国际奥委会邀请潜在的、达成初步意向的候选城市提交符合其体育、经济、社会和环境等领域长期规划需求的奥运申办计划。与以往最大的不同在于，整个邀请阶段是由国际奥委会向考虑申办奥运会的城市介绍申办程序、奥运会的核心要求、之前主办城市申办成功的经验以及奥运会可能带来的遗产。出于设施条件和可持续性的考虑，国际奥委会将允许奥运会的比赛在主办城市之外举办，在特殊情况下还可在多个国家联办，这突破了原有“同一赛会、同一国家”（the One Games, the One Nation）的惯例。

候选阶段（the Candidature Process）主要分为三个次级阶段：准备，持续的对话以及正式的候选。其中最重要的是有三个维度的内容能够决定候选城市成为主办城市，分别是“愿景、赛事规划与战略”“治理、法务与场馆融资”和“赛事交付、体验与场馆遗产”。国际奥委会将以申办报告的提交与审核为抓手，“把可持续性和遗产视为侧重点对各候选城市的申办风险和机会进行更明确的评估”。此外，国际奥委会还在现有的候选城市评估标准之外增加一个新的标准：运动员的体验，并将重点考虑现有设施的最大化利用程度、临时和可拆卸场馆的使用程度、无须增加固定场馆或者增加固定场馆有正当理由等因素。

从目前来看，国际奥委会致力为候选城市提供更多协助，并降低申办成本。候选城市将仅被允许参加“选出主办城市的国际奥委会全会”等重要会议并做陈述，以减少交通、住宿等开支；国际奥委会将主动承担“与国际奥委会评估委员会访问有关的”费用，从而减轻候选城市的负担；最为主要的是，国际奥委会将通过视频会议、工作坊、观察员项目等措施指导候选城市更高效率地完成申办过程。

《奥林匹克 2020 议程》是针对奥林匹克运动整体改革的一揽子计划，确保奥运会申办、筹办的可持续性是其中一个重要内容。2018 年国际奥委会推出了《新规范》，围绕重新设计奥运会申办流程、制定奥运会遗产战略方针、细化奥运会筹办的 7 年周期性任务三大主题，提出了 118 条改革措施，其主要任务是“降低各方面的成本、简化赛事的复杂性、增加组织间沟通、引入专业第三方合作机构”，最终目的是使奥运会能够“可承受、可收益、可持续”（Affordable，Beneficial，Sustainable）。

二、奥运会的筹办

奥运会筹办一般包括基础阶段、规划阶段、准备阶段，共计 84 个月。基础阶段一般是距离奥运会开幕倒数第 84 月至倒数第 66 月，共计 18 个月，是申办城市开始转变工作成为主办城市的初始阶段，亦是筹办城市奥林匹克运动会申办委员会（简称奥申委）按照自己在申办时承诺的总体愿景、目标和战略开展基础工作的阶段。在该阶段，筹办城市应确定奥运会筹办相关立法工作，尽快成立奥组委，确定奥组委主席团人选，并招募高级管理人员。奥组委委员应设计组织的具体治理结构，明确组织愿景，制定总体规划，确定路线图、任务书和时间表。

当基础阶段结束后，就是规划阶段。规划阶段一般是奥运会开幕倒数第 66 月至倒数第42月，共计24个月。规划阶段标志着奥组委正式进入运作，为实现相关愿景和战略，投入相关实际工作。在规划阶段，客户服务的关键环节是制订和设计《客户服务方案》草案，场馆基建的关键环节是确定所有赛事场馆按照原规划开发和投入建设。该阶段还必须逐步完善奥组委的内部结构，按照需要增设相关部门和职位。此时，首席运营官或类似的人员任命应尽快执行。在规划阶段应当注意各个单位的跨部门和跨职能整合，这将是保障奥组委工作效率的关键。国际奥委会鼓励奥组委在开展任务之前，学习和消化历届奥组委运营所获得的知识、经验，并与其他曾经担任奥组委成员的专家进行接触。

准备阶段一般是倒数第42月至奥运会开幕，共计42个月。准备阶段是经过细致的模块化工作之后，再次进行统一和集中，来为奥运会测试赛、练习赛和正赛进行服务的阶段。在该阶段，奥组委须按照《主办城市合同》等协定的条件、规模和标准，按期交付国际奥委会委托的相关事宜，其中最为重要的是赛事场馆。在准备阶段，奥组委必须完成以下主要任务。首先，确定奥运会的愿景。其次，根据筹办、主办工作之需要，统筹建设组织结构和部门。再次，给出奥运会赛会的全球推广方案。最后，着重关注赛事场地和场馆建设，并确保运营和管班机制的成熟度。此外，筹办城市奥组委之前派出参加上一届奥运会“观察员项目”的奥组委人员，须递交相关观察报告，并在测试赛、练习赛期间观摩，为实现奥运会相关赛事的良好运营、管理等提出建议。

除了申办阶段之外，奥运会还包括基础阶段、规划阶段、准备阶段、运行阶段、解散阶段五个阶段。其中，基础阶段、规划阶段和准备阶段都属于赛前期，运行阶段属于赛会期，解散阶段属于赛后期。除此之外，路线图还标示出规划奥运赛会期、基础阶段第一阶段结束、测试赛和练习赛阶段、评估和汇报完成等多个关键节点。

三、奥运会的举办与总结

奥运会的举办阶段即奥运会的运行阶段，即赛会期。奥运会和残奥会所有的体育、文化以及相关活动都将在这一紧凑的时间段内发生。同时，运动员和其他客户群体都将在奥运村和奥运场馆中进行活动。该阶段具体分为三个部分。第一，开幕式到奥运村关闭的奥运会期。第二，奥运村关闭到残奥村开放的过渡期。第三，残奥会开幕到残奥村结束的残奥会期。

需要注意的是，奥运会举办期间有些场地和场馆承担了赛会的多个任务。例如火炬接力、开闭幕式等，这些需要在规划过程中予以考虑。此外，奥运会和残奥会两个赛事之间的过渡期，应当安排工作人员尽快重新布置场地，以便适用残疾人赛事。

奥运会的总结阶段即奥运会的解散阶段（奥运会及其之后的时间），共计12个月。尽管此时奥运会可能已经成功举办、圆满结束，但解散阶段依然是非常重要和关键的阶段。在该阶段，奥组委应当完成以下工作。第一，奥组委机构和部门须有序解散，合理分流和安排工作人员。第二，完成国际奥委会、主办城市等其他利益相关者要求提供的评估报告。第三，按照原定规划和方案，改造并交还比赛场馆。在赛后阶段，特别应当注意以下问题。首先是资产返还，确定所有的赛事资产都返还给了正确的政府机构或所有者，得到了妥当清算。其次是奥运标示移除，赛会场所中所有的奥运项目标示等都被清理。再次是文档保护，奥运相关的法律、财务、合同等相关文本都应当得到妥善保存。最后是赛后报告、知识产权转让和赛事述职等，这些是奥运活动中的关键环节，应当认真执行。

在奥运会结束后，奥组委应编写相关奥运会总结报告，详尽介绍奥运会的策划、组织和举办情况。这些报告不仅应收录奥运会的正式比赛成绩，还应当收录相关财务、治理、知识等信息。这些报告是《主办城市合同》中对于奥组委的一项关键要求。作为奥组委整体赛事遗产计划的一部分，奥组委应当制订在自己解散后，长期保存奥林匹克记录及档案的计划。国际奥委会与奥组委应就遗产计划的提交时间表达成一致。最终计划应包括对奥组委、主办国（地区）的国家（地区）奥委会，以及城市、地区或国家档案机构职责的界定，并体现在与上述机构签署的归档协议之中。确保未经国际奥委会事先批准不得签署任何归档协议。对于残奥会的有关记录与档案，奥组委应采取类似的原则，就残奥会遗产计划与档案协议与相关国家（地区）残奥委会、国际残奥委会以及城市、地区或国家有关档案机构达成一致。

根据国际奥委会要求，奥运会主办国家（地区）应提供有关赛事规划、组织和举办的财务状况详细报告。上述报告重点包括如下内容。第一，应包括经独立注册会计师审核的年度财务报表。第二，由奥组委财务部门编制的奥组委管理一般明细账目，包括各职能部门财务预算执行情况概览（支出 / 收入）、预算变更、收费卡销售报告、采购计划更新等。第三，确保国际奥委会可在奥组委存续期内随时对主办城市、主办国（地区）的国家（地区）奥委会以及与奥组委有关奥运会规划、组织、出资和举办的账目进行审计（或通过其代表进行审计）。第四，根据知识产权转让清单向国际奥委会提交赛后财务报告和数据，用于知识产权转让及国际奥委会内部分析。

第二节　青奥会

青奥会是由国际奥委会举办的正式国际赛事，参赛选手年龄限定为 15~18 岁，比赛项目大部分与奥运会相同，少部分项目内容有所简化。青奥会分为夏青奥会和冬青奥会，各每 4 年一届，与奥运会一样，火炬接力（起点同样也位于雅典）、奏国歌、升国旗等奥运会象征仪式获得保留，以传递奥运精神。夏青奥会赛程最长 12 天。

罗格于 2001 年接任国际奥委会主席后，力主强化奥林匹克主义在奥林匹克活动中的重要性，他主张为青年人创建一个具有奥运意味的运动会，以此激励全世界的年轻人从事体育运动。这个创意得到国际奥委会的认可及研究，在 2007 年 7 月 5 日于危地马拉城所举行的国际奥委会第 119 次全会正式通过从 2010 年起举行青奥会的决议。青奥会融合了体育、教育和文化等领域的内容，并将为推进这些领域与奥运会的共同发展而起着催化剂的作用。值得一提的是，青奥会为了倡导融合和交流而不设立官方奖牌榜，并且在一些运动大项的混合和团体小项中将选手抽签配对成跨国组合参赛。

青奥会是面向青少年的奥运盛会，有着节俭办会、重视文化教育交流、树立奥林匹克精神、凸显改革和创新的赛事特点。国际奥委会要求青奥会申办城市用现有的体育和文化教育设施，不需要新建设施，在尽可能减少对市民生活的干扰的情况下筹办和举办青奥会。国际奥委会同时强调文化教育生活和体育竞技同样重要，二者应完美融合。青奥会的设想是：基于青少年，为了青少年，在青少年中广泛传播“卓越、友谊、尊重”的奥林匹克精神，使之成为青少年的共同理想；树立健康向上的青少年榜样，鼓励和引导青少年积极参与体育运动，使其在参与、互动、共享氛围中快乐地成长。

一、青奥会的申办

青奥会的申办程序一般参照国际奥委会的相关申办规则和标准，主要参考奥运会的申办程序，包括建议阶段、准备阶段、持续的对话阶段、正式的候选阶段四个阶段。由于奥运会的申办程序进行了改革，青奥会的申办程序也会随奥运会申办程序的改革而有所变化。

2018 年 3 月 29 日，国际奥委会发布了青奥会主办城市选拔程序，新流程更简化，更简单，更具成本效益且更短，其特点是正在进行的公开对话和确定潜在东道国资源的最佳使用方式。根据决定，国际奥委会主动与非洲大陆的国家联系，鼓励非洲大陆城市举办冬青奥会，并传达给多个非洲国家奥委会。

程序主要分为以下阶段。首先是对话阶段，由有意向的城市提交给国际奥委会执行委员会可行性报告。之后，国际奥委会将根据对报告的初步考察，邀请符合资质、条件的城市成为候选城市。其次是候选阶段，国际奥委会会组织评估委员会，对候选城市进行实地评估、报告评估等资格考核。最后是确定阶段，国际奥委会在全会会议期间确定举办城市，并签署举办城市合同。

以达喀尔2022年青奥会为例，2018年3月，国际奥委会发布申报邀请之后，博茨瓦纳、尼日利亚、塞内加尔和突尼斯4个国家的奥委会递交了申报报告，申请举办2022年青奥会。

国际奥委会执委会组织了评估委员会，对递交的可行性报告进行分析，并通过实地考察和现场访问等形式，决定邀请哪些相关方进入候选资格阶段。评估委员会由土耳其人乌乌尔·埃代内尔教授担任主席，领导经验丰富的评估委员会成员，评估委员会成员有比阿特丽斯·艾伦、柯斯蒂·考文垂、内里·埃利奇、古尼拉·林德伯格、李玲蔚、莉迪亚·尼斯凯拉等。

土耳其国家奥委会主席埃尔登纳教授在青奥会上拥有丰富的经验。2016年，他领导《奥林匹克2020议程》工作组进行关于青奥会地位和作用的审查，以确保该赛事不断发展并最大限度地影响年轻的优秀运动员。他目前担任青奥会未来发展指导委员会主席。此外，他之前还是2024年奥运会评估委员会的前任成员。国际奥委会评估委员会的组成反映了奥林匹克运动的多样性，成员来自各大洲的运动员、国家（地区）奥委会和国际单项体育联合会。国际奥委会评估委员会作为国际奥委会、申办城市与奥林匹克运动利益相关者之间的纽带，确保评选出最适宜的举办城市。

2018年6月，国际奥委会评估委员会专家对每个国家进行了为期三天的访问，以收集有关主办青奥会的动机和潜在总体规划的信息，并对现有的运动领域进行关键的现场访问。访问包括准备有关现有室内多功能场所、户外潜在场所、临时设施和住宿解决方案等的可行性报告，包括承办动机和目标、青年和体育发展战略、青奥会作为社会发展的催化剂，以及以往的举办大型活动的经验。国际奥委会执行委员会最多提出两个建议选择城市，以供国际奥委会委员在全会时考虑。

2018年10月，在布宜诺斯艾利斯，经过国际奥委会全会投票，执委会宣布，塞内加尔达喀尔市击败博茨瓦纳、尼日利亚和突尼斯等候选国家的城市，成为2022年青奥会东道主，这也将是非洲国家第一次举办奥运赛事（因疫情原因，国际奥委会与东道主国家塞内加尔达成协议，将原定于2022年在达喀尔举办的第4届青奥会推迟到2026年）。

二、青奥会的筹办

青奥会的筹办主要有基础阶段、规划阶段、准备阶段三个阶段。

在基础阶段，筹办城市应确定青奥会筹办相关立法工作，尽快成立青奥会组委会，确定委员会主席团人选，并招募高级管理人员。青奥会组织委员应设计组织的具体治理结构，明确组织愿景，制定总体规划，确定路线图、任务书和时间表。以南京2014年青奥会为例，南京青奥组委成员包括国家体育总局、中国奥委会及中央有关部门、江苏省和南京市的领导，中国籍的国际奥委会委员、优秀运动员代表及社会各界知名人士等。执委会成员包括组委会的主要领导人和奥林匹克专家。工作机构设17个部门，成立办公厅、国际联络部、总体策划部、人力资源部、市场开发部、新闻宣传部、文化教育部、体育与场馆部共8个部门，围绕青奥会筹办工作4大主题、6个阶段、43项职能，610个里程碑，多次召开研讨会，充分听取各方面的意见和建议，完成青奥会的基础规划和总体进度表的编制、修订和翻译工作，明确责任，加强监督，确保总体进度表的实施，探索形成符合国际标准和南京实际的青奥会项目计划、管理与监督的运行机制，推动青奥组委工作由行政管理模式向项目管理模式转轨。

在规划阶段，客户服务（client service）的关键环节是制订和设计《客户服务方案》草案，场馆基建的关键环节是确定所有赛事场馆按照原规划开发和投入建设，还逐步完善青奥组委的内部结构，增设相关部门和职位。以南京2014年青奥会为例，南京青奥组委制定市场开发计划和相关管理规定，积极争取国际奥委会顶级赞助商的支持，针对重点企业进行推介宣传，全面开展市场开发赞助商征集工作。特许经营工作进展顺利，防伪系统成功上线试运行，测试期特许商品管理办法和评审方案出台。南京青奥组委高度重视奥林匹克知识产权工作，携手国际奥委会加强国际保护，积极加强国内保护，出台南京市《关于做好青奥会知识产权保护工作的通知》，成立市知识产权保护工作委员会。

在准备阶段，青奥组委须按照《主办城市合同》等协定的条件、规模和标准，按期交付国际奥委会委托的相关事宜，其中最为重要的是赛事场馆。以南京2014年青奥会场馆建设为例，南京青奥组委做好了场馆建设及维修改造前期基础工作，编制了场馆总体规划并递交给国际奥委会，与国际奥委会商讨场馆开发工程报告的范围，梳理了场馆开发和管理里程碑节点，研讨了场馆维修改造工作方案，根据规划，编制了场馆维修改造第一版预算。为了能在新加坡青奥村的基础上有所突破与创新，把青奥村建成一座集各种功能为一体的“青奥城”，一座为全世界青少年提供文化交流、增进友谊的“世界青年城”，青奥村项目的规划方案面向全世界招标。南京青奥组委积极配合河西指挥部开展了青奥村的规划、设计、选址等工作，基本完成了初步设计方案。同时，认真研究青奥村的功能定位，对村内的文化教育场所进行了精心的设计，对建筑功能布局做了相应的调整。多次与公安、安全、交通、环保、卫生、质监、机场、地铁等单位建立联系，开会研究相关工作，明确责任，分解任务。

三、青奥会的举办与总结

青奥会的举办阶段即青奥会的运行阶段，即赛会期。青奥会所有的体育、文化以及相关活动都将在这一紧凑的时间段内发生。同时，运动员和其他客户群体都将在奥运村和奥运场馆中进行活动。

青奥会开幕式在主会场举行，开幕式的主要节目包括文艺表演，一般情况下，外国政要、国际奥委会官员以及各国代表团团长等都会出席开幕式。在正式举办阶段，青奥会 12 天的比赛中，各国名运动员在 28 个大项、222 个小项当中奋勇拼搏，充分展现了青年运动员的精神风貌。

奖牌榜列出参与本届青奥会并获得奖牌的队伍与其所得奖牌数。国际奥委会称“为了让运动员享受比赛，享受奥林匹克运动”，考虑到对于成绩的过多关注可能并不符合青少年奥林匹克的自身价值，在青奥会期间不设官方奖牌榜。

青奥会的总结阶段即青奥会的解散阶段。尽管此时青奥会可能已经成功举办、圆满结束，但解散阶段依然是非常重要和关键的阶段。在该阶段，青奥组委应当完成以下工作。第一，青奥组委机构和部门须有序解散，合理分流和安排工作人员。第二，完成国际奥委会、主办城市等其他利益相关者要求提供的评估报告。第三，按照原定规划和方案，改造并交还比赛场馆。

第三节　冬奥会

冬奥会由国际奥委会主办，是世界上规模最大的冬季综合性运动会，每四年举办一届。其举办地包括欧洲、非洲、美洲、亚洲、大洋洲。赛事的主要项目在冰上和雪地举行，如滑冰、滑雪等。1986 年，国际奥委会全会决定将冬奥会和奥运会从 1994 年起分开，每两年间隔举行，阿尔贝维尔 1992 年冬奥会是最后一届与奥运会同年举行的冬奥会。

第一届冬奥会于 1924 年 1 月 25 日在法国的夏蒙尼举行。截至 2018 年共举办了 23 届冬奥会，平昌 2018 年冬奥会于 2 月 9 日至 2 月 25 日举行，为期 16 天。第 24 届冬奥会将于 2022 年 2 月 4 日至 2 月 20 日在中国北京和张家口举行。

一、冬奥会的申办

冬奥会的申办程序参照国际奥委会的申办程序标准，包括建议阶段、准备阶段、持续的对话阶段、正式的候选阶段，现在执行的冬奥会申办程序，主要遵循《奥林匹克 2020 议程》的精神和《新规范》，国际奥委会将 2026 年冬奥会视作“全面实施整套改革措施的第一届奥运会”。

在《奥林匹克 2020 议程》和《新规范》的影响下，2026 年冬奥会申办程序的最大变化在于引入了非正式的对话阶段，并将正式阶段缩短为一年（图 6-2）。2026 年

图 6-2　2026 年冬奥会申办程序

冬奥会的评估标准体系主要通过建议阶段的《2026年冬奥会战略评估报告》、准备阶段的《2026年冬奥会申办问卷》、对话阶段的《2026年冬奥会工作组报告》和候选阶段的《国际奥委会评估委员会报告》得到体现与优化。

第一，建议阶段。在建议阶段，国际奥委会同7个冬奥大项的国际单项体育联合会、国际残奥委会、其他奥林匹克组织的代表和冬季运动专家等合作设立了工作组，对照《奥林匹克2020议程》，对场馆规划、申办程序、赛事组织、赛程安排和收益遗产五大议题进行战略评估（图6-3）。

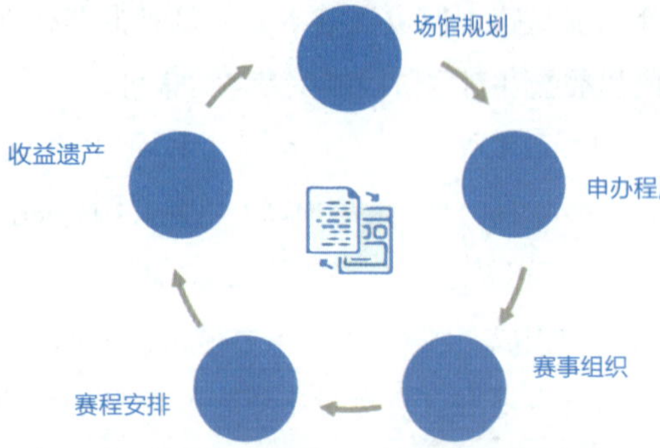

图6-3 《2026年冬奥会战略评估报告》要点概览

以2026年冬奥会申办为例，国际奥委会评估工作组在2016年7月的国际奥委会全会上发布了《2026年冬奥会战略评估报告》，针对申办程序等提出了评估建议：针对场馆规划，提出要鼓励可持续、创造性和成本效益高的场地解决方案，以进一步支持遗产目标；针对申办程序，提出要调整申办候选程序，以反映冬奥会的具体性质和特点，并为未来主办者提供更多的灵活性和支持；针对赛事组织，提出要最大化地利用利益相关者对赛事组织的援助和支持，同时要减少成本、降低复杂性；针对赛程安排，提出要界定和维护冬奥会及其各组成部分特别是赛程的独特

性和价值；针对收益遗产，提出要积极推广申办和主办冬奥会的好处。这份建立在广泛论证调研基础上的《2026 年冬奥会战略评估报告》立足于《奥林匹克 2020 议程》，同时强调了冬奥会的独特性，并特别关注了申办和举办奥运会过程的可持续性和遗产议题，为 2026 年冬奥会的申办与评估提供了前瞻性的建议与指导。

第二，准备阶段。国际奥委会向所有对申办冬奥会感兴趣的城市发布《2026 年冬奥会申办程序》（*Candidature Process*）和《2026 年冬奥会申办问卷》（*Candidature Questionnaire*），考虑到每个城市的基础条件各不相同，问卷涉及的问题并不必然适用于所有城市，但可以基本上考量对申办感兴趣的城市现有的基础性准备，可以为国际奥委会在对话阶段提供参考，也可以作为城市判断自身优势、劣势的基本标准。

如图 5-4 所示，《2026 年冬奥会申办问卷》由愿景与赛事规划（Vision and Games Concept）、赛事体验（Games Experience）、冬残奥会（Paralympic Winter Games）、可持续性与遗产（Sustainability and Legacy）和赛事交付（Games Delivery）五大类别构成（图 6-4）。申办城市需要回答 132 个问题、填写 130 个表格。其中，愿景与赛事规划重点考量冬奥会能否为所在地区带来更广泛的利益，能否展现申办活动与城市长期规划的一致性，能否展现奥运场馆的特征与运行规律等；赛事体验重点考量能否展现赛事为运动员、媒体和观众提供独特和难忘的体验，能否保护“干净”的运动员等；冬残奥会重点考量能否展现冬残奥会的愿景与理念，能否展现冬奥会与冬残奥会的整合计划，能否提供科学合理的冬残奥会赛程表，以满足运动员和广播商的要求等；可持续性与遗产重点考量能否实现冬奥组委有效的可持续性管理，能否建立可靠且全面的可持续性方针，能否识别场馆与基础设施建设带来的环

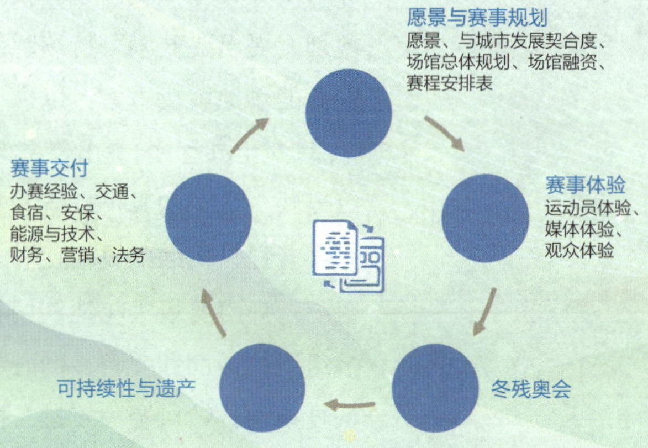

图 6-4 《2026 年冬奥会申办问卷》的结构组成与考察要点

境和社会风险等；赛事交付重点考量能否展现举办大型国际体育赛事尤其是奥运会的经验，能否展现发展与推动冬奥会运动项目的举措，能否展现遗产治理方案，能否展现由政府和主要非政府组织提供的与奥运会遗产规划和交付相关的具体支持等。

第三，持续的对话阶段。持续的对话阶段主要是国际奥委会成立了专门的工作组，与意向申办城市持续对话，对意向申办城市进行摸底和检阅的阶段（图 6-5）。

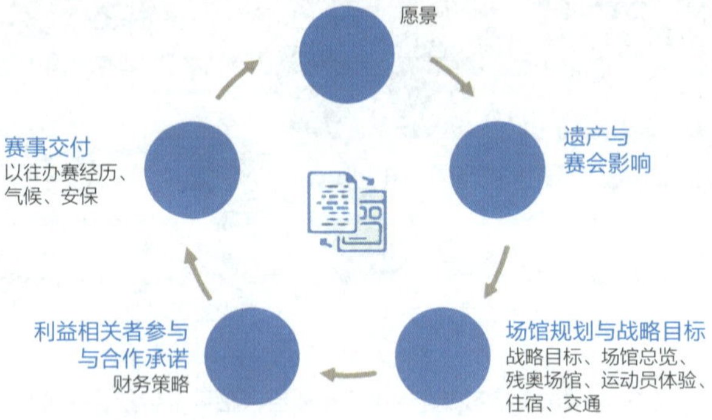

图 6-5 《2026 年冬奥会工作组报告》要目

在 2026 年冬奥会的持续的对话阶段，国际奥委会宣布有 7 座城市对申办感兴趣，分别为格拉茨（奥地利）、卡尔加里（加拿大）、科蒂纳 / 米兰 / 都灵（意大利）、札幌（日本）、斯德哥尔摩（瑞典）、锡永（瑞士）和埃尔祖鲁姆（土耳其）。随着对话的深入，最终形成的《2026 年冬奥会工作组报告》只涵盖了卡尔加里等 4 座城市，供国际奥委会和各相关城市参考。尽管该报告不作为遴选进入候选城市的标准，但仍然可以被视为衡量各申办城市综合实力的风向标。

此报告分别就五个方面对相关城市的准备情况进行了考量：愿景（Vision）主要考量城市对奥运会的展望与规划；遗产与赛会影响（Legacy & Impact of the Games）主要考量奥运会带来的综合效益；场馆规划与战略目标（Venue Master Plan & Strategic Alignment）主要考量场馆满足赛事的要求情况、总体规划以及运动员体验等；利益相关者参与与合作承诺（Stakeholder Involvement & Commitment to Partnering）主要考量国内相关组织力量与协作程度；赛事交付主要考量以往办赛经验和气候、安保情况。

第四，正式的候选阶段。正式的候选阶段是国际奥委会开始评估遴选的正式过程。随着卡尔加里退出，2026 年冬奥会申办候选城市只剩下了米兰 - 科蒂纳和斯德哥尔摩 - 奥勒。在对申办报告进行书面评估、组织专家实地考察、评估委员会实地评估、举行视频问答会议等环节后，国际奥委会于2019年4月发布了《国际奥委会评估委员会报告》。该报告对两个候选城市进行了全面评估，作为2019年6月国际奥委会全会选举主办城市的重要指南。报告以《国际奥委会战略评估报告》《国际奥委会申办问卷》和《国际奥委会工作组报告》的申办评估为依据，将正式的申办评估标准简化为赛事体验、赛事规划、冬残奥会和赛事交付四个大类（图6-6）。

图6-6　2026年冬奥会《国际奥委会评估委员会报告》要目

赛事规划整合了之前报告和问卷中有关愿景和遗产的内容，主要考量城市对举办冬奥会愿景的展望、冬奥会与现有城市规划的契合度、场馆总体方案、新建场馆的融资渠道与遗产利用、其他遗产、可持续性和赛程安排等；赛事体验同以往的标准是一致的，考察以运动员为核心并包括了媒体和观众的体验；冬残奥会主要考察其他三个标准（赛事规划、赛事体验和赛事交付）在冬残奥会赛事中的贯彻程度；赛事交付主要考察候选城市的办赛经验、交通、食宿、安保、赛事组织预算、法律事务与承诺、治理架构、赛会与遗产交付、相关机构支持力度以及民众的支持与参与度等。作为全会投票产生候选城市的关键依据，《国际奥委会评估委员会报告》确立的标准、呈现的内容十分重要。

二、冬奥会的筹办

冬奥会的筹办和举办是一项高标准、复杂而庞大的超级项目，涉及的领域极其广泛，既包括政治、经济、社会、文化、民意等宏观因素，也包括语言、安保、天气、媒体、场馆等具体细节。现代奥运会的超大规模、复杂化和系统化特点促使国际奥委会形成了以时间阶段为基本序列、以项目管理为基本模式、以任务倒逼为主要机制的筹办工作管理特点。国际奥委会十分强调筹办工作的有序性、阶段性、衔接性和整体性。根据国际奥委会奥运会部最新修订的赛事交付计划（Games Delivery

Plan）和赛事管理整合路线图（Games Management Integrated Roadmap），冬奥会筹办阶段可分为基础、规划、运行就绪等阶段。其中，基础、规划和运行就绪阶段属于赛前期（表 6-1）。

表 6-1　冬奥会筹办工作阶段划分及主要任务

阶段	主要任务	完成文本
基础阶段	筹办立法工作，成立冬奥组委	《赛事基础规划》
规划阶段	冬奥组委正式进行运作，学习历届冬奥组委运营经验，完成各项战略规划，进行场馆和基础设施建设，制订和设计《客户服务方案》草案	《成果和服务级别规定》（第 1、2 版本）
运行就绪阶段	完成运行计划，按期交付国际奥委会委托的相关事宜（核心是交付赛事场馆），冬奥会测试赛、练习赛	《奥运功能区运行方案》《场馆通用运行方案》《测试赛矩阵》等

三、冬奥会的举办与总结

冬奥会的举办阶段是冬奥会的运行阶段，即冬奥会的赛会期。此阶段的主要任务是建设主运营中心，完成火炬接力、开闭幕式，以及各项体育与文化、教育活动。冬奥会的总结阶段即冬奥会的解散阶段的任务是有序解散冬奥组委，合理安置工作人员，完成评估报告，改造交还比赛场馆等。在该阶段，冬奥组委应当完成以下工作。第一，冬奥组委机构和部门须有序解散，合理分流和安排工作人员。第二，完成国际奥委会、主办城市等其他利益相关者要求提供的评估报告。第三，按照原定规划和方案，改造并交还比赛场馆。

在赛后阶段，特别应当注意以下问题。第一，资产返还，确定所有的赛事资产都返还给了正确的政府机构或所有者，得到了妥当清算。第二，冬奥会标示移除，赛会场所中所有的冬奥运项目标示等都被清理。再次是文档保护，冬奥会相关的法律、财务、合同等文本都应当得到妥善保存。第三，赛后报告、知识产权转让和赛事述职等。

第四节　冬青奥会

冬青奥会是奥林匹克运动的一个新的里程碑。首届冬青奥会在 2012 年举办，以四年为一届。参与国主要分布在世界各地，包括欧洲（奥地利等国），非洲（南非等国），美洲（美国等国），亚洲（中国等国），大洋洲（澳大利亚等国）。2007

年7月5日，在危地马拉市举行的国际奥委会第119次全会第二日的议程上，国际奥委会决定开办一个新的综合性运动会，是继奥运会、冬奥会、残奥会、冬残奥会以及青奥会后的第六个综合性运动会，自2012年开始第1届，截至2020年共举办了3届。

冬青奥会的申办程序按照国际奥委会的标准进行，同奥运会、冬奥会等申办程序一致。冬青奥会的筹办、举办根据国际奥委会的要求并结合主办城市的特点和优势进行。

一、冬青奥会的申办

冬青奥会的申办程序一般参照国际奥委会的相关申办规则和标准，主要参考奥运会的申办程序，包括建议阶段、准备阶段、持续的对话阶段、正式的候选阶段。由于奥运会的申办程序进行了改革，冬青奥会的申办程序也会随之而有所改变，本部分以江原道获得2024年冬青奥会举办权为例，讨论冬青奥会的申办程序。

在《奥林匹克2020议程》和《新规范》的影响下，2024年冬青奥会举办权申办程序的最大变化同样在于引入了非正式的对话阶段，并将正式阶段缩短为一年。此前，保加利亚、罗马尼亚等国也有意申办本届冬青奥会，但受到国际奥林匹克运动发展情况的影响，在建议阶段，国际奥委会同7个冬奥大项的国际单项体育联合会、国际残奥委会、其他奥林匹克组织的代表和冬季运动专家等合作设立了工作组，对照《奥林匹克2020议程》，对场馆规划、冬奥会的申办程序、赛事组织、赛程安排和收益遗产五大议题进行战略评估之后，仅推荐了韩国江原道作为唯一的候选者。

江原道是国际奥委会改革奥运会主办权产生方式后所诞生的首个奥运会系列运动会东道主。韩国江原道获得2024年冬青奥会举办权的关键优势是其举办平昌2018年冬奥会的赛事场馆遗产。按照申办计划，2024年冬青奥会将会继续使用平昌冬奥会的许多设施，平昌将承办雪上项目比赛，江陵将承办冰上项目，这跟平昌2018年冬奥会的赛事安排完全一致。除此之外，国际奥委会也欢迎朝鲜参与2024年冬青奥会的组织工作，韩国此前曾以联合组队的方式与朝鲜共同参加了冬奥会和亚运会，这表示朝韩两国可以继续以这种方式参加东京2020年奥运会。

2020年1月10日，国际奥委会在瑞士洛桑举行国际奥委会第135次全会，此次全会以79票赞成、2票反对、1票弃权高票通过下届冬青奥会举办地提案，第4届冬青奥会将于2024年在韩国江原道举办，这也是冬青奥会首次在亚洲举行。第4届冬青奥会将拟举办7个大项和15个分项，于2024年1月19日至2024年2月2日举行。

二、冬青奥会的筹办

冬青奥会的筹办主要包括基础阶段、规划阶段、准备阶段。在基础阶段，筹办城市应确定冬青奥运会筹办相关立法工作，尽快成立冬青奥组委，确定冬青奥组委主席团人选，并招募高级管理人员。冬青奥组委员应设计组织的具体治理结构，明确组织愿景，制定总体规划，确定路线图、任务书和时间表。目前，韩国体育和奥林匹克委员会（KSOC）、文化体育观光部和江原道官员已经组成了特别工作组，以此作为冬青奥组委的基础。该工作组组成了江原道冬青奥组委的基本管理结构，并在 5 月和 7 月与国际奥委会磋商，确定组委会成员。

在规划阶段，客户服务的关键环节是制定和设计《客户服务方案》草案，场馆基建的关键环节是确定所有赛事场馆按照原规划开发和投入建设，还必须逐步完善冬青奥组委的内部结构，按照需要增设相关部门和职位。在准备阶段，冬青奥组委须按照《主办城市合同》等协定的条件、规模和标准，按期交付国际奥委会委托的相关事宜，其中最为重要的是赛事场馆。

三、冬青奥会的举办与总结

冬青奥会的举办阶段即冬青奥会的运行阶段，就是赛会期。冬青奥会所有的体育、文化以及相关活动都将在这一紧凑的时间段内发生。同时，运动员和其他客户群体都将在奥运村和奥运场馆中进行活动。

冬青奥会的总结阶段即青奥运会的解散阶段。尽管此时冬青奥运会可能已经成功举办、圆满结束，但解散阶段依然是非常重要和关键的阶段。在该阶段，冬青奥组委应当有序解散其组委机构和部门，合理分流和安排工作人员；完成国际奥委会、主办城市等其他利益相关者要求提供的评估报告；按照原定规划和方案，改造并交还比赛场馆等。

第五节　奥林匹克遗产与可持续发展

一、奥林匹克遗产

“遗产”一词存在多个并行的定义，国际奥委会牵头将众多视角进行整合，并在《遗产战略方针》中对“遗产”做出如下定义：奥林匹克遗产是某个愿景的结果。它包含因主办奥运会 / 体育赛事而给居民、城市或地区和奥林匹克运动带来（新产生或在以往基础上积累得到的）的长期收益。“遗产”一词最早出现在墨尔本申办

1956年奥运会的申办文件中。1981年卡尔加里申办报告中也提到把体育设施作为遗产。1987年，在韩国汉城（2005年韩国首都的中文译名由“汉城”改为“首尔”）举办了首次关于遗产的国际座谈会。1991年，亚特兰大1996年奥组委将“保留正面的物质和精神遗产”写入其使命陈述中。1997年，雅典的2004年奥运会申办材料中包含一份展示其“奥林匹克精神遗产”项目的手册。2003年，国际奥委会正式将奥林匹克遗产写入《奥林匹克宪章》，并将其列为“国际奥委会的使命和职能”中的一部分——促进奥运会为主办城市和主办国家（地区）留下有益的遗产，同时正式启动了名为《奥运会全球影响研究》（后更名为《奥运会影响报告》）的遗产研究体系。

国际奥委会认为，奥林匹克遗产是“奥林匹克运动的愿景‘通过体育运动，建立一个更加美好的世界’在具体时空环境（某城市、某届奥运会）中的呈现，是奥林匹克愿景与城市愿景的结合……（这两者的）交集是该届奥运会的整体背景。愿景交集的具体实现产生了该届奥运会的遗产”。奥运遗产来自主办城市或地区对其所承办的奥运会的具体愿景的落地实施。每个奥运主办城市要结合自己具体地区和时代背景，来定义“通过体育运动，建立一个更加美好的世界”的具体样貌。就奥运会而言，主办城市或地区的发展愿景，与奥林匹克运动的愿景相关联，进而可以生成一个共同愿景，这也是主办城市奥运核心理念的基础。当这一愿景得以落地实施，其结果就是奥运遗产。

2018年2月21日，国际奥委会发布全新的奥林匹克遗产框架——《遗产战略方针》（*Legacy Strategic Approach*），并同时宣布自东京2020年奥运会开始实施。《遗产战略方针》将与《奥运会可持续发展报告》（*The Olympic Games Sustainability Reports*）一起成为奥运会主办城市确定、汇报、分析和评估奥运遗产的主要框架。

（一）奥林匹克遗产的内容范畴

奥林匹克遗产主要是奥林匹克运动对主办城市、居民以及周边社区产生的各式各样的积极影响，主要包括新建场馆设施、城市基础设施改进等可以直接感知和体现的有形遗产（奥林匹克有形遗产），以及不易被识别、定义、测量的奥林匹克精神遗产（奥林匹克无形遗产），如新的非物质文化遗产、体育态度和体育行为的改变、体育专业技能的提升、不同国家（地区）的人民互相了解的加深、新的社会网络的形成。区别于短期的改变和影响，奥林匹克遗产着眼于长期视角。因此，对遗产的评估要交给时间（在奥运周期之后）检验。

某些遗产是由承办奥运会或体育赛事所要求的一些必要活动产生的直接结果。另一些遗产来自因举办奥运会或体育赛事而累积产生的结果，如地方政府利用承办奥运会所创造的机遇，投资符合城市长期发展计划的项目。其核心要素之一就是人民的幸福安康，以及如何通过加大体育参与和推广体育活动使其得以提升。其他的核心要素包括城市基础建设改进（如交通基础设施升级和建造新的公园、绿地等）。

一般认为，奥林匹克遗产受益方是主办城市或地区、周边居民，以及奥林匹克运动自身。从主办城市的角度看，遗产可以以新建场馆、恢复自然环境的方式惠及城市和地区。在范围上，升级后的休闲和娱乐区或体育训练中心可以惠及当地居民。工作人员掌握的专业技能，可以跨越本地范围，惠及其他地区、国家甚至全球。从周边居民的角度看，遗产可以以个体收益的形式存在，如志愿者获得新的语言技能；参与奥运赞助商职业培训的退役运动员获得新的工作机会；公司通过成为奥运特许供应商，提升国际市场竞争力。对于奥林匹克运动而言，遗产也可以惠及奥林匹克运动的相关方，如由国际单项组织新采用的接待礼仪和赞助理念、国际奥委会新获得的知识产权（如吉祥物），或者奥林匹克商业合作品牌认知度的提升。

尽管奥林匹克遗产的范畴界定不同，但大致可以分为如下 7 个维度（表 6-2）。

表 6-2　奥林匹克遗产的主要维度和具体内容

维度	具体内容
有组织的体育（运动）发展	①加强对运动员的支持；②更多新一代的优秀运动员；③竞技体育水平提升（从本地到国家队）；④有组织的基层体育运动发展（体育启蒙、俱乐部等）；⑤提升关注度低的体育项目和赛事的粉丝基础；⑥提高有组织的体育系统的效率（协会、支持和主管部门）；⑦教练、体能师和其他专业人士的技能提升；⑧训练和比赛场馆的新建或升级；⑨高性能训练中心；⑩体育器材和装备
通过体育助力社会发展	①通过休闲运动和身体活动获得健康收益；②将奥运价值和体育作为教育的工具；③促进和平与国际合作；④性别和包容（少数族群、同性恋、双性恋群体等）
技能、人际网络和创新	①在不同领域培养新一代人才（技术、法律、农业、项目管理、艺术等）； ②人际关系能力：软技能 （领导力、了解不同文化和语言、以客户为中心的思维模式），技术能力（体育管理、传媒、电视转播、赛事管理、旅游和酒店管理）；③新的人际网络（志愿者网络、外交网络、员工网络）；④不同领域的创新（材料、科技、商业模式、管理、体育创业）
文化和创造性的发展	①奥林匹克的无形文化遗产；②国家文化的曝光度增加；③新的设计、品牌和视觉形象；④通过开闭幕式和奥运周期文化项目而得到发展的艺术活动（音乐、视觉艺术等）；⑤给城市或国家（地区）带来新的文化资产（地标建筑、文化中心等）
城市发展	①交通和移动性基础设施的发展（扩建地铁和铁路系统、机场升级、更多步行和骑行的城市）；②城市基本设施（住房、供水、卫生、垃圾处理、医疗和其他公共设施）；③更加先进的城市服务和基础设施（技术、通信、智能电网和建筑）；④新建和更新用于多种经济和社会用途的场馆
环境改善	①空气和水质；②向低碳技术和流程过渡；③拓展户外休闲空间和绿色空间；③生物多样化保护和恢复；④创新性环境管理解决方案；⑤提升可持续发展和环境意识
经济和品牌价值	①城市和地区国际影响力和知名度提升；②旅游和会展产业发展；③长期负责任的财政投资；④受奥运会和其他奥林匹克运动相关活动的影响而产生的经济产业竞争力；⑤新的商业和经济产业发展；⑥强化奥林匹克运动品牌价值

（二）奥林匹克遗产的主要特征

1．内容规划的灵活性

国际奥委会将两种愿景认定为奥林匹克遗产产生的基础，反映出奥林匹克运动愿景对奥林匹克遗产的重要意义，这一定义也构建了奥林匹克运动的愿景中的奥运主办城市愿景在奥林匹克遗产工作乃至奥运会整体筹备和运营工作中的重要性。例如，《奥林匹克遗产指南》明确提出，“要想完全把握奥运会带来的机会，奥运会主办城市必须对承办、申办奥运会能为市民、城市乃至国家（地区）带来什么，有一个强大的愿景和清晰的目标”。

事实上，自颁布《奥林匹克 2020 议程》以来，国际奥委会不断提出要增强各城市在申办和主办奥运会过程中的自主权和灵活性。例如，国际奥委会特别指出，《遗产战略方针》的主要目的是帮助奥运主办城市以更加灵活的结构确定、汇报、分析和评估奥林匹克遗产，因此，该框架中的奥林匹克遗产重点领域也是将由奥运会东道国当地利益相关者根据自身文化、社会和环境特点自行确认。虽然《遗产战略方针》中包含了一组关键绩效指标，但国际奥委会也明确指出各奥组委可以根据各自奥运会的愿景和目标调整指标，并对遗产目录进行定期更新。

2．内容规划的广泛性

广泛性特征在《遗产战略方针》中体现为三个方面。首先是内容的广泛性。国际奥委会对奥林匹克遗产概念长期以来缺乏清晰且明确的定义。因此，不同奥运会主办城市的奥林匹克遗产论述、不同届奥运会的遗产规划之间往往存在很大差异。研究发现，这 56 个奥运会申办城市的奥林匹克遗产构建和诠释共覆盖了 14 个领域。同时，在国际奥委会官方文本中，奥林匹克遗产的内容也是宽泛且开放的。其次是对象的广泛性。一方面，国际奥委会在对象层面延续了一直以来对奥林匹克遗产双向性的认知，奥运会主办城市的国家（地区）会因奥运会而受益；另一方面，奥林匹克运动本身也会受到奥运会的影响。最后是方式的广泛性。《遗产战略方针》中明确将因奥运会“加速发展的”正面效益确定为奥运遗产。这一表述扩大了奥林匹克遗产的内涵，将与奥运会有关的所有正面效益纳入奥林匹克遗产范畴。

3．内容规划的持久性

《遗产战略方针》中对奥林匹克遗产持久性的强调符合国际奥委会一贯以来强调的“可持续发展”理念。例如，在许多国际奥委会政策文件或官方研究报告中曾多次出现过如“持久的奥林匹克遗产”或“长期的正面效益”的表述。这样的一致性也使得国际奥委会在机构设施层面将可持续发展与遗产视为同一个领域的议题，并建立了国际奥委会可持续发展与遗产委员会，由该委员会负责处理国际奥林匹克运动中的相关事务，调配有关资源并协调各部门工作。

同时，国际奥委会也强调，奥林匹克遗产持久性的重要特征之一就是：自某一城市开始申办奥运时，奥林匹克遗产就已产生，而其社会影响一直到奥运会结束后仍会持续。因此，奥林匹克遗产计划工作要从申办就开始启动，贯穿整个奥运周期，并一直延续到奥运会结束后数年甚至是十多年。

（三）奥林匹克遗产的工作目标

国际奥委会在《遗产战略方针》中为各奥组委及遗产开发机构提出了多方面的建议和要求。《遗产战略方针》中明确指出了未来各届奥运会需要完成的 4 项遗产工作目标。

首先，将遗产的理念嵌入整个奥运周期。其主要是强调在对话阶段，国际奥委会就与有意向举办奥运会的城市讨论遗产问题，并将这一问题完全纳入申办过程。遗产愿景和目标是奥运会管理、协调和决策过程的组成部分。以透明的方式定期监测遗产规划和交付，并提出纠正措施。主办地区的遗产治理在奥运周期的早期就可以进行，并且该治理能够适应操作压力和政治变化。

其次，强调对奥林匹克遗产的记录、整理与继承。其包括定期报告即将举行的奥运会的遗产；通过各种方式继承已举办奥运会的遗产，并将之传承至未来的奥运会组委会。

再次，鼓励和支持遗产庆祝活动。国际奥委会应积极参与各城市和各国家（地区）奥委会开展的奥运会遗产庆祝活动。国际奥委会将在主要的奥林匹克遗产庆祝活动中向各城市和奥林匹克运动成员提供宝贵的人才和服务。

最后，国际奥委会强调通过奥林匹克遗产来广泛建立战略合作关系，包括加强奥运城市联盟和积极福祉倡议（Active Well-being Initiative）的战略合作关系，以及在特定主题上与专家组织建立其他合作关系。

（四）奥运会遗产保护传承

遗产是愿景产生的结果。奥林匹克遗产来自主办城市对其所具体承办奥运会的愿景的实施和落地。每个奥运会主办城市要结合“通过体育运动，建立一个更加完美的世界”的愿景相关联，生成一个共同愿景，这也是主办城市奥运会遗产形成的基础。

1．青奥会的遗产传承

青奥会的申办和承办，为主办城市和国家（地区）提供了千载难逢的体育宣传机会，推动了体育事业和产业水平的升级进步，增添了体育运动的魅力，加快了大众体育参与的普及速度。青奥会遗产主要包括在体育参与、社会进步、环境保护、城市建设和经济发展等方面的传承。

南京2014年青奥会的举办无疑为江苏省学校体育教育带来了重要机遇，有力地发挥了学校体育对于青少年学生打好身心健康基础的作用。为青奥会建造或翻新的体育场地设施不仅在“奥运年”为公众演绎出精彩的竞技画面，在青奥会结束后，被合理规划的场地设施也可以适用于大众体育，为举办地提供了有效而直接的奥林匹克遗产。

青奥会与奥运会对于举办地的社会进步作用表现在基于承办奥运赛事所获得的“灵感”而使大众和组织的行为和态度发生变化。比如在社区凝聚力和民族认同感、教育革新和志愿服务事业、培养青年成为合格公民等方面的变化。在青奥会中，国际奥委会对青奥组委有特别要求：必须制订文化与教育活动计划（CEP）。承办首届青奥会的新加坡组委会就从奥林匹克历史与价值、运动技能发展、运动风险和健康生活、社区发展和环境、数字媒体方面制订了一系列教育计划并获得好评。这些文化与教育计划的实施为奥林匹克精神与价值的传播、青少年的社会成长提供了重要机会。

在过去的20年间，“可持续发展”的议题变得越来越重要。在《奥林匹克2020议程》中，国际奥委会明确要求将可持续发展融入奥运会的方方面面，将可持续性融入奥林匹克运动的日常运行。青奥会作为青少年的体育盛会，尤其关注向下一代传递环保理念。第1届冬青奥会的餐厅是由白色帐篷搭建的，摒弃了以往奥运赛事使用一次性餐具的做法，改用玻璃餐具；因斯布鲁克奥组委要求青奥村进行节能大比拼，哪栋楼在闭幕后水电费花销最少，住在这栋楼的运动员将得到组委会送出的特别礼物，其中甚至包括伦敦2016年奥运会的门票。

青奥会和奥运会是主办城市和国家（地区）在数年间的重要事件。交通、住宿等城市基础设施建设和城市外观美化是赛事组委会最先开始计划和实施的部分，对于这些城市建设的重大举措和投入不仅要考虑赛事本身的要求，同样须回应和预测城市自身的发展要求。完善的公共基础设施建设和整洁的城市景观可以增加城市的魅力，吸纳游客，还将提高举办地民众的生活质量和幸福指数。承办青奥会与奥运会对举办地城市发展的影响是直观的、明显的。南京申办2014年青奥会的口号“南京将与青奥共成长”彰显了南京人对于奥运赛事和奥运遗产的深入认知。第2届青奥会在历史悠久、文化深厚的南京举办，不仅直接强化了南京基础设施建设等“硬实力”，更是通过赛事的组织过程极大地提升了相关部门的执政办事能力和服务能力等“软实力”，并在南京走向国际化大都市的进程中写下了重要的一笔。

2. 冬奥会的遗产传承

冬奥会项目的特殊性和举办时间的特殊性决定了其项目不能像奥运会项目那样被大部分人体验。其项目特征使得受众有局限性，一些地方甚至不具备开发冰雪运动的条件。冬奥会遗产也不能够像奥运会遗产一样被全年利用起来，比奥运会多了季节因素的制约。夏天，冬奥场馆有必要开发其他项目；到了冬天，才能真正发挥其作用，滑雪、滑冰、冰球等众多冰雪项目将会随着中国举办过冬奥会而变得更加火热。冬奥场馆在每年的冬天将迎来真正的冰雪狂欢。从1924年至今，冬奥会遗产的开发与利用经历了从无到有的过程。

现有的冬奥会遗产开发利用模式主要聚焦于三个方面：一是多元化的场馆利用模式。卡尔加里、盐湖城和都灵在冬奥场馆的后续利用上都取得了不俗的成绩，其场馆利用模式具备三个特点，即自负盈亏的专门管理机构、多元化的体育产品运营和奥运村的有效再改造。二是利用人文遗产建设社会。温哥华2010年冬奥会让加拿大的四个土著民族作为正式伙伴参与奥运会，由此给温哥华留下了丰富的人文遗产。在冬奥会带来的民族团结与和谐气氛下，温哥华成立“土著青年体育遗产基金会”并鼓励土著居民参与体育运动，对人文遗产的有效利用使社会关系形成良性循环。三是基于知名度发展旅游产业。索契2014年冬奥会投入500多亿美元打造历史上最贵的奥运会，其目标是利用冬奥遗产打造高级度假村，依托冬奥会带来的知名度发展旅游业，在吸引外来游客的同时留住日渐富裕的本国游客。

冬奥会遗产作为冬奥会不可分割的一部分，在发展过程中的受重视程度呈现逐步增加的态势，与奥林匹克遗产相关的政策也在不断完善。首先，举办国（地区）通过场馆的多元化利用、对人文遗产的把握和旅游业的打造实现冬奥会遗产的赛后开发与利用。对于冬奥会遗产传承应该提前做好周密规划，根据城市定位和发展目标确定冬奥遗产的利用与发展模式。其次，冬奥会遗产利用可以从场馆、人文和旅游全方位着手，竞赛场地利用应在考虑季节特征的情况下开发多元化体育服务产品，保证场馆的全年有效运转。最后，国际奥委会可以考虑建立冬奥会遗产的相关数据库，给各国提供相互学习借鉴的资源与平台。

3．冬青奥会的遗产传承

冬青奥会的申办和承办是奥林匹克遗产研究中的新领域、新议题，作为仅举办过 3 届的奥林匹克赛事，冬青奥会为全球冰雪运动的青年爱好者提供了一个聚集在一起切磋技艺的平台，也是主办城市和国家（地区）千载难逢的体育盛会。可以说冬青奥会增添了奥林匹克运动的魅力，加快了大众体育参与的普及速度。冬青奥遗产主要包括在体育参与、社会进步、环境保护、城市建设和经济发展等方面的传承。

总体而言，无论在奥运主办地还是在其他地区，奥运会都是实现奥林匹克运动愿景的主要媒介。因此，确保奥运可以为市民、城市（地区）和奥林匹克运动留下遗产，确保通过体育项目、公众参与项目和国际奥委会可持续发展战略来构建社会发展，这对历届奥运会主办方来说都至关重要。正如《奥林匹克宪章》强调的："奥林匹克的目标是将体育置于服务人类和谐发展的地位，以期建成一个和平且维护人尊严的社会。"奥林匹克运动愿景蕴含了"为居民和城市创造长远收益"的含义，历届奥运会都留下了有形和无形的收益。随着奥运会重要性的不断提升，国际奥委会和未来各届奥运会组委会也越来越多地承担起为社会创造更多收益的责任。

二、奥林匹克可持续发展

当前世界面临着广泛的社会、环境和经济问题的重大挑战。社会不公正、经济不平等和气候变化等重大问题日益困扰着世界各地的人民。联合国 2030 年可持续发展目标（Sustainable Development Goals, SDGS）为各方提供了一个共同框架，以解释联合国计划如何为可持续发展作出贡献，并应对关键的全球可持续性挑战。这些可持续发展目标包括消除贫困、应对气候变化、消除不公正和不平等，以及其他对更美好、更可持续的世界的渴望（图 6-7）。

图 6-7　联合国可持续发展目标

体育和奥林匹克运动与可持续发展密切相关。奥运会运动能否成功开展在很大程度上取决于能否获得清洁的空气、水，未开发的土地等关键自然资源，以及绿色城市、山区、森林、河湖和海洋等健康的生态系统。正是这些自然资本的可得性，以及它们对运动员和社会的健康与福祉的贡献，使得体育和其他类型的人类活动成为可能。奥运会涉及数百万参与相关活动的人，这些活动包括设计、建造和管理体育场馆、生产体育设备和体育服装、在世界各地运输人和货物、组织体育赛事。所有这些活动都对世界的环境、社会和经济资源产生了影响。与此同时，奥运会提供了一个理想的机会，可以提高公众意识和教育年轻一代认识到全球面临的可持续性挑战，更重要的是，让年轻一代认识到如何应对这些挑战。

联合国的《改变我们的世界：2030年可持续发展议程》（简称《2030年可持续发展议程》）第37条指出："体育也是推动可持续发展的重要因素。我们认识到，体育在促进容忍和尊重方面对实现发展与和平作出了越来越大的贡献，并对赋予女性和青年、个人和社区权力以及对保健、教育和社会包容目标作出了贡献。"奥林匹克运动的核心使命与可持续发展目标中的多个方面高度契合。《国际奥委会可持续发展战略》（*IOC Sustainable Strategy*）宣告："国际奥委会可持续发展战略致力于为联合国《2030年可持续发展议程》作出贡献。"

（一）国际奥委会的可持续发展责任

"可持续发展"是经济、环境、社会的协调发展，奥运会要得到更多国家（地区）和城市的追随必须要综合考虑对于经济、社会、环境的影响，这就是奥运会的"可持续性"。在全球可持续发展的趋势下，奥运会的可持续发展不但关乎奥林匹克运动的改革进程，更影响举办城市、地区的长期健康发展。奥运会是可持续发展在全球最重要的活动中最具集合性体现的载体和平台，对全球的可持续发展的先导性和示范性作用不容忽视。

作为奥运会的所有者，国际奥委会定义了奥运会的产品范围、规模、方案和运作要求。其负责申办过程的设置和管理，主办城市的选举和合同规则（主办城市合同）的制定。在主办城市选举之后，国际奥委会的职责基本上是合同管理，以及监督和支持当地奥组委的工作，而真正实现可持续发展是主办城市和奥组委的工作。奥林匹克运动由一系列多样化和有影响力的部分组成，所有这些都通过奥林匹克品牌联系在一起。

尽管国际奥委会的直接控制水平有限，但作为奥林匹克运动领导者，国际奥委会有责任激励、鼓励和协助奥林匹克大家庭积极加入可持续发展框架。自《奥林匹克 2020 议程》出台以来，国际奥委会重新审视了如何与各国家（地区）奥委会和国际单项体育联合会就可持续发展问题开展合作并提供协助。支持国家（地区）奥委会的主要载体是奥运团结工作处。因此，国际奥委会同各国家（地区）奥委会正在努力确保将可持续性考虑纳入奥运团结工作处的未来工作，包括提供指导、教育手册以及对各国家（地区）奥委会资金请求的评估。对于国际单项体育联合会，国际奥委会的目标是对现有的国际联盟的可持续性项目进行概述，并确定共同的主题、挑战以及对进一步支持和指导的需求。

（二）国际奥委会参与可持续发展历程

国际奥委会可持续发展之旅始于 1992 年在巴西里约热内卢举行的联合国地球峰会，国际奥委会派代表出席了该次峰会。1994 年，在巴黎举行的百年奥林匹克大会上，国际奥委会部分会议专门讨论了体育与环境问题，这促使人们呼吁在《奥林匹克宪章》中列入一项条款，强调奥林匹克运动必须在保护环境方面表现出负责任的态度。1996 年版的《奥林匹克宪章》增加了一项关于环境和可持续发展的条款。自此，这一条款的各种变体一直保留在《奥林匹克宪章》中。

在此期间，利勒哈默尔 1994 年冬奥会的组织者首次将环境措施引入奥运会筹备和运营。作为方案的一部分，组织者为自己设定了 5 个绿色目标。为了实现这些目标，组织者在奥运会筹备期间启动了 20 多个可持续发展项目。这届奥运会被广泛认为是奥运会历史上第一届绿色运动会。此后，盐湖城 2002 年冬奥会明确提出可持续场馆建设。

2001 年，国际奥委会成立了奥运会研究委员会，研究控制奥运会规模、成本和复杂性的方法。该委员会于 2003 年 7 月发布报告称，有必要确保主办城市为其居民留下大量场馆、基础设施、专业知识和经验。该委员会的建议对 2003 年底开始的 2012 年奥运会申办工作产生了重大影响。该委员会建议尽可能使用现有或临时设施，只有在确认场馆在未来得到良好使用的前提下，才鼓励建设新的永久性场馆。这种定位促使奥运会向更注重可持续性和遗产的绿色奥运会迈出更大一步。这些倡议的影响是深远的，如温哥华 2010 年冬奥会和伦敦 2012 年奥运会都将这一标准提高到了新的水平。（表 6-3）

表 6-3　奥林匹克运动的可持续发展进程

时间	相关奥运会	与奥运会相关的活动
1992	阿尔贝维尔冬奥会	对自然环境破坏的批评
1994	利勒哈默尔冬奥会	奥运会的第一个“绿化”倡议：百年奥林匹克大会，环境成为奥林匹克主义第三个支柱（与体育和文化一起）
1996		修改《奥林匹克宪章》：将“环境”和“可持续性”纳入基本原则
1999		奥林匹克运动的“21 世纪议程”（Olympic Movement's Agenda 21）：阐述了体育界环境保护的基本概念和实际活动。
2000	悉尼奥运会	“绿色奥运”（Green Olympic Games）是一个重要的主题
2005		伦敦被选为 2012 年奥运会主办城市
2010	温哥华冬奥会	提出奥运会可持续性的先进方法
2012	伦敦奥运会	第一届可持续性的奥运会和残奥会
2013		东京被选为 2020 年奥运会主办城市
2014		奥林匹克 2020 议程：可持续性被纳入奥林匹克运动的所有方面和奥林匹克运动的日常运作
2016	里约热内卢奥运会	《国际奥委会可持续发展战略》：可持续性是奥林匹克运动一项工作原则
2017		巴黎和洛杉矶分别被选为 2024 年奥运会和 2028 年奥运会主办城市
2021	东京奥运会	旨在展示人类追求的可持续社会模式，并整合应对可持续性挑战。

（三）国际奥委会可持续发展的重点领域

2014 年发布的《奥林匹克 2020 议程》是国际奥委会可持续发展战略的起点。2017 年《国际奥委会可持续发展战略》围绕 3 个责任领域和 5 个重点领域被制定出台。其中 3 个责任领域包括国际奥委会是一个组织，国际奥委会是奥运会的所有者，国际奥委会是奥林匹克运动的领导者。5 个重点领域包括基础设施与自然遗址、采购与资源管理、交通运输、劳动力以及气候（图 6-8）。

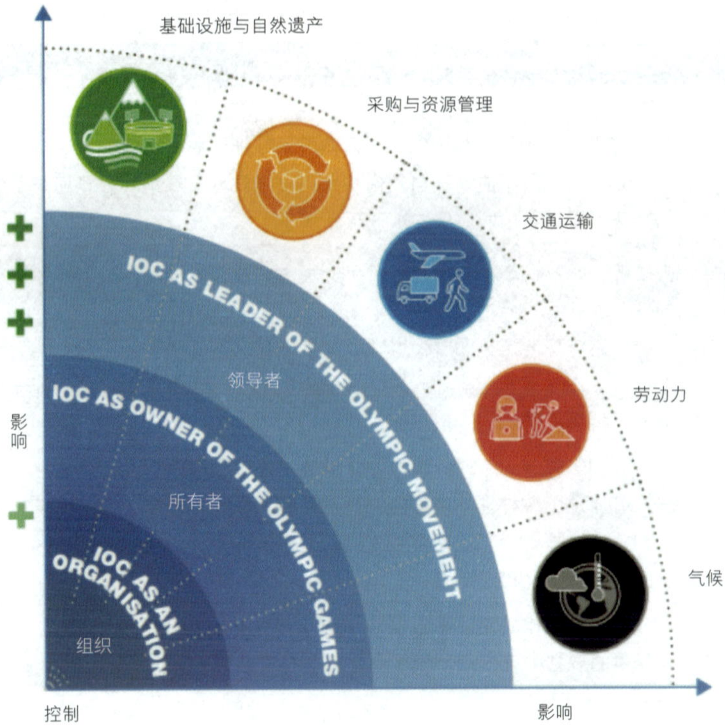

图 6-8　国际奥委会可持续发展战略框架

国际奥委会 2030 年可持续发展重点领域主要包括五个方面：基础设施与自然遗址，主要是指开展体育活动场所的室内外场地（现有和新的永久性建筑、临时和覆盖的结构）的开发和经营，包括奥运会的非竞赛场馆（奥运村、媒体仓库、物流中心和住宿）等支援和管理基础设施以及奥林匹克运动组织的办公室。采购与资源管理，主要强调由奥林匹克运动内的组织采购产品和服务，并在其生命周期内管理物质资源。交通运输是针对全球范围内与奥林匹克活动有关的人员和货物的流动。劳动力是指为奥林匹克运动的雇员、志愿者和承包商提供的工作条件和机会。气候是管理与奥林匹克运动活动有关的直接和间接温室气体排放、适应气候变化的影响（如极端天气现象的频繁发生、海平面上升等）。（表 6-4）

表 6-4 国际奥委会 2030 年可持续发展重点领域

重点领域	关键要求
基础设施与自然遗址	①最大限度地利用现有的基础设施，在不存在或不合理的长期遗留需求的情况下，使用临时和可拆卸场地。如果建成，基础设施是可行的并有最小的环境足迹。②体育场所不应破坏自然保护区，应推广城市绿地。③场所应尊重受保护的文化区域。④场所应保护水资源和水质
采购与资源管理	①产品和服务的采购要考虑到环境和社会的影响。②将产品和材料视为有价值的资源，并优化其生命周期
交通运输	①寻求避免环境污染和其他形式的对当地社区造成损害的方案，并推广积极的出行方式。②货运业务应对环境和社会负责。推广考虑到经济、社会、环境影响的可持续旅游
劳动力	①员工和志愿者的工作环境应安全健康，提倡积极向上的生活方式。②员工和志愿者体现了多样性、包容性和性别平等。③为年轻专业人士提供高质量的教育和技能发展机会。④整个供应链的工作条件符合适用的地方、区域和国家立法以及国际协议和议定书
气候	①有效的碳减排战略已经到位，并与《巴黎协定》的目标一致。②在体育设施和赛事的规划中考虑到对气候变化影响的适应

围绕上述重点领域，国际奥委会制定清晰的执行策略，并坚持让国际奥委会成为可持续发展的榜样，确保奥运会在可持续发展领域走在前列，主办城市可以利用奥运会作为促进可持续发展的催化剂。激励和帮助奥林匹克运动的利益相关者在全球范围内发展可持续体育，并利用运动员的激励力量和奥林匹克标志，通过体育促进可持续发展。这些执行情况将按照联合国可持续发展目标的完成进度进行，并贯穿每届奥运会。

（四）国际奥委会自身的可持续发展框架

国际奥委会认为，“作为一个国际组织”，其对可持续性战略发展拥有不可推卸的责任，尤其是在国际奥委会直接控制的、与该组织的日常运作有关的活动中，包括但不限于国际奥委会的建筑管理，采购活动和交通出行，人员管理，国际奥委会会议、委员会会议及商业活动的组织，国际奥委会媒体和通信渠道的使用，广播、赞助和营销权的管理，以及洛桑奥林匹克博物馆的活动。因此，2017 年 1 月，国际奥委会在通过可持续发展战略后，设定了自己的可持续发展框架，并计划在 2020 年前完成这些目标（表 6-5）。

表 6-5 国际奥委会 2020 年可持续发展目标

序号	可持续发展目标
1	奥林匹克大厦（新国际奥委会总部大楼）的设计和建造将根据国家和国际公认的可持续发展标准进行认证
2	提高建筑的能源使用效率
3	将可持续性纳入商品和服务的采购，包括从全球合作伙伴和官方许可方的采购
4	实现废物排放量的显著减少
5	减少国际奥委会的交通影响（国际奥委会工作人员、成员和客人的商务出行，车队，员工通勤，货运）
6	进一步增加工作人员的多样性，特别是在性别和地域多样性上
7	作为 IOC@work2020 的一部分，进一步制定一个健康方案，在国际奥委会推广健康和积极的生活方式
8	通过减少温室气体（GHG）直接和间接的排放以及作为最后手段的补偿排放，实现碳中和
9	在共同活动中包含可持续性
10	确保在邀请阶段、对话阶段和候选过程的所有阶段，都能将可持续发展作为一个战略专题与城市进行讨论
11	加强主办城市合同中对可持续发展的承诺，使申办和举办奥运会能够成为主办城市和地区可持续发展的催化剂
12	加强对奥组委执行可持续发展相关申办承诺、主办城市合同要求和国际奥委会建议的支持和监测，包括提供通用方法和独立的第三方评估
13	促进奥运会各利益相关者（如奥组委、国家合作伙伴、主办城市当局、全球合作伙伴）之间的交流，并与相关专家组织建立战略伙伴关系，为奥运会的规划和举办制定创新的、可持续的解决方案
14	提供机制以确保奥林匹克运动各利益相关者之间的信息和最佳实践交流
15	促进与相关专家组织的联系，以制定指导方针和创新的解决方案
16	利用奥林匹克团结工作处，协助国家（地区）奥委会实施可持续发展倡议
17	设立一个包括运动员在内的大使计划，以提高民众对体育可持续性的认识
18	通过信息汇总和集体报告概述奥林匹克运动在可持续性方面的作用

国际奥委会认为，为了实现可持续发展，这 18 个可持续发展目标之间的关系是综合、不可分割的。需要采取综合办法处理环境、社会和经济方面的问题，以实现可持续性，另外，国际奥委会在可持续发展战略中提出的 2020 年 18 个目标中，有 9 个直接与国际奥委会相关，其中 8 个与国际奥委会战略的 5 个重点领域相对应，第 9 个，即“在共同活动中包含可持续性”是一个跨领域的目标，具有与国际奥委会每个重点领域相关的元素。

国际奥委会在积极践行生态可持续、经济可持续、社会可持续的基础上实现自身可持续发展。一系列的实践是对联合国《2030 年可持续发展议程》的有效回应。在可持续发展理念的指导下，国际奥委会将继续围绕 3 个责任领域积极践行可持续发展，实现自身可持续发展、发挥奥运会可持续发展的带动作用。

（五）奥林匹克运动与体育可持续发展

国际奥委会为了强调作为《奥林匹克 2020 议程》三大统摄性主题的“可持续性”，于 2017 年 10 月发布了首个《国际奥委会可持续发展战略》，这个战略的主旨要义也被要求包括到 2026 年冬奥会的申办之中。为了规范奥林匹克遗产工作的程序和任务，国际奥委会于 2017 年 12 月出版了首个《国际奥委会遗产战略方针：勇往直前》，对奥运遗产的重要性、概念、范畴，以及如何实现方针中所设定的战略目标等做了详细介绍。在《国际奥委会可持续发展战略》中，国际奥委会将自身承担的可持续性职能划分为三类：组织、奥运会的所有者和奥林匹克运动的领导者。国际奥委会认为通过发挥自身职能，已经在气候、劳动力、交通运输、采购与资源管理、基础设施与自然遗址等方面，与若干可持续发展目标紧密结合（图 6-9）。

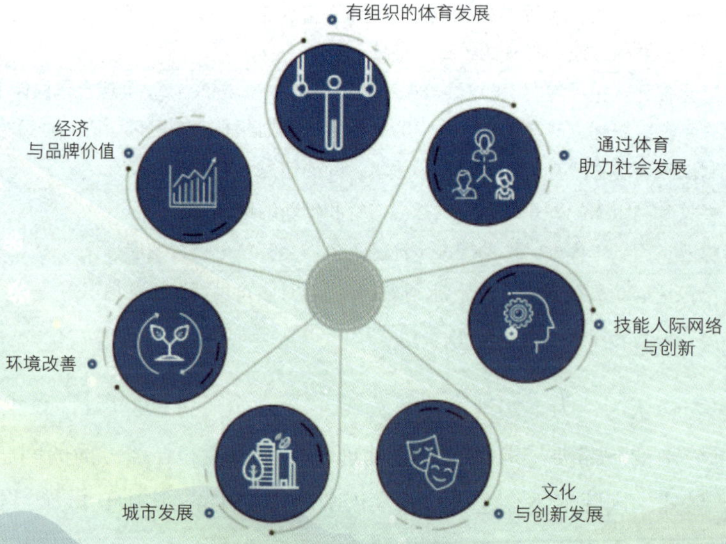

图 6-9　国际奥委会遗产范畴分类框架

国际奥委会认为，奥林匹克运动有机会也有责任根据自身的愿景为全球可持续发展作出贡献。通过在奥运会中进一步嵌入可持续性的理念，国际奥委会相信可以加强对这些可持续发展目标的贡献，同时对其他几个可持续发展目标也作出贡献。可以说，围绕历届奥运会形成的奥林匹克遗产对人类社会具有极为重要的价值，有利于通过体育运动，建立一个更加美好的世界，“为居民和城市创造长远收益”。

（任慧涛　撰稿）

第七章　奥林匹克价值内涵

奥林匹克运动是“一个伟大的象征”。

——皮埃尔·德·顾拜旦

奥林匹克运动标志着人类社会的团结、进步、友谊。在奥林匹克运动中有一系列独特而鲜明的象征性标志，如奥林匹克五环图案标志、格言、旗帜、会歌，以及奥运会会徽、奖牌、吉祥物等。这些标志有着丰富的文化含义，形象化地体现了奥林匹克理想的价值取向和文化内涵。用一些简明洗练的艺术形象符号表达奥林匹克思想的基本点，将抽象的概念变为可视、可听、可触的物质文化，这是顾拜旦对奥林匹克运动作出的杰出贡献之一。

第一节　奥林匹克标志

顾拜旦在呼吁恢复奥运会时指出，奥林匹克运动“是智力的也是艺术的”。奥林匹克运动蕴含着运动韵律的波澜壮阔，也是窥视世界艺术的一扇窗户，更是展示人类艺术瑰宝的长廊。

奥林匹克运动中的每一个标志都是一个艺术品，它们既富共性也极具个性。标志的设计者大都是顶级或极富创意的设计师，他们在标志设计过程中，既兼顾了奥林匹克主义、奥林匹克精神与价值内核的表达，也从主办国（地区）或主办城市的历史与文化中寻找灵感，体现着主办国与主办城市的特色。

伟大的奥林匹克运动借助这些精美的标志实现了与艺术的完美结合。

一、奥林匹克五环图案标志、旗帜、会歌以及奥运会会徽

（一）环环相扣的奥林匹克五环图案标志与高高飘扬的奥林匹克旗

奥林匹克五环是顾拜旦于1913年构思设计的，经《奥林匹克宪章》确定，称为奥林匹克五环图案标志，它可以是单色，也可以由蓝、黄、黑、绿、红五种颜色的环套连接而成，五环造型是一个上大下小的规则梯形。

1914年在巴黎召开的庆祝奥运会复兴20周年的奥林匹克全会上，顾拜旦解释了他对标志的设计思想："五环的五种颜色——蓝、黄、绿、红和黑加之奥林匹克五环的白色底色，代表了当时世界上所有国家国旗的颜色，无一例外。"奥林匹克五环象征五大洲和全世界的运动员在奥运会上相聚一堂，它不仅代表着五大洲和全世界运动员在奥林匹克旗帜下的团结和友谊，而且强调所有运动员应以公正、坦诚的运动精神在比赛场上相见。

奥林匹克旗长3米、宽2米，在安特卫普1920年奥运会的体育场上首次飘扬，奥运会后，比利时奥委会把它赠送给了国际奥委会。

如今，奥林匹克五环有七个官方版本。白色背景的全彩版是奥林匹克五环的首选版本。的确，全彩奥林匹克五环是顾拜旦独到眼光的体现；"全彩"指的是奥林匹克的六种颜色——白色背景上的蓝色、黄色、黑色、绿色和红色——它们象征着奥林匹克主义的包容性。单色奥林匹克五环提供了另一种选择。必要时，奥林匹克五环可以以六种正式奥林匹克颜色中的任何一种出现（图7-1）。

图7-1　奥林匹克五环图案标志

奥林匹克运动及其授权利益相关方使用奥林匹克标志的指导原则已经出台，旨在维护奥林匹克标志的完整性和权威性，同时确保其知名度和包容性。《奥林匹克

宪章》有严格规定：奥林匹克标志是奥林匹克运动的象征，未经国际奥委会许可，任何团体和个人不得将其用于广告或其他商业性活动。国际奥委会还要求各国必须采取必要措施，保护奥林匹克标志，以确保奥林匹克运动的权威性，避免奥林匹克标志被滥用。

（二）优美庄严的奥林匹克会歌

奥林匹克会歌实际上是现代奥运会最古老的标志。

在国际奥委会成立两年后，著名作曲家斯皮罗斯·萨马拉斯被委以重任，为雅典 1896 年奥运会的开幕式创作了这首曲子，为第一届现代奥运会赋予了音乐特征。

当时 35 岁的萨马拉斯已经在欧洲建立了声誉。19 世纪 80 年代，他的三幕歌剧《奇迹之花》（*Flora Mirabilis*）在米兰的斯卡拉剧院上演，深受人们的喜爱，在欧洲和中东的各大城市也都有演出。

1896 年 4 月 6 日，第一届夏季奥运会在雅典大理石体育场如期举行。希拉国王乔治一世宣布奥运会开幕的一瞬间，作曲家萨马拉斯亲自指挥，由 9 支陆军和海军管弦乐队组成的交响乐团和 250 人组成的合唱团共同演出了这首庄严而动听的歌曲——《奥林匹克圣歌》。

20 世纪 50 年代后期，有人建议创作新曲，将其作为永久性的会歌，但几经尝试都不能令人满意。于是，国际奥委会在 1958 年东京举行的第 55 次全会上确定了使用由萨马拉斯作曲和科斯蒂斯·帕拉马斯作词的《奥林匹克圣歌》作为正式的奥林匹克会歌。1960 年 2 月 18 日，斯阔谷 1960 年冬奥会开幕式上，在布莱斯竞技场的观众面前，《奥林匹克圣歌》第一次作为正式的奥林匹克会歌被奏响。

奥林匹克会歌也作为礼宾曲目正式成为奥林匹克仪式的一部分。目前，奥林匹克会歌乐谱存放于国际奥委会总部，在每届奥运会的开闭幕式上都能听到这首悠扬的乐曲。

（三）奥运会会徽留下的文化印记

《奥林匹克宪章》中言明：奥运会会徽是将奥林匹克五环与其他独特元素相结合的独特设计。奥运会会徽是一届奥运会的徽记，历届现代奥运会（包含冬奥会）的组委会都要为其所举办的奥运会设计会徽。

奥运会会徽是当届奥运会的一个标志，对于标志而言，必须简单。从传播学的角度而言，一个标志在传播的过程中将经历编码—传播—解码的过程，为求传播的准确，这一过程中最好不存在更多歧义与干扰；必须醒目、清晰、美观、有记忆点；

必须能适应各种尺寸，既能放大适用于建筑物装饰，又能缩小适用于纪念品印刷；必须准确传达业务特征，准确呈现所标志内容的特点；必须具备鲜明特色，具有一定文化特质和意蕴。比照标志的概念与必要元素，历届奥运会会徽均能符合要求，同时，奥运会会徽不仅是各届奥运会举办地点和举办时间的记录、一个具有历史纪念意义的艺术性标志，还有更多的文化含义，如体现奥林匹克精神和展现主办国（城市）特征等，同时，它也深受不同时期政治、经济、文化等多方面因素的影响，因此裹挟着浓郁的时代气息。此外，又因奥林匹克运动在世界范围内的影响力而引起广泛共鸣，所以它更是具有代表意义的标志，是具备象征意义的符号。

回溯历届奥运会会徽的元素选择、色彩搭配、构图方式及设计理念，其始终密切结合奥林匹克五环、奥林匹克精神与价值观的内涵，同时不忘表现主办国（城市）独有的文化，更深受其所在时代经济、政治、文化、环境的综合影响，彰显着奥林匹克价值的时代律动。

小贴士

奥运会会徽发展简史

1. 早期奥运会会徽（1894—1936）

早期的奥运会，由于经常伴随着世界博览会举行，或是设计理念的问题，并不设计单独的会徽，而是依托欧洲传统艺术风格浓郁的官方海报来进行宣传。

第一枚奥运会会徽出现在巴黎1924年奥运会上，会徽上写明了“1924年第八届巴黎奥运会”字样，其下方则是“法国奥林匹克委员会（法文）”字样，映衬着文字的图案则是巴黎市市徽——其任凭风浪捶打也要勇往直前的精神与奥林匹克精神相合，这是奥运历史上的第一个带有“纹章”样的会徽，这种形态的会徽更便于记忆和传播，为本届奥运会的宣传带来了便利。这是现代奥运会会徽史上一次大胆的尝试，开创了奥运会会徽设计的全新时代。

第一次世界大战（以下简称“一战”）后，欧洲进入了漫长的萧条和恢复期，美国逐渐强大并开始超越欧洲，在文化和艺术方面也逐渐摆脱欧洲的影响，形成了自己的独特风格。

洛杉矶1932年奥运会会徽的设计不再受欧洲艺术风格的影响，醒目的美国国旗被做成了背心图形，五环、橄榄枝与俏皮的字体相组合，既体现了奥运元素，又宣告了美国本土文化的形成。总体而言，该届奥运会会徽布局合理、颇具美感，为其他视觉宣传物料的设计确立了基本形象元素，并为后来的会徽设计树立了榜样。

第一枚正式的冬奥会会徽出现在加米施 - 帕滕基兴 1936 年冬奥会上，德国和法国同处于阿尔卑斯山麓，来自阿尔卑斯山的创作灵感成为本届冬奥会会徽共通的要素。奥林匹克五环、阿尔卑斯山和一条直通山脉的滑道等元素共同组成了一个圆形，既体现了冬季运动的特点，又带有主办国特色。

2. 彰显主办国文化底蕴的奥运会会徽

“二战”后，奥运会会徽的设计趋于简洁抽象、意蕴深刻，主办国特殊的历史文化背景成为设计的主元素。

伦敦 1948 年奥运会会徽使用了奥运会届别文字、五环与城市标志性建筑“大本钟”图标的组合；赫尔辛基 1952 年奥运会会徽巧妙地将“芬兰标枪之父”、奥运冠军马蒂·雅尔维宁纪念塔和新建的赫尔辛基体育场这两个主要元素与奥林匹克五环及该届奥运会的届别文字和举办年份融合在一起；罗马 1960 年奥运会会徽则借象征罗马建城传说的“母狼乳婴”和罗马文突出了罗马城的历史感。

奥地利的因斯布鲁克是继圣莫里茨后第二个主办两届冬奥会的城市，而两届冬奥会的会徽也体现了很强的连贯性，同样是因斯布鲁克环抱下的两座桥梁，仅仅在细节上略有不同，它象征着把因斯布鲁克新老城区相连在奥林匹克旗帜下。

3. 突出时代特点的奥运会会徽

突出表现时代特点与国家社会特征，是东京 1964 年奥运会会徽、莫斯科 1980 年奥运会会徽，以及札幌 1972 年冬奥会会徽设计的主要诉求。

1964 年，奥运会首次来到亚洲，此时的日本刚从“二战”的沉重打击中复苏，日本政府想利用奥运会拉动本国经济、鼓舞民族士气、提升国际影响力。为此，迫切需要一个便于传播和记忆的标志，且该标志要带有显著的民族特征。于是，金色五环托举太阳旗加上“东京 1964”这一口号的元素组合成为简洁明了的会徽，它也成为其他奥林匹克景观设计的基本元素，被应用于官方正式文件、宣传海报和纪念品上。

苏联展示社会主义制度优越性的政治意图也体现在了奥运会会徽设计上，

两条交会的跑道勾勒出一栋典型的“斯大林风格”社会主义建筑，鲜艳的红色代表了社会主义的红色政权，上方的五角星既是建筑的一部分，也象征着苏联的强大国力。

札幌1972年冬奥会在日本札幌举行，这是首次在亚洲举办的冬奥会。这个会徽由三个各自独立的符号构成，包括代表日本的符号——升起的太阳、代表冬天的符号雪花以及包含有“札幌”“72”字样的五环。

4. 艺术风格强烈的奥运会会徽

“二战”后复苏阶段过去，新一轮科学技术革新一方面带来了物质文明的极大丰富，另一方面却给予人们备受煎熬的心灵以巨大的苦闷、压抑、疯狂和动荡。科学技术不再神秘，甚至为社会发展带来了新的阵痛，社会的进步已不再是问题的关键，人类开始思考自己在未来能否生存下去，各式各样的哲学和美学思潮在这种情况下应运而生；20世纪60年代末及70年代初，现代主义前进步伐戛然而止，越南战争、种族骚动、暴力冲突、示威游行成为现代西方社会挥之不去的鬼魅，如影随形。一些先知先觉的艺术家以新的思考与创作冲击影响着主流文化艺术——“德国：‘新表现主义’（Neo-Expressionisme）；意大利：‘超前卫’（Trans-Avantgarde）；法国：‘新自由形象’（Nouvelle Figuration Libre）；英国：‘新精神’（New Spirit）；美国：‘新意象’（New Image）、‘新表现’（New Expression）、‘新具象’（New Figuration）、‘涂鸦艺术’（Graffiti）、‘图案与装饰’（Pattern-Deccration），等等”[1]。但总的来说，用最具概括及折中色彩的“后现代”（Post-ModernArt）一词来概括这些艺术思潮大概最合适不过了。

墨西哥城1968年奥运会会徽设计植根于欧普艺术、迷幻主义，也从前哥伦布时代的墨西哥艺术中获得灵感。设计的出发点是奥林匹克五环，并将其融入数字68。会徽清楚地标明了国家、年份和奥运会字样，突出表现了墨西哥文化和现代性。

洛杉矶1984年奥运会会徽以红、白、蓝三色的美国国旗上的星星为特色。星星被横向条纹划破，让人联想到运动、速度和活力，而直线则让人联想到

[1] 莱文．超越现代主义[M].南京：江苏美术出版社，1995:3.

百米短跑运动员全速奔跑的画面，这届奥运会会徽同样受到彼时正当其道的波普艺术潮流的影响——用色大胆、鲜明、跳跃。

这一时期冬奥会会徽的设计也呈现出后现代艺术色彩鲜明、多利用几何构图的特点。萨拉热窝 1984 年冬奥会当时被称为冬奥会历史上最成功的一届，紧随其后的卡尔加里 1988 年冬奥会则首次将会期延长至 16 天。两届冬奥会会徽在设计上因为都有“雪花”而看上去形同“姐妹”。

萨拉热窝 1984 年冬奥会会徽，在奥林匹克五环下面有一个具有象征意义的雪花图形，它是萨拉热窝地区传统刺绣产品的主要图案。火红色的雪花映衬在白雪上，与蓝色的背景统一在一起，看上去纯美、和谐而宁静；卡尔加里 1988 年冬奥会会徽最显著的是民族风格的雪花图形，也可以看作传统意义的枫叶，而枫叶正是加拿大的象征。加拿大和卡尔加里的第一个字母都是 C，这片枫叶和雪花正是由大小、形态不同的字母 C 组成的，表达了加拿大人民对奥运会的强烈渴望。

5. 多元并包的奥运会会徽

奥林匹克运动迈入 20 世纪 90 年代后，会徽的设计手法更为先进，设计理念更为多元，主题元素也更为多样。

东京 1964 年奥运会后，几何与线条图案已经统治了奥运会会徽的设计思路近 30 年，西班牙人在巴塞罗那 1992 年奥运会的会徽设计中打破了这一统治。随意涂抹的一点、一钩、一横飘逸洒脱，当人们厌倦了复杂的结构、工整的设计后，终于在这个打破所有造型概念的会徽中找到了新颖之感。

世纪之交，奥运会来到南半球，悉尼 2000 年奥运会会徽以大海的蓝色、大洋洲大陆的红色与阳光的黄色以及空气的白色为基调，突出强调了“绿色和环保”的办赛理念。大洋洲土著人文化也在会徽设计中得到了尊重——3 支土著人狩猎用的回旋镖构成了奔跑中的运动员意象，土著人的图腾“蛇”则装饰在构成运动员双腿的回旋镖上。运动员手中的圣火造型则取自悉尼歌剧院。整个会徽呈现出强烈的动感，十分飘逸。

北京 2008 年奥运会会徽“中国印 · 舞动的北京”积聚了大量的历史信息和富足的文化精髓。它分上中下三个部分，主体为上部大红底色的白色“京”字图形，约占整个会徽的 3/5。“京”字形状酷似汉字的“文”字，取意中国悠久的传统文化。整个“京”字图形为一个向前奔跑、迎接胜利的运动人形。“京”

字图形下是黑色的英文“Beijing 2008”字样，其下是奥林匹克五环。北京2008年奥运会会徽形象独特，英文的“北京”和2008以及奥林匹克五环，将奥林匹克精神与中国传统文化完美结合（图7-2）。

图7-2　北京2008年奥运会会徽

温哥华2010年冬奥会会徽也是不规则色块结构的精美作品。其构思取材于古代印第安人的路标塔图案，图案由5块彩色石头叠成，既像路标灯塔，也像一个站立的冰球运动员。图案中的石头包含一块绿色，两块蓝色，一块红色和一块黄色。图案底下是“温哥华2010”的英文字样，再下边便是奥林匹克五环。五块不同颜色的石头象征加拿大的不同地区，其中，绿色和蓝色象征加拿大东部的大西洋地区和西部的太平洋沿岸地区。红色象征加拿大的枫叶，而黄色表示旭日东升。

2019年10月22日，巴黎2024年奥运会公布了会徽。该会徽由金牌、奥运圣火和法国国家象征玛丽安娜共同组成，借由女性元素的融入与运用向女性运动员致敬。这与21世纪10年代后期澎湃的女性主义思潮相呼应。

北京2022年冬奥会会徽以汉字“冬”为灵感来源，运用中国书法的艺术形态，将厚重的东方文化底蕴与国际化的现代风格融为一体，会徽图形上半部分展现滑冰运动员的造型，下半部分表现滑雪运动员的英姿。中间舞动的线条流畅且充满韵律，代表举办地起伏的山峦、赛场、冰雪滑道和节日飘舞的丝带，为会徽增添了节日喜庆的视觉感受，也象征着北京2022年冬奥会将在中国春节期间举行。会徽以蓝色为主色调，寓意梦想与未来，以及冰雪的明亮纯洁。红黄两色源自中国国旗，代表运动的激情、青春与活力。“BEIJING 2022”字体的形态汲取了中国书法与剪纸的特点，增强了字体的文化内涵和表现力，也体现了与会徽图形的整体感和统一性（图7-3）。

图7-3　北京2022年冬奥会会徽

二、吉祥物、奖牌

（一）奥运会吉祥物：奥林匹克的和平使者

吉祥物（Mascot）一词来源于普罗旺斯，19 世纪末出现在法国字典中。格里泽-蒙巴松（Grizier-Montbazon）夫人成功出演埃德蒙·奥德朗所创作的歌剧《吉祥物》（*La Mascotte*）后，取得了巨大反响。蒙巴松夫人的成功促使珠宝商根据其剧中角色扮相特制了一款手链，这款首饰也成功大卖。自此，源于这段普罗旺斯佳话的吉祥物一词，便寓意着好运，从而加入了幸运符的行列。在美国，几乎每个体育俱乐部甚至是学校的运动队都拥有自己的吉祥物。当吉祥物逐渐成为现代体育发展过程中的一种文化现象时，它出现在奥运会上，也就不足为奇了。

第一个出现在奥运会上的吉祥物是格勒诺布尔 1968 年冬奥会上的半人半物滑雪小人儿——舒斯（Schuss），“Schuss”的原意是“高速滑雪”，其寓意是希望运动员们能够在该届冬奥会中取得更好的成绩。舒斯的周边产品种类繁多，如钥匙圈、别针、磁铁、手表，甚至还有气球。由于设计匆忙、整体营销方案并不完备，舒斯在当届冬奥会上并没有得到足够的宣传和推广。

奥运会历史上第一个官方吉祥物则是慕尼黑 1972 年奥运会上的瓦尔迪（Waldi）。它的原型是巴伐利亚当地非常受欢迎的腊肠犬，以其耐力、韧性与灵活性闻名。瓦尔迪诞生于 1969 年 12 月 15 日慕尼黑奥组委的圣诞晚会，与会者都得到了蜡笔、纸片和橡皮泥以设计和制作吉祥物。另据《奥运马拉松》一书，慕尼黑 1972 年奥运会的马拉松赛道与吉祥物瓦尔迪的轮廓相符——瓦尔迪头部朝西，赛道起点在其脖子处，运动员逆时针奔跑（图 7-4）。

图 7-4 慕尼黑 1972 年奥运会吉祥物瓦尔迪（Waldi）

吉祥物是历届奥运会的象征，主办国家（地区）奥委会与东道主奥组委均会考虑选取当地最具代表性的象征性元素或文化符号融入其中。

奥运会吉祥物采用最多的设计元素非东道主当地最具代表性的动物莫属，当地的浪漫童话与神奇传说也是奥运会吉祥物设计所采用的元素，冬奥会吉祥物还呈现出独特的“冰雪特质”。

如今，吉祥物已经成为奥运会的一个独特标志。凭借着巧妙的构思和可爱的形象，吉祥物常给人留下深刻的印象。随着时光的流逝，设计精巧的吉祥物宛如一颗颗明星，它们将作为人类文明与美好愿景的象征，永远镶嵌在人们记忆的长河中，闪闪发光。

小贴士

奥运会吉祥物掠影

1. 以当地代表性动物为主体的吉祥物设计

洛杉矶 1984 年奥运会的吉祥物出自迪士尼的手笔，是一只叫作山姆的卡通老鹰。白头海雕（秃鹰）是美国的国鸟，象征着和平与强大武力；同时，“山姆大叔”是美国的绰号和拟人化形象，一般被描绘成穿着马甲礼服、头戴星条旗纹样的高礼帽、身材高瘦、留着山羊胡、帅气、精神矍铄的欧洲裔老人形象。洛杉矶 1984 年奥运会吉祥物将秃鹰与山姆大叔的形象完美结合，具有浓郁的美国风味。奥运会期间，老鹰山姆周边产品，销量数以千万计。洛杉矶 1984 年奥运会能够开奥运会盈利之先河，吉祥物功不可没（图 7-5）。

图 7-5　洛杉矶 1984 年奥运会吉祥物老鹰山姆

汉城 1988 年奥运会的吉祥物虎多力与平昌 2018 年冬奥会吉祥物白虎（Soohorang），均取材于韩国人心中智慧和勇敢之象征——虎（图 7-6）。

此外，蒙特利尔 1976 年奥运会吉祥物海狸“亚米克”（Amik）是加拿大人坚韧精神和勤劳品质最有力的代表；普莱西德湖 1980 年冬奥会吉祥物浣熊“罗尼”（Roni）由普莱西德湖当地学校中的孩子们票选而出，源于纽约州和普莱西德湖地区土著人语言中的“浣熊”（Iroquoian），这一吉祥物充分体现了当地政府和人民对原住民及原生动物的保护；萨拉热窝 1984 年冬奥会吉祥物狼“沃科”（Vocko）从 836 份吉祥物竞标者中脱颖而出，象征着南斯拉夫人民对勇敢无畏与知难而进等品质的追求。

图 7-6　汉城 1988 年奥运会的吉祥物虎多力与平昌 2018 年冬奥会吉祥物白虎（Soohorang）

2. 融合主办国（城市）文化元素的吉祥物设计

主办国（城市）当地的浪漫童话与神奇传说也是奥运会吉祥物设计所采用的元素。

地处北欧的挪威是盛产童话的国度，富有浪漫情怀和童话色彩的挪威人，根据深受挪威人民喜爱的挪威国王“海康”（Håkon IV Håkonson，1217—1263 年在任）和他姑母“克莉丝汀”（Kristin）这两位历史人物的故事，设计出了利勒哈默尔 1994 年冬奥会的吉祥物，这是奥运会历史上第一对人形吉祥物，中世纪的衣着象征着他们的历史渊源，表达了当代年轻人对体育的热爱、对环境的保护、对未来的希冀。

北京 2008 年奥运会的五个吉祥物名为“福娃”（Fuwa），其色彩与灵感来源于奥林匹克五环，以及中国辽阔的山川大地、江河湖海和人们喜爱的动物形象——鱼、熊猫、圣火、藏羚羊和京燕，原型和头饰蕴含着其与海洋、森林、火、大地和天空的联系，其形象设计应用了中国传统艺术的表现方式。五个福娃的名字合起来是“北京欢迎你”的谐音。福娃向世界各地的孩子们传递友谊、和平、积极进取的精神和人与自然和谐相处的美好愿望：繁荣、欢乐、激情、健康与好运。福娃的设计，可谓奥运会吉祥物之集大成者，既包含了中国有代表性的动物、象征元素，又融入了奥运圣火与奥林匹克五环，还蕴含着对人与人、人与社会、人与自然关系的哲思。（图 7-7）

图 7-7　北京 2008 年奥运会吉祥物

3. 凸显冰雪特质的冬奥会吉祥物设计

冬奥会吉祥物的设计除融入代表性动物、象征性文化元素与奥林匹克元素之外，尤其注重体现“冰雪特质”。

因斯布鲁克 1976 年冬奥会的吉祥物“雪人”（Snowman）的设计灵感源于奥地利山区泰洛尔人特有的红帽子，色彩简洁明朗，象征着纯洁的冰雪与奥运。

阿尔贝维尔 1992 年冬奥会吉祥物“麦琪”（Magique）则是一个以星形为设计重点的冰上精灵，它的造型生动有趣，是较具魅力和受欢迎的奥运会吉祥物之一。

都灵2006年冬奥会吉祥物“纳维”（Navi）象征着雪球和冬季运动的优雅与和谐，“格利兹”（Gliz）则象征着冰块和冬季运动的速度与力量。格利兹和纳维都被设计成欢笑着的孩童形象，象征着朝气十足、积极向上、追求卓越的运动员。（图7-8）

北京2022年冬奥会吉祥物“冰墩墩”（Bing Dwen Dwen）名字中的“冰”，象征纯洁、坚强；“墩墩”，意喻敦厚、健康、活泼、可爱，契合熊猫的整体形象，象征着冬奥会运动员强壮的身体、坚忍的意志和鼓舞人心的奥林匹克精神。（图7-9）

图7-8　都灵2006年冬奥会吉祥物“纳维”（Navi）和“格利兹”（Gliz）

图7-9　北京2022年冬奥会吉祥物“冰墩墩”（Bing Dwen Dwen）

（二）奥运会奖牌：奥林匹克的荣誉勋章

1. 奥运会奖牌

奖牌已经成为奥运会不可缺少的元素，奥运会奖牌授予每个项目比赛获得前3名的个人和集体，设金、银、铜牌。奥运会奖牌是每一名运动员在其运动生涯中追求的最高荣誉，是运动员在奥运会上出色表现的标志。

在1896年雅典举行的第一届现代奥运会上，冠军被冠以橄榄花环并获得一枚银牌，来自美国马萨诸塞州的詹姆斯·B.康诺利是第一位获此奖励的现代奥运会冠军。圣路易斯1904年奥运会第一次为获得第一名、第二名和第三名的运动员颁发金、银、铜牌。

1907年5月，国际奥委会决定为奥运会奖牌制定式样，但直到1909年才正式规定了奖牌尺寸（直径不得大于60毫米、厚度不小于3毫米）和图案制式（正面统一图案，反面可由举办该届奥运会的东道主自行设计）；在阿姆斯特丹1928年奥运会时，奖牌正面图案才正式统一——奖牌正面为坐在凯旋战车上的胜利女神，左手拥着一束谷穗，右手高举象征胜利的桂冠；右下角为古希腊半圆露天竞技场，竞技场上面是奥运会的届次、地点和年代字样。

自慕尼黑 1972 年奥运会起，允许东道主在国际奥委会批准的前提下自行设计奖牌背面的图案；蒙特利尔 1976 年奥运会，首次把奖牌背面图案设计为该届奥运会会徽，增加了举办国的地方特色。

在雅典 2004 年奥运会时，国际奥委会批准雅典奥组委对奖牌的正面进行了重新设计，将奖牌正面背景改为希腊潘纳辛纳科竞技场，胜利女神也由坐姿改为站姿，举桂冠的手改为左手，并且身体插上了翅膀。这一新设计的正面图案也随即成为国际奥委会确定的统一图案，奖牌背面仍可由东道主在国际奥委会许可的范围内自行设计。（图 7-10）

图 7-10　雅典 2004 年奥运会奖牌

北京 2008 年奥运会奖牌的正面为国际奥委会统一规定的图案，背面镶嵌着取自中国古代龙纹玉璧造型的玉璧，正中金属部分镌刻着北京 2008 年奥运会会徽，奖牌挂钩由中国传统玉双龙蒲纹璜演变而成。整个奖牌尊贵典雅，中国特色浓郁，既体现了对胜利者的礼赞，也形象地诠释了中华民族自古以来以玉比德的价值观。（图 7-11）

图 7-11　北京 2008 年奥运会奖牌

2．冬奥会奖牌

最初，国际奥委会强调冬奥会奖牌与奥运会奖牌的区分度。如今，国际奥委会规定冬奥会奖牌的设计必须融入国际奥委会和东道主奥组委指定的视觉元素，且国际奥委会对奖牌设计有最终决策权。希腊胜利女神不得出现在奖牌正面，冬奥会奖牌必须展示冬奥会会徽、该届冬奥会全称或者冬奥项目以及冬奥组委的标志。此外，冬奥会奖牌的设计还要注重视觉效果，且融入该届冬奥组委选定的文化和美学元素。例如，北京 2022 年冬奥会奖牌，其形象来源于中国古代同心圆玉璧，共设五环。五环同心，同心归圆，表达了“天地合・人心同”的中华文化内涵，也象征着奥林匹克精神将世界人民聚集在一起，共享冬奥荣光。奖牌造型质朴简洁，体现了北京 2022 年冬奥会“简约、安全、精彩”的办赛要求，并与北京 2008 年奥运会奖牌“金镶玉”相呼应，展现了“双奥之城”的文化传承。（图 7-12）

图 7-12　北京 2022 年冬奥会奖牌

小贴士

《奥林匹克宪章》（2021 版）
第七条——奥林匹克运动会和奥林匹克财产的权利

细则 7-14：

3. 奥林匹克五环图案标志、旗帜、格言和会歌的使用

3. Use of the Olympic symbol, flag, motto and anthem:

3.1 在符合《奥林匹克宪章》细则 7-14 条目 2.2 的前提下，国际奥委会可自行决定使用奥林匹克五环图案标志、旗帜、格言和会歌。

3.1 Subject to paragraph 2.2 of this Bye-law, the IOC may use the Olympic symbol, flag, motto and anthem at its discretion.

3.2 各国家（地区）奥委会在事先得到国际奥委会执委会许可或授权的情况下，方可在其非营利性活动范围内使用奥林匹克五环图案标志、旗帜、格言和会歌，且使用行为必须有助于奥林匹克运动的发展、不损害奥林匹克运动的尊严。

3.2 The NOCs may only use the Olympic symbol, flag, motto and anthem within the framework of their non-profit-making activities, provided such use contributes to the development of the Olympic Movement and does not detract from its dignity, and provided the NOCs concerned have obtained the prior approval of the IOC Executive Board.

三、奥林匹克景观设计

每届奥运会都会制定视觉识别系统，即“奥林匹克景观”，以形成视觉与认知的统一。奥运会景观指在所有的奥运会场馆、地点实行统一的标志、装饰和路标系统，其工作内容主要包含奥运景观系统的设计、项目实施进度与管理、制作和安装。“奥林匹克景观”提供了一种连贯性，能够向观众展示奥运会的共同形象气质，它体现在奥运会的各个方面，如体育场馆、制服、条幅标语、象形图标和高层建筑物上的背景图案等。

与奥林匹克景观有关的元素属于“奥林匹克设计”的范畴，《奥林匹克宪章》第 14 条将其定义为“与奥运会、奥林匹克运动或其任何组成部分相关的任何团体、社会关系或存在任何关联的视觉或听觉表现”。

奥林匹克景观设计的核心灵感往往来自相关城市和国家的文化、特色和历史，能够体现主办城市和国家的特色，有助于为奥林匹克运动的参与者营造一个喜庆、激动人心的氛围。

因此，奥林匹克景观是凸显各届奥运会独特性的重要工具，奥组委可能也会专门为处理奥林匹克景观等方面的事务而成立相关功能部门。探索奥林匹克景观的发展，也是在探寻与奥林匹克运动发展相关的不同地域文化艺术和时代风貌。

奥林匹克景观，作为一届奥运会中极具辨识度的视觉形象系统，因其在大众视觉上留下的深刻印象而勾起与奥运会的诸多记忆，与一个时代的奥林匹克运动形成互文性，既是凝固时代风貌与艺术遐思的人文景观，又是循环永续发展中的奥林匹克有形遗产。

小贴士

奥林匹克景观发展简史

1. 早期奥运会中的奥林匹克景观萌芽

1900 年的巴黎沐浴在世界博览会（简称世博会）的光辉之中，这一年的奥运会与世博会同期举办。彼时，尚属奥林匹克运动发展的初期阶段，还没形成对奥林匹克景观重要性、整体性的认识。在巴黎 1900 年奥运会上，并没有奥林匹克会徽和成套的奥林匹克景观，只有一张海报，但在这张海报上，并没有出现奥林匹克五环和“Olympic”字样。奥运会各项目的宣传册页，也没有明确凸显出“奥林匹克”相关的图标或字样，甚至许多选手自己并不知道参与的是奥运会。可以说，巴黎 1900 年奥运会虽是世纪之交诸多重大事件之一，却也是黯然失色的。顾拜旦也曾评价说：“如果说世界上有一个地方对奥运会感到冷漠的话，巴黎是第一个。”（顾拜旦《奥林匹克回忆录》，1931 年）

20 世纪 20 年代是“一战”后的复兴时期，在这个时期，快乐和活力成为更多民众的追求。艺术装饰风格（Art DECO Style）蔚为大观，人们通过各种艺术形式（室内设计、建筑、时尚、平面设计等）来表达在如此黑暗的历史时期后对轻快和优雅的需求。正是在这样的时代氛围与艺术风格的影响下，在安特卫普1920年奥运会上奥林匹克五环首次亮相，并作为信头或插图出现在所有官方文件中。在安特卫普1920年奥运会的海报中虽未出现五环元素，但用参会各国的国旗组成了接连不断的国旗带，代表各国人民走到一起，凸显了以“体育促进团结”的意识。

圣莫里茨1928年冬奥会则展现了与冰雪和冬季运动有关的奥林匹克景观。通过使用旅游海报等视觉语言，圣莫里茨试图利用奥运会的优势来宣传举办地周边诸多冬季运动、旅游胜地。例如，宣传海报上除有五环和“奥运会”等字样外，还会写明从圣诞节到复活节期间，60多个高海拔度假胜地为冬季运动提供了最佳条件，到处都是装修舒适的酒店。此外，圣莫里茨1928年冬奥会官方海报则将瑞士的阿尔卑斯山与奥林匹斯山结合在一起，这标志着冬奥会独立景观设计的开始。

2. 奥林匹克景观设计的影响元素

艺术思潮与主办国（城市）的文化是奥林匹克景观设计过程中最重要的参考依据和影响元素。

新造型主义艺术潮流影响了阿姆斯特丹1928年奥运会的景观设计，同时，荷兰极具标志意义的橙色也被应用于奥运会开幕式节目单、奥运会纪念品等奥林匹克景观的设计中。此外，该届奥运会主火炬塔的造型也呈现出新造型主义极简、有序的风格。

罗马1960年奥运会的奥林匹克景观设计则更多地偏重对古罗马元素的运用，不同项目的入场券图案分别是该项目所在的主场馆——君士坦丁拱门是马拉松的终点，摔跤比赛于马克森提乌斯（Maxentius）教堂展开，卡拉卡拉浴场则是体操比赛的主场馆。

此外，罗马1960年奥运会的火炬设计也融入了古罗马元素，它的灵感来自古代纪念碑上的形状，细长的凹槽装饰完善了火炬的主体，其古朴的外观与罗马奥运会上其他的视觉物料相得益彰。自此，奥运会火炬的设计也逐渐被纳入奥林匹克景观设计体系。

3. 不断丰富的奥林匹克景观体系

东京 1964 年奥运会的景观设计是奥林匹克景观设计历程中的一个里程碑，首次出现了奥运会不同项目的象形图标。

在经济全球化趋势下，日本需要向全球观众进行奥运宣传。考虑到日语的特殊性，日本的平面设计师们想出了独特、清晰、现代且超越语言的图形系统：象形图标。自此之后，每届奥运会都会设计一套符合当届奥运会主题的象形图标系统。此外，东京 1964 年奥运会景观设计中的构图与字体风格则受新客观主义（New Objectivity）的影响，这种风格追求的是平面设计的准确性与通用性，将所有信息整合在功能性的表意结构中。

图 7-13　罗马 1960 年奥运会火炬

墨西哥城 1968 年奥运会则为世人呈现了第一套全球化的奥林匹克景观。环状放射性线条是组成墨西哥城 1968 年奥运会的主要元素，它的设计灵感来自墨西哥惠乔尔民间纱画、20 世纪 60 年代兴起的欧普艺术风格，以及墨西哥民间“生命之树”的传说——不断延伸的环线就像生命之树的年轮。当届奥运会的工作人员服装设计也体现着奥林匹克景观设计的一致性理念，不仅融入了欧普艺术和惠乔尔民间艺术元素，其整体裁剪还借鉴了 20 世纪 60 年代未来主义影响下的秋千裙（trapeze dresses）。此外，墨西哥城 1968 年奥运会奥林匹克景观设计对色彩的运用也十分精妙，以当届奥运会的象形图标为例，每项运动都有自己的颜色，海报、门票甚至工作人员的制服都使用相同的颜色，这种一致性使公众很容易找到比赛场地。此外，环线绘就的“MEXICO1968”字样也出现在了该届奥运会的火炬上。时代艺术风格、墨西哥文化特色等元素的和谐运用使该届奥运会的视觉表达体系呈现了高度的整体性和一致性，成为日后奥林匹克景观设计的重要参考。

慕尼黑 1972 年奥运会的总设计师奥托·艾舍（Otl Aicher）言明：“奥运会的环境氛围营造对其成功起着决定性的作用。”艾舍和他的团队在这一原则的指导下，迸发出了有趣且多彩的设计灵感，使得该届奥运会期间的奥林匹克景观——大到城市区域装饰，小到比赛手册，都呈现出高度的和谐与统一，这也使得慕尼黑 1972 年奥运会具备极高的视觉辨识度。

彩虹色彩被整体应用到了奥林匹克景观的设计中——奥运会官方海报以蓝色与白色为主色调，这两种颜色代表了巴伐利亚州及其文化，奥运会的象形图标和不同项目的海报设计则以彩虹的颜色为主，如体操比赛的宣传海报的主色调是蓝紫色、摔跤比赛的宣传海报的主色调是橙黄色。

洛杉矶 1984 年奥运会上，“奥林匹克景观”一词首次正式出现，意指整套奥运会的视觉形象，从那时起，它就成为奥运词汇的一部分。

该届奥运会的奥林匹克景观极具美国西海岸风情，星星和暖色调色块的组合应用不仅融入了美国的代表性元素，象征着好莱坞和赛场上闪耀的“群星”，更使奥林匹克景观的整体视觉在电视屏幕与城市区域装饰中都有极高的辨识度。

从帕台农神庙到雅典卫城，作为爱琴文明的代表，雅典有着深厚的历史积淀；同时，作为奥林匹克运动的故乡，雅典对于现代奥运会的意义不言而喻。“欢迎回家”（Welcome Home）成为雅典 2004 年奥运会的口号，同时，在这一理念的指引下，该届奥运会的奥林匹克景观设计也包含着浓厚的历史感，体现出深厚的奥林匹克情怀。例如，各项目象形图标的设计灵感来源于古希腊陶瓶上运动奔跑者的图案。

时间进入 21 世纪的第二个十年，奥运会来到了古老又现代的英伦三岛，这里既保留着君主制的余晖，又充斥着浓厚的后现代文化气息，信息化的浪潮也席卷至此，伦敦 2012 年奥运会的奥林匹克景观正是在这样的文化背景下诞生的，因此，它在元素的运用上并没有特别突出城市与其他文化元素，而是更多地运用了 2012 这个年份的数字和朋克文化中鲜明的色彩搭配，以及后现代工业风的线条来建构整套视觉系统。为了保持和突出奥林匹克景观的辨识度、一致性和影响力，伦敦奥组委还出版了一本《奥林匹克景观手册》，为奥林匹克景观的标志、横幅、城市装饰、字体设计等各个方面提供了具体的指导方针。

北京 2022 年冬奥会的奥林匹克景观设计也呈现出了体系化、整体性和一致性的特征。例如，2021 年单板滑雪测试赛的赛道设计中融入了长城元素；测试赛宣传物料核心图形中所运用的雪花、线条、长城等元素也与北京 2022 年冬奥会会徽中舞动的线条所代表的山峦、赛场、冰雪滑道相呼应。

奥林匹克五环、奥林匹克旗、奥林匹克会歌，历届奥运会会徽、吉祥物和奖牌，以及奥林匹克景观设计，都是奥林匹克标志，作为符号，它们极具辨识度，经广泛传播而在世界范围内普及，又因其蕴藏的文化意涵和艺术美感而在大众心中有较高的好感度，在形式上构建起了奥林匹克符号系统。

奥林匹克五环、奥林匹克旗、奥林匹克会歌，是奥林匹克价值之本；历届奥运会会徽、吉祥物、奖牌和奥林匹克景观，则因蕴含着主办国（城市）独特的文化意象、深受社会环境影响而彰显着奥林匹克价值的时代律动；同时，奥林匹克标志独立性与系统一致性兼具——每个标志都有自己深刻象征意义，组合在一起，就是一部生动的奥林匹克运动发展史，这种标志之间的互文性也不断强化着奥林匹克的价值和意义。

此外，奥林匹克标志不仅包含着奥林匹克运动所形成的文化，它还是各民族文化、各时代文化与奥林匹克运动碰撞所产生的新的精神与价值内涵。因此，从奥林匹克场域中核心的价值之本到奥林匹克价值的时代律动，从奥林匹克场域中独立的标志个体到时代与社会场域中系统化的奥林匹克景观体系，奥林匹克标志的内涵层次丰富、文化维度多元，在内容上组成了奥林匹克运动的意义框架。

形式上包罗万象的奥林匹克符号系统与内容上内涵丰富、文化维度多元的奥林匹克运动意义框架相组合，使得奥林匹克标志能够在奥林匹亚德内提供不间断的符号强化与情感刺激，为奥林匹克运动仪式引起更广泛的情感共鸣奠定了坚实的基础。

第二节　奥运会的主要仪式

现代奥运会最突出的特征之一，就是奥运会逐渐形成了一整套独特而完整、恢宏而庄严、华丽而凝重的传统仪式。现今，奥林匹克仪式成为奥运会不可缺少的组成部分，是奥运会最具魅力的精彩乐章。它们对媒体和大众的吸引力甚至超过体育比赛本身，没有这些仪式的奥运会是不可想象的。

每当奥运盛会来临，奥林匹克仪式给予世界数以亿计的观众的心灵巨大震撼，使其留下终生难忘的印象。正如国际著名奥林匹克研究专家、美国芝加哥大学教授约翰·麦卡隆（John MacAloon）所言："如今，在全球范围内，没有哪个体育节日庆典、哪项文化活动、哪个艺术表演、哪个教堂、哪个政治运动、哪个包括联合国在内的国际组织能够定期组织吸引全球共同关注的活动了。事实上，如今已没有任何一项活动能与奥林匹克仪式相媲美。”

一、奥运会开闭幕式

（一）继承奥林匹克传统

古代奥运会是依靠宗教的力量取得震撼人心的效果的。然而，在生活世俗化、文化多元化的现代社会，宗教不再具有古时的效力。受古代奥运会借由宗教仪式引发情感共鸣的启发，顾拜旦认真研究了古代奥运会的历史经验，指出，“古代奥运会最光辉之处在于它的两条原则：美和尊严。如果现代奥运会要产生我们期望的影响，它必须显示出美，唤起人们的尊严之心。”因此，顾拜旦认为，复兴奥运会的必要性，在于要用它来提倡对在真正的、纯洁的体育精神指导下进行体育锻炼的尊崇和奉献。为了赋予竞技运动高尚的道德观念，赋予现代奥运会精神价值，使之成为高尚的社会文化活动，顾拜旦把目光转向了艺术文化。他认为，体育应视为创造美的过程，展示美的机会。就是在这种审美过程中，人的心灵得到净化，品质得到提高。顾拜旦决心通过艺术手段来“提供一个适宜的、充满崇高和壮美的场景来激发运动员和观众的最高尚、最慷慨的情感。”“各种艺术互相渗透，声音、线条、色彩和形式仿佛在运动中结为一体……构成一个有价值的奥运会环境。”在这个环境中，“那崇高庄严的队列和仪态、那难忘的辉煌庆典、那精美的艺术，还有公众的热情和高尚的情操，都应该融为一体。”顾拜旦称其为“伟大的作品”，这就是旨在为奥运盛会创造崇高而神圣意境的奥林匹克仪式。

将古代奥林匹克运动与现代奥林匹克运动接续起来的，是诸多具有象征意义的符号，以及这些符号串联、勾勒出的仪式。

现代奥运会所包含的不仅仅是一场体育比赛的戏剧性和刺激性。由于创始人顾拜旦的远见卓识，以及各主办城市组织者的创造性努力，奥运会的仪式规程已经成为区别于其他国际体育比赛的标志，使奥林匹克运动变得独一无二、令人难忘。

奥运会的开闭幕式是一种文化艺术的创造，是奥林匹克运动奉献给人类文明的一件瑰宝，具有极强的艺术魅力。开幕式是一场盛大的演出，庄严、隆重、充满激情、令人振奋。开幕式为即将开始的奥运会确定基调，制造了适宜的氛围。在闭幕式上，运动员们齐聚一堂，在极具感染力的氛围中共同欢庆一个奥林匹亚德的结束，共同期许在下一个周期中努力付出，以取得新的进步。

历经百余年发展，奥运会开闭幕式已经由最初简单朴素的仪式，演化为当今的文化视觉艺术大片，清晰而直观地映射出每一届奥运会主办国的历史文化和现代风貌，成为奥运会上最为精彩和华丽的组成部分。世界各个国家的文化有着迥然不同的特色，使得奥运会的开闭幕式显示出鲜明的民族风格和艺术吸引力。

（二）形成仪式固定规程

现代奥运会开幕式的历史可以追溯至雅典 1896 年奥运会，但彼时的开幕式相较于今天蔚为大观的奥林匹克仪式规程而言，还是较为简单。奥林匹克仪式规程是随着时间的推移，通过对早期几届奥运会仪式进行一系列调整和完善才逐渐建立起来的，目前已经形成了较为固定的仪式规程。

1. 开幕式仪式规程

① 国家元首和国际奥委会主席入场，东道国国家元首在主席台上与国际奥委会主席会晤。

② 升国旗、奏国歌。在东道国的国歌声中升起东道国的国旗。

③ 运动员入场。运动员入场式既反映了世界的变化，也反映了奥林匹克运动的发展。出席开幕式的国家（地区）奥委会数量从 1908 年的 22 个增加到里约热内卢 2016 年奥运会的 205 个。传统上，各代表团按照东道国语言的字母顺序入场，希腊领衔入场，东道国则最后入场。

每个代表团最前方都由礼仪小姐擎举着印有该国（地区）名和国（会）旗的牌子、该国家（地区）奥委会选出的运动员代表擎举该国（会）旗，紧随其后的是该国（地区）代表团成员，但有时也有例外——英国代表团于莫斯科 1980 年奥运会上使用了其奥委会会旗；里约热内卢 2016 年奥运会开幕式上，难民奥林匹克运动员代表团也使用了其奥委会会旗且其方阵排在东道主巴西队之前。

④ 放飞和平鸽。鸽子是和平的象征，奥运会开幕式仪式规程中要求象征性地放飞和平鸽。从 1936 年到 1988 年，和平鸽放飞仪式都是在奥运主火炬塔点燃之前进行。然而，在汉城 1988 年奥运会开幕式上，有几只放飞后的鸽子因落在主火炬塔上而不幸葬身火海，因此，和平鸽放飞仪式后多采用象征性的鸽子符号来代替，不再放飞真鸽。

⑤ 颁发奥林匹克桂冠奖。奥林匹克桂冠奖是国际奥委会设立的一项殊荣，旨在表彰通过体育在教育、文化、发展与和平方面取得成就的杰出人士，褒奖获奖者对人类发展作出的突出贡献。该奖项传承着古老的奥林匹克运动精神，也顺承着现代奥林匹克运动革新者顾拜旦的美好愿景。从里约热内卢 2016 年奥运会开始，每届奥

运会开幕式上都会颁发奥林匹克桂冠奖。基普·凯诺（Kip Keino）是有史以来第一位奥林匹克桂冠奖的获得者。奥林匹克桂冠奖杯中使用的石头来自奥林匹亚山，象征着与古代奥运会的联系。奥林匹克桂冠奖的设立是《奥林匹克 2020 议程》的一部分，该议程是奥林匹克运动未来的战略蓝图。

⑥ 发言与讲话。首先是组委会主席在讲台上发表简短讲话，然后由国际奥委会主席致辞，并请东道国国家元首宣布奥运会开幕。

⑦ 奥运会正式开幕。东道国国家元首宣布奥运会正式开幕。

⑧ 升奥林匹克旗、奏奥林匹克会歌。

⑨ 运动员、裁判员、教练员宣誓。现代奥林匹克誓词最早是由比利时运动员维克多·博因（击剑）在安特卫普 1920 年奥运会上宣读的，它与古代奥林匹克运动员的誓词内容相似。

现代奥林匹克誓词最初是由顾拜旦撰写的，随着时间的推移，誓词也在不断修改，反映着奥运会比赛性质在不同时期的变化。

每个代表各自宣读属于自己所在团体的誓词——“以运动员的名义”“以全体裁判员的名义”“以全体教练员和官员的名义”。然后，运动员代表则代表所有宣誓者宣读：“我们承诺参加奥运会比赛时，本着公平竞争的精神，尊重和遵守规则，承诺不使用兴奋剂、不作弊，以捍卫体育的荣耀、集体的荣誉、尊重奥林匹克的基本原则。”

⑩ 点燃奥林匹克圣火。火炬从奥林匹亚通过接力的方式，一直传递到最终目的地：即将开幕的奥运会主办城市的奥林匹克体育场。最后一名火炬手将在主会场内绕场一周，然后用火炬点燃主火炬台。主火炬台中的圣火将在奥运会期间一直燃烧，在闭幕式上才熄灭。

⑪ 文艺表演。文艺表演是历届奥运会开幕式中最神秘的环节，通常情况下，节目的内容要保密到最后一刻。多年来，奥运会组织者都积极发挥创意思维，力求将奥林匹克仪式规程与恰到好处的娱乐氛围营造、精准精妙的民族文化展示、紧追前沿的革新技术应用和欢乐祥和的节日气氛塑造巧妙结合起来。

2. 闭幕式仪式规程

奥运会闭幕式必须在奥运会的最后一天所有项目都结束后于奥运会主会场举行，主要仪式规程如下。

① 进场与欢迎仪式。

② 奏东道国国歌。

③ 各国家（地区）国（会）旗入场。闭幕式的关键仪式规程之一便是各参赛国（地区）国（会）旗的集体展示。希腊国旗首先入场，东道国国旗紧随其后。各国家（地区）国（会）旗由各国家（地区）奥委会选出的运动员擎举。

④ 运动员入场。闭幕式的运动员入场与开幕式不同，运动员们不分先后，集体走动。这一创意来自约翰·伊恩·温（John Ian Wing），他是一位出生于澳大利亚的英国华裔居民，他于1956年在澳大利亚读书时，给国际奥委会写了一封匿名信，建议所有国家（地区）的运动员在墨尔本1956年奥运会闭幕式上相互交往。那年，他的想法被用于奥运会闭幕式，自那之后成为奥运会闭幕式的传统。

⑤ 胜利庆典。运动员入场完毕后，举行胜利庆典。国际奥委会在东道国奥组委的帮助下，决定在闭幕式上颁发奖牌的运动项目（奥运会一般是马拉松，冬奥会一般是30公里或50公里越野滑雪）。在早期的几届奥运会上，所有奖牌都是在闭幕式上颁发的。

⑥ 介绍新当选的运动员委员会成员和表彰志愿者。新当选的运动员委员会成员做自我介绍，然后由这些新成员代表运动员向志愿者代表献上一束鲜花，以示对他们在运动会期间所做工作的敬意和感谢。

⑦ 纪念时刻。在里约热内卢2016年奥运会上，现代奥林匹克历史上首次在奥运村为运动员提供了一个私人悼念场所，让所有运动员以一种特殊而有尊严的方式悼念逝者。

⑧ 奏希腊国歌。希腊国旗在奥林匹克旗左侧升起，同时奏响希腊国歌。这象征着古代奥运会与现代奥运会之间的联系。

⑨ 降奥林匹克旗及旗帜交接仪式。奥林匹克旗在奥林匹克会歌声中降下。主办城市的市长将奥林匹克会交给国际奥委会主席，国际奥委会主席再将旗帜交给下一个主办城市的市长。然后，在奥林匹克会歌声中，下一个主办国的国旗在当前主办国国旗的右侧升起。

⑩ 下届奥运会东道主城市的艺术单元。为了进一步突出奥运会从一个城市到另一个城市的过渡，闭幕式的一个艺术环节将专门用于介绍下一个主办城市，历时8分钟。这一部分也是在诚挚邀请世界青年参加下一届奥运会。

⑪ 本届奥组委主席发言、国际奥委会主席发言。本届奥组委主席发表简短讲话，感谢运动员和志愿者，然后由国际奥委会主席发言，由国际奥委会主席宣布奥运会

闭幕，并邀请全世界的年轻人一起迎接四年后的下一届奥运会。

⑫ 熄灭奥运圣火。仪式规程的最后一项无疑是最动人的：奥林匹克圣火在奥运会主会场内熄灭——一个奥林匹亚德就此宣告结束。

（三）融贯世界各地文化，彰显人类文明历程

各项奥林匹克仪式都有着强烈的人文主义精神，其核心价值是人的发展。奥运会开幕式更是非同寻常、精心编排的盛宴，各种视听元素的搭配令人惊叹，是主办国展示其文化底蕴和民族特色的舞台，而历届奥运会开幕式也因包含着各大洲、各地域、各民族的文化传统，展现着人类文明的发展历程。

雅典 2004 年奥运会开幕式呈现了令人印象深刻的奥林匹克仪式规程与希腊文化巧妙结合的范例——希腊演员以如诗如梦般的表演展示了爱琴海的浪漫和古希腊的文明，各种场景中也描绘了奥林匹克运动作为历史遗产的发展历程，突出了古代奥运会与 21 世纪第一届奥运会之间千丝万缕的联系。（图 7-13）

在温哥华 2010 年冬奥会上，加拿大单板滑雪运动员约翰尼·莱尔（Johnny

图 7-13　雅典 2004 年奥运会开幕式

Lyall）以惊人的方式拉开了开幕式序幕——开幕式造势短片在大屏幕中播放，莱尔出现在皑皑雪山之巅，镜头紧跟着他矫健的身姿滑过每一幅奇景，铿锵激昂的男声旁白则念着历届冬奥会的举办时间与地点；紧接着，莱尔滑过之处，加拿大标志性枫叶形状的圣火阵被依次点燃；最后，随着“2010 温哥华”的声音和主会场大屏幕四周的焰火被点燃，莱尔从“屏幕中”俯冲而下、跃过巨大的奥林匹克五环，欢迎全

世界各地的朋友欢聚温哥华，共襄冬奥会盛举——短短的一段序幕，集中呈现了冰雪运动的魅力、冬奥会发展的历程和加拿大人热情好客的民族风情。（图 7-14）

图 7-14　加拿大单板滑雪运动员约翰尼·莱尔（Johnny Lyall）以惊人的方式拉开开幕式序幕

在伦敦 2012 年奥运会开幕式上，英国人详细介绍了英国历史，巧妙地将这个国家在农耕文明时期的田园生活、工业革命时期的锐意进取、互联网时代谋求发展的历程编织在了一起，使观众通过日不落帝国的发展管窥世界文明的一段历史。（图 7-15）

闭幕式上的下届东道主 8 分钟展示环节，从内容和形式上与开幕式的文艺表演形

图 7-15　伦敦 2012 年奥运会开幕式

成一个互文的闭环——主要通过表演展示最能体现举办国特色的文化艺术精髓及体育强项，让世界人民在最短的时间里认识和了解下届举办地，在本届奥运会激动人心的落幕中通过展示另一种极具冲击力的文化盛景而激发大众对下届奥运会的期待。

里约热内卢 2016 年奥运会闭幕式上的“东京 8 分钟”向世界展示了一个充满活力和未来感的大都市东京——马拉卡纳体育场由现场演员呈现出了巨幅的日本国旗，并用各国语言写出了“感谢”的字样。随后，现场播放了东京奥运会宣传片，用极具现代化特色的表现方式展现了东京承办奥运会的决心和诚挚。宣传片中，奥运场面和日本文化的融合令人印象深刻，北岛康介、足球小将、哆啦 A 梦等享誉世界的现实和虚拟人物一一亮相，宣传片最后一幕，时任日本首相安倍晋三扮演成日本任天堂著名游戏角色超级马里奥，并利用场地中央设置的“管道”出现在马拉卡纳体育场中央，拉开东京奥组委 8 分钟表演的序幕。随后，东京奥组委呈现了融入高科技灯光元素的舞蹈，通过灯光呈现出东京夜景，美不胜收。以国家主题元素的舞蹈继续上演，舞蹈结束之际，现场众多舞者在华丽灯光的映衬下组成了“See you in Tokyo”（东京见）的绚丽标志，那一刻日本首相安倍晋三也将具有象征意义的红球交给了站在身旁的北岛康介。（图 7-16）

平昌 2018 年冬奥会闭幕式上的“北京 8 分钟”由中国著名导演张艺谋执导，主

图 7-16　里约热内卢 2016 年奥运会闭幕式“东京 8 分钟”

题是“2022，相约北京”，该表演由人工智能和演员一起完成，通过互联网与国人互动，展现中国人民欢迎全世界朋友参加北京 2022 年冬奥会这个主题。在两名熊猫队长的带领下，24 名轮滑少年和 24 面冰屏机器人滑入会场，体育和艺术之美与高科技交相辉映。最后，带着中国人民的邀请，熊猫队长再回到平昌 2018 年冬奥会现场，它们的身下一一呈现着过去 23 届冬奥会的画面，轮滑少年们划出“2022”的字样，舞台被各种文字的“2022，相约北京”所包围，中国北京向世界发出最为诚挚的邀请。（图 7-17）

图 7-17　平昌 2018 年冬奥会闭幕式“北京 8 分钟”

小贴士

《奥林匹克宪章》中关于奥运会开幕式与闭幕式的规定：开幕式和闭幕式 Opening and closing ceremonies

1. 开幕式和闭幕式应当按照《国际奥委会礼宾指南》和《奥林匹克主办合同》中规定的其他议定书相关要求举行。

The opening and closing ceremonies shall be held in compliance with the IOC Protocol Guide and other protocol-related requirements set forth in the Olympic Host Contract.

2. 所有仪式的所有方案、时间表和节目的内容和细节必须提交国际奥委会事先批准。

The contents and details of all scenarios, schedules and programmes of all ceremonies must be submitted to the IOC for its prior approval.

3. 奥运会由主办国国家元首宣布开幕，宣布内容如下：

The Olympic Games shall be proclaimed open by the Head of State of the country of the host by pronouncing either of the following sentences as the case may be:

– 如果在奥运会开幕时：

“我宣布 ...（主办城市名字）举行 ...（奥运会的届数）现代奥运会开幕。”

– 如果在冬奥会开幕时：

“我宣布 ...（主办城市名称）...（冬奥会届数）冬奥会开幕。”

– if at the opening of the Games of the Olympiad:

“I declare open the Games of …（name of the host）celebrating the …（number of the Olympiad）… Olympiad of the modern era.”

– If at the opening of the Olympic Winter Games:

“I declare open the …（number of the Olympic Winter Games）Olympic Winter Games of …（name of the host）.”

在奥运会的整个期间，包括所有仪式，任何政府或其他公共当局的任何代表，或任何其他政治家，不得在由奥组委所负责的任何地点发表任何种类的讲话。在开幕式和闭幕式上，只有国际奥委会主席和奥组委主席才有权发表简短讲话。

During the entire period of the Olympic Games, including all ceremonies, no speeches of any kind may be held by any representative of any government or other public authority, nor by any other politician, in any venue placed under the responsibility of the OCOG. During the opening and closing ceremonies, only the IOC President and the President of the OCOG are entitled to deliver short addresses.

二、圣火采集与火炬接力：吹响和平的号角

火给人类带来了光明和幸福，使人类得到了进步和发展，人们崇拜火，甚至把它视作神明、当作一种吉祥的象征。古希腊人对火有着特殊的感情，不但为它编织了神话，感谢和赞美给人间带来火种的普罗米修斯，还赋予它许多特殊的含义。他们用点燃火炬的方式庆祝自己的胜利，于是当阿伽门农宣布占领了特洛伊时，希腊人的火炬队伍沿着海岸一直排到天际。火表示着生命、热情和蓬勃的朝气，在古代奥运会遗址点燃的圣火，象征着发祥于古希腊的文明之光仍然照耀着人类前进的道路，激励着人类追求光明和理想并朝着崇高的目标不断进取。

（一）和平的祈愿、历史的传承

为纪念宙斯，古希腊城邦每四年举办一次奥运会。圣火是奥林匹克运动的象征，此理念源于古希腊的古代奥运会，因此，在古代奥运会期间，一簇圣火持续燃烧在位于奥林匹亚赫拉神庙的祭坛上。也因此，在具有祭典性质的古代奥运会中，点燃火炬成为必不可少的一项庄严的活动。每当古代奥运会举行之前，伊利斯城邦便要选派经过严格挑选的 3 名纯希腊血统的运动员，在宙斯神殿的圣火坛前，接过希腊少女经过宗教仪式点燃的太阳火炬，并高擎火炬，跑遍古希腊全境各个城邦，传谕“神圣休战”的告示——火炬便成了一道无声而不可抗拒的命令，以至高无上的权威令人们肃然起敬，所到之处，人们无不服从，即使剑拔弩张的地方、激烈交战的城邦也不得不息兵罢战，听从火炬所带来的训示。当火炬回到奥林匹亚时，古代奥运会便在圣火下宣布开幕。按照“神示”，这圣火一直要等到运动会结束时才能熄灭。

现代奥林匹克运动中参与圣火传递的火炬手们就像宣布“神圣休战”的使者一样，鼓励全世界放下武器，走向奥运会。圣火传递选择奥林匹亚作为起点，强调了古代奥运会和现代奥运会之间的深刻联系。

1934 年国际奥委会雅典会议决定，恢复古代奥运会旧制——在奥运会期间，从开幕到闭幕，主会场要燃烧奥林匹克圣火。国际奥委会同时规定，奥林匹克圣火的火种必须采自古代奥运会遗址——奥林匹亚，并以火炬接力的形式传到主办城市。柏林 1936 年奥运会在奥林匹亚举行了隆重的火炬点燃仪式，点燃了第一支火炬。从此开始了奥运历史上的火炬点燃和传递活动，圣火传递也成了每届奥运会必不可少的仪式。

从 1936 年以后，每届奥运会前，都会由身着古装的希腊女祭司在奥林匹亚赫拉神庙前朗诵致太阳神的颂词，然后通过聚光镜采得火种，这是采集奥林匹克圣火的

唯一方式（图 7-18）。圣火点燃后，火种置于一个古老的火盆中由首席女祭司带到古代奥运会会场内的祭坛，向等待在那里的人们展示圣火，并点燃第一名火炬手手中的火炬。历届奥运会主办城市将在圣火完成希腊境内的传递后，前往希腊泛雅典体育场迎接圣火。在那里，奥运圣火火种将被放入数个火种灯。为保持奥运圣火的纯洁性，在整个火炬接力过程中，只能使用从奥林匹亚采集来的圣火进行传递，圣火不能与具有任何其他象征意义的火焰混合。根据国际奥委会的要求，火炬接力进行期间要保持圣火持续燃烧，圣火火种在从奥林匹亚到奥运会主办城市的传递过程中不能熄灭，一旦火炬熄灭，必须由专门的护跑手用火种灯内的圣火火种引燃，以确保奥运会开幕式上的主火炬由来自奥林匹亚的圣火点燃，再用火炬接力的方式传到主办城市。在火炬接力途中，如遇高山峻岭、江河湖海，则可用飞机、轮船运送，火种必须在奥运会开幕前一天达到主办城市。开幕式中主火炬的点燃标志着圣火传递的结束，伴随着圣火点燃主火炬台，整个开幕式也被推向高潮，圣火将熊熊燃烧，直至奥运会结束。声势浩大的奥林匹克圣火接力活动，能够唤起世人对奥林匹克的热情，传播奥林匹克精神。（图 7-18）

图 7-18　身着古希腊服装的女祭司点燃圣火

（二）文化的联结

火炬接力是奥运会的前奏，在100多天的圣火传递活动中传播奥林匹克精神、传递友谊与和平的信息，点燃人们对奥运会的热情。同时，火炬接力也是不同地区人民之间的一次文化交流活动，火炬接力的路线也彰显着人类社会的发展成就。

伦敦1948年奥运会是“二战”结束后的第一次奥运会，其火炬接力以和平为主题，致力于传播奥林匹克和平理念。火炬接力的路线被设计为途经国家之间的边境线，人们在火炬接力期间庆祝和平的到来。

奥斯陆1952年冬奥会首次设立了巨型火炬台。有趣的是，此次冬奥会的圣火在该市南部的莫尔盖达村的一座石屋——挪威滑雪运动奠基者诺德黑姆故居的壁炉中，用钻木取火的方式引燃火炬，然后进行了225公里的火炬接力，最终由挪威著名探险家弗里迪奥夫·内森的孙子埃吉尔·内森点燃了开幕式主火炬。

罗马1960年奥运会的火炬接力则着重体现奥运圣火在雅典和罗马这两个象征着古代文明的城市之间传递，在火炬接力的同时还设计了一些体现两国文化的活动。这一以两大文明为主题的传递活动，再一次使孕育了古希腊和古罗马文明的地区受到世界关注，强调了现代奥运会和古代奥运会之间的联系。

蒙特利尔1976年奥运会，首次运用了现代高科技进行火炬接力。火炬在奥林匹亚点燃并传递到雅典后，加拿大别出心裁地用一座电子感受器将火焰的离子变成电子脉冲发射给太空的卫星，然后由卫星转发到加拿大渥太华国会山上的激光装置。这个装置收到脉冲后，把它转变成热射线，点燃了一支1公斤重的火炬，再由运动员传递到开幕式主会场。国际奥委会多数人认为，用人工接力的方式可以更广泛传播奥林匹克精神，如果使用这种技术，会使奥运会失去本来的意义。于是，国际奥委会最后形成决议：今后仍采用人工接力的方式传递圣火。

巴塞罗那1992年奥运会火炬接力创造了两个“第一”：在火炬接力过程中，72岁高龄的萨马兰奇在巴塞罗那附近一个小城中，也兴致勃勃地跑了1000米，成为奥运史上第一位直接参加火炬接力的国际奥委会主席。同时，巴塞罗那奥组委邀请国外人士参加火炬接力，共邀请了50个国家（地区）的255名选手，这在奥运史上也是第一次。

雅典2004年奥运会以“奥运回家”为主题，庆祝奥林匹克百年后重新在希腊举办。为此，雅典火炬接力前往百年来所有举办过奥运会的国家和城市（共计27个国家34个城市），并将圣火带到非洲和南美洲，成为奥运史上第一次传遍五大洲的火炬接力。

国际奥委会认为这一传递活动空前传播了奥林匹克精神，也达到了雅典 2004 年奥运会通过火炬接力，宣传希腊为人类文明发展作出的贡献之目的。

经国际奥委会批准，北京 2008 年奥组委于 2007 年 4 月 26 日在北京世纪坛宣布第 29 届奥运会火炬接力计划路线和火炬样式。火炬以中国传统祥云符号和纸卷轴为创意，火炬境外传递城市 19 个，圣火途经俄罗斯圣彼得堡的冬宫、伦敦大英博物馆、法国埃菲尔铁塔、印度新德里红堡、泰国曼谷大皇宫、首尔仁寺洞等世界各国极具地标性的景点。中国境内传递城市和地区 116 个，传递路线同样精彩纷呈，从中国最南端——海南三亚的天涯海角到北国边疆，从西部边陲的帕米尔高原到东海之滨。境内传递路线涵盖了我国的海洋、高原、盆地、山地、峡谷、平原、沙漠等各种地理风貌，圣火首次登上地球最高点——喜马拉雅山脉珠穆朗玛峰，宣传通过加强环境治理保护，促进人与自然和谐相处、促进可持续发展所取得的成果。境内传递路线还包括了我国近一半的国家级历史文化名城和70%的世界自然和文化遗产所在地，沿着这条文化走廊，圣火穿越历史和现代，向世界宣传和展示中华文明的魅力。圣火把北京 2008 年奥运会“绿色奥运、科技奥运、人文奥运”的理念带到各地。

温哥华 2010 年冬奥会火炬接力的主题是“北极光之旅”，是指圣火在加拿大许多社区之间留下的足迹——圣火在加拿大全境走过 45000 公里，并在各省和地区短暂停留。经过温哥华奥组委的精心设计，圣火传递的路线距离加拿大居民住处驱车均不到 1 小时，因此，90% 以上的加拿大人可以与圣火“亲密接触”。

纵观奥运圣火在现代奥林匹克运动百年发展间的传递历史，也彰显着现代社会的发展——圣火于 1948 年在船上穿越英吉利海峡，于 1952 年通过飞机传递到赫尔辛基，于 1956 年在马背上穿越澳大利亚，于 1976 年通过卫星传递，于 2000 年在大堡礁附近实现水下传递。可以看出，人类文明进步的步伐随着工业革命的开展不断加快，各地域、各民族之间的交流频率、交往效率也随之逐渐提高，借助技术的支持和奥运圣火传递的契机，不同文化之间的联结也逐渐加深。

（三）奥林匹克精神的感召

奥林匹克圣火是光明、团结、友谊、和平、正义的象征，火炬手作为圣火的擎举者和传递者，其自身经历、个人事迹、身份特点也需要具备一定的象征意义——要符合奥林匹克价值观、能够彰显奥林匹克精神、感召更多人参与奥林匹克运动。

20 世纪 70 年代之前，火炬手主要是由历届奥组委、各东道国政府、国际体育组织或各国家（地区）奥委会挑选的年轻男性运动员。在慕尼黑 1972 年奥运会火炬接力活动中，首次出现了女性火炬手和残疾人火炬手，且有更多火炬接力沿线地区的居民加入火炬手之列。自 20 世纪 90 年代起，在奥组委挑选火炬手的过程中，各赞助商也会参与一定意见。挑选大众火炬手候选人的标准越来越多地倾向于候选人在体育与社会进步中所作的贡献，如在亚特兰大 1996 年奥运会上，“社区英雄计划”选出了当地具有重要意义和影响力的人士作为火炬手。伦敦 2012 年奥运会的火炬手借助互联网经全球票选诞生——网友们根据数百万报名的火炬手候选人做出的社会承诺，共选出了 8000 名火炬手，使体育界、演艺界和政界的知名人士持续与火炬接力活动“亲密接触”，从而为在全世界弘扬奥林匹克精神作出了贡献。

洛杉矶 1984 年奥运会开幕式上，当太空人从天而降时，世界为之震撼。此后，奥运会开幕式现场点火者与主火炬台点燃仪式成为最神秘、最值得期待的关注点。

在汉城 1988 年奥运会上，曾获第 11 届奥运会马拉松冠军的 76 岁的孙基祯将圣火传递给第 10 届亚运会 3 枚金牌获得者林春爱，林春爱接过火炬并绕场一周后，由象征体育、科技和艺术的二男一女接过火炬，从升降平台升上 21 米高的主火炬台点燃火炬。

巴塞罗那 1992 年奥运会的主火炬是被弓箭点燃的。火炬传到主会场后，由 1984 年、1988 年两届残奥会射箭奖牌获得者、37 岁的巴塞罗那选手雷波洛向 70 米远、21 米高的主火炬台射箭点火。据说，为了表演这项绝技，他练了不下 2 000 次。（图 7-19）

在亚特兰大 1996 年奥运会上，点燃主火炬台的是拳王阿里，身患帕金森病的拳王用颤抖的双手点燃圣火的那一刻，全世界为之动容。（图 7-20）

奥运会开幕式上点燃主火炬台者，大多数都是在自身项目中取得优异成绩者，其身份象征往往也与

图 7-19　巴塞罗那 1992 年开幕式上雷波洛点燃圣火

图 7-20　亚特兰大 1996 年奥运会上拳王阿里点燃圣火

开幕式主题和点火仪式的象征意义相得益彰；火炬接力活动火炬手的选拔则从起初注重火炬手的运动表现到重视火炬手对体育与社会发展作出的贡献。奥运会火炬接力活动与开幕式上的点火仪式，呈现出越来越重视其象征意义和感召力的趋势，注重通过奥林匹克运动呼吁和平、通过体育促进社会发展和人的均衡发展。

三、颁奖典礼与文化广场

奥运会的颁奖典礼，通过向前三名授予奖牌并举行颁奖典礼、向前八名授予证书的形式，通过对成绩排名所获奖品的等级区别，凸显出对运动员追求卓越成绩的肯定，体现出奥林匹克格言中“更快、更高、更强”的要义。

在古代奥运会上，第一名获得者将被冠以月桂花环，这是运动员可以获得的最高荣誉。用象征性的奖品而非纯粹的金钱来表彰冠军是奥运会的传统，现代奥运会的奖牌就相当于古代奥运会的桂冠。

此外，现代奥运会暗含和平时期国家之间竞争与较量的象征意义，在颁奖典礼上升国旗、奏国歌，则体现出奥运赛场塑造体育英雄的特点。《奥林匹克宪章》中明文禁止国际奥委会和奥组委为每个国家（地区）制定任何全球排名，但为冠军选手升国（会）旗、奏国（会）歌的典礼传统仍能激发各国家（地区）代表团、各国家（地区）民众的民族自豪感。

每项奥运赛事结束后，都会举行颁奖仪式。获得冠军、亚军和季军的选手或团站在领奖台之上，冠军站在中间的最高处，亚军站在略低于胜利者的右侧，季军站在胜利者的左侧较低于亚军，由国际奥委会成员向其颁发各自的奖牌。接过奖牌后，三位奖牌获得者的国（会）旗升起，同时奏响金牌获得者国家（地区）的国（会）歌。每个小项的比赛中，最终获得前八名的选手都将获得一张获奖证书。

冬奥会的颁奖典礼除了对运动荣誉的凸显、对体育英雄的塑造外，还突出强化了体育的意义、促进共享欢庆的氛围。

与奥运会不同，由于冬奥会期间天气寒冷，冬奥会的大部分比赛在结果产生后只会向获得前三名的选手颁发鲜花，而奖牌的颁发则放到颁奖广场上，且由于冬奥会的比赛类别比奥运会少，国际奥委会可以在一天的比赛结束后统一举行一次颁奖仪式，给当天所有的获奖选手颁发奖牌。自长野 1998 年冬奥会起，这一传统一直延续下来。在往后的每届冬奥会上，所有项目的奖牌颁发均放到颁奖广场上进行。

冬奥会颁奖广场是荣耀与分享的舞台，更是冬奥狂欢的大派对。索契 2014 年冬奥会的颁奖广场位于奥林匹克公园的中心，被中心区六大场馆环绕，颁奖典礼每天晚上都会上演。在北京 2022 年冬奥会上，51 枚金牌将在张家口赛区产生，届时这些金牌得主将在崇礼太子城小镇的冬奥颁奖广场收到这份至高荣誉。此外，北京赛区颁奖广场——奥林匹克公园中心区庆典广场，位于水立方和鸟巢之间，届时也是为冬奥项目前三名颁奖的重要场地，目前此处为冬奥前期预热活动“相约 2022”冰雪文化节活动场地。北京 2022 年冬奥会期间，这里将搭建舞台、放置座椅，可容纳 10000 名观众共同见证颁奖仪式。

四、奥运村升旗仪式

各国代表团入住奥运村都要举行一个简单而庄重的入村仪式。首先由“村长”致欢迎辞，代表团团长致答谢辞，然后奏代表团所属国（地区）的国（会）歌，最后升起代表团国家（地区）的国（会）旗。奥运村升旗仪式还是历届奥运会开幕前的众多仪式之一，作为奥运会的序幕，它为各国家（地区）奥运代表团入住奥运村营造了热烈、温馨、团结的氛围。

北京 2008 年奥运会奥运村的升旗广场位于奥林匹克广场的中央，占地约 6000 平方米。升旗仪式上，还有合唱团的小演员们呈现精彩表演。奥运会期间，200 个国家（地区）的旗帜一起在这里飘扬。2008 年 8 月 9 日晚，参加北京奥运会的 204 个国家（地区）代表团在北京奥运村升旗广场的升旗仪式圆满结束。

在里约热内卢 2016 年奥运会上，首支难民奥林匹克运动员代表团在奥运村举行了升旗仪式。里约热内卢奥组委还在升旗仪式前安排了迎宾表演，原住民的舞蹈和音乐完美结合。当难民奥林匹克运动员代表团的奥运旗帜在空中飘扬时，难民运动员与所有仪式观礼者都沉浸在体育精神的感召中，共同欢呼、鼓掌。这样的仪式也向全世界的难民传递着体育精神、向大众传递着在体育世界里友好相处、实现自我发展的号召，也向全世界传递着对和平的呼唤。

奥运村的升旗仪式，能够激发各国家（地区）代表团的集体荣誉感、民族自豪感和家国使命感以及“为祖国荣誉而战”的斗志，体现出在奥林匹克运动中对运动员为“家国使命”追求卓越成绩的包容；此外，历届奥组委也通过升旗仪式首先营造出了温馨、友好、互相尊重的氛围，为各国家（地区）运动员在奥运会期间的和谐、友好相处奠定了基调，体现出升旗仪式倡导团结共聚和平等交流的愿景。

五、奥林匹克青年营

建立奥林匹克青年营的目的就是在奥运会期间为世界各地的青年人提供一个相聚的机会，增进彼此的友谊，了解主办国的传统文化，促进世界文化交流和传承奥林匹克理想。目前青年营已得到了国际奥委会的承认，并将其正式写入《奥林匹克宪章》。

奥林匹克青年营在奥林匹克事业中具有令人称赞的历史，它起源于斯德哥尔摩1912年奥运会。当时的瑞典国王古斯塔夫邀请了1500名童子军在奥林匹克体育场附近搭建帐篷，举行联欢活动，形成了国际青年营的雏形。古斯塔夫称他的这一举措是为了进一步强化顾拜旦的“全人类盛大节日”的理念。这一主张得到了顾拜旦和国际奥委会的认可。当时，顾拜旦授予夏洛特女士一枚勋章，她的9个儿子中的4个是这届奥运会的运动员或奥组委委员，另外3个儿子也分别以童子军和领队的身份参加了这次国际青年营。但是也有部分国际奥委会委员反对在奥运会期间举办一些附加的国际活动。尽管有明显的分歧，但奥林匹克运动和童子军运动还是达成了很多共识。斯德哥尔摩1912年奥运会将它们之间的相似之处进一步扩大，童子军将继续参与下一届奥运会。后来由于受两次世界大战的影响，国际青年营多次停办，只是在柏林1936年奥运会和赫尔辛基1952年奥运会中举办过两次。在东京1964年奥运会上，国际奥林匹克青年营重新恢复，并且第一次被移到了室内。受日本青年活动联合会的邀请，23个国家派出了1200名15~25岁的青少年，参加这项活动。墨西哥城1968年奥运会第一次由该国奥委会向各国发出邀请函，参与者大部分都是体育教师，他们在中美洲及加勒比海地区的运动中心圣多明戈集中。当时，各代表团的领导要求国际奥委会将奥林匹克青年营的项目纳入奥林匹克运动，国际奥委会没有回应；但在慕尼黑1972年奥运会上，国际奥委会最终将国际青年营正式纳入奥林匹克运动的组成部分，吸引了来自53个国家的1640名参加者。

自此，在获得国际奥委会执委会授权后，各届奥组委可以在自己的职责下，在奥运会举办期间组织国际青年营，奥林匹克青年营成为奥林匹克文化活动的组成部分。营员由各国家（地区）奥委会根据报名者的体育成绩和从事体育运动的态度加以选择，最终经由国家（地区）奥委会推荐产生。营员年龄在18岁至22岁之间。奥林匹克大家庭视奥林匹克青年营为奥林匹克区域，严禁任何政治、宗教、种族的宣传活动和示威活动。奥林匹克青年营的营期最长不得超过25天，人数一般在500至1 500人之间，活动内容包括体育、文化和民俗活动。

（一）青年奥林匹克理想的萌芽

奥林匹克青年营是奥林匹克旗帜下的一项重要文化交流活动，与竞技运动比赛、奥林匹克仪式、奥林匹克艺术节共同构成奥运会的四大主体活动。奥林匹克青年营的目的就是在奥运会期间为世界各地的青年人提供一个聚集的机会，增进国际友谊，更好地理解东道国的传统文化，进而促进世界和平，追求奥林匹克理想。

《奥林匹克宪章》（2020 版）第 47 条对青年营做了如下表述：经国际奥委会执委会授权批准，奥组委负责在奥运会期间组织国际青年营。

奥林匹克青年营让来自世界各地的青年有了一次独特的奥运经历，为他们提供了在奥林匹克旗帜下互相交流、互相学习的机会，让他们能够更加深刻地了解奥林匹克运动的理想。

蒙特利尔 1976 年奥运会奥林匹克青年营的地址选在拉方丹公园（La Fontaine），公园的剧院提供一些由蒙特利尔奥组委艺术文化董事会举行的娱乐活动，包括芭蕾舞剧、马戏表演、摇滚乐等。这个剧院是奥林匹克青年营成员较喜欢的地方之一。奥林匹克青年营成员还参与社会文化领域的一些活动，诸如雕塑艺术、纺织技术等，摄影爱好者还可以使用冲洗底片的暗室。蒙特利尔奥组委为奥林匹克青年营的成员提供了 15885 张门票，其中包括很多营员所在国运动员参赛的决赛门票，每个代表平均会收到除开闭幕式外的 10 张门票。

莫斯科 1980 年奥运会奥林匹克青年营的所有成员都参加了本届奥运会的开幕仪式。在奥林匹克青年营期间，每个成员最多观看了 10 场比赛，几乎所有营员到现场观看奥运会比赛的愿望都被满足。营员每天有超过 20 种的参观项目，其中包括参观普希金艺术博物馆、奥斯坦金诺宫殿、特列卡科夫美术馆、卡洛明斯克娅庄园、克里姆林宫兵器馆和库斯科沃庄园。

巴塞罗那 1992 年奥运会奥林匹克青年营中，营员们有自己的新闻传播媒介，如营员们自己编辑的报纸《青年营新闻》（每天早上餐厅都有这份报纸），播送新闻和报道青年营活动的局域电视网络。奥林匹克青年营还有意识地培养营员的环保意识和习惯，营中设有一个垃圾回收中心，这个中心能把废纸、油类、玻璃、塑料、电池、有机物和金属等物质区分开来。

北京 2008 年奥运会奥林匹克青年营是奥运历史上参加人数最多的一次。2008 年 8 月 6 日下午，世界 205 个国家（地区）的 481 名优秀青年齐聚位于圆明园遗址内的北京一零一中学，北京 2008 年奥运会奥林匹克青年营拉开序幕。该届奥林匹克青年营以“青年创造未来”为主题，围绕体验奥运、交流学习、了解中国三条主线开展活动。体验中国美食，学习包粽子、汤圆；在景德镇老师傅的指导下学习陶艺；观看中国孩子表演各种中国乐器……这些精心准备的活动，是各国、各地区青年了解古老而时尚的中国文化的好机会。“这12天，收获的是知识、是欢乐、是友谊。”来自冰岛的西格伦说，她今后愿成为文化交流与友谊和平的使者，为促进各国人民友好交往、推动世界和平与发展作出贡献。

奥林匹克青年营中活动丰富，参与者们可在这些活动中广泛涉猎，满足对体育、文化、艺术等方面的好奇心，也便于寻找到自己的兴趣点。奥林匹克运动与青年营相结合展开的各类活动中渗透着奥林匹克主义和价值观，体育促进社会、体育促进人均衡发展的理念润物无声，也点燃着营员们投身体育事业、实现个人发展、推动社会进步的理想与激情。

（二）体育青春力量的集中展示

在历届东道主的主导下，奥林匹克青年营为来自世界各地的青年代表提供了交流的场域和展示各地区文化、展示自己的机会。在历届奥林匹克青年营中，来自世界各地的青年代表都有机会像真正的演员、舞蹈家和音乐家一样到台上表演，他们的许多展示都是自发的。例如，来自越南、老挝、蒙古、保加利亚、捷克斯洛伐克等国家选派的业余演出团队就在莫斯科1980年奥运会奥林匹克青年营中表演了节目；悉尼2000年奥运会奥林匹克青年营的营员们还在圣约瑟芬学院一起创作舞蹈和绘画，排练歌曲和戏剧。

更重要的是，在奥林匹克青年营中，充满活力的年轻人会积极参与体育活动，还能与各国奥运代表团的成员近距离接触，切身感受体育的魅力和优异成绩背后的辛勤付出。例如，在蒙特利尔1976年奥运会奥林匹克青年营中，每天有80名营员被邀请到奥运村与运动员联欢，并能聆听教练员和裁判员的独特见解；莫斯科1980年奥运会奥林匹克青年营中，成员们还能够了解到苏联体育训练和竞赛的发展情况，他们被安排拜访一些著名的苏联运动员、教练员、体育专栏记者和体育教师。他们也会参观一些在莫斯科的体育运动中心和体育运动学校；悉尼2000年奥运会奥林匹克青年营还邀请一些著名的奥运理想的追随者向营员们分享极富价值的鼓励和建议，奥林匹克的传奇人物、9枚奥运会金牌获得者卡尔·刘易斯在一个上午给营员们演讲，提议营员们把自己真实所见带回祖国，“世界各国停止争斗而在一起手拉手的次数不是很多，奥运会就能提供这样的一个机会。”

在青年代表们的展示和交流中、在投身体育活动的过程中、在对体育魅力与力量的感知中，这些年轻人结下了深厚的友谊，也通过各类活动不断展示新一代年轻人的影响力。例如，巴塞罗那1992年奥运会奥林匹克青年营中，时任欧盟主席杰克主持了题为“青年人，世界公民”的论坛，还通过展览会、演讲、电影等形式探讨了国际形势、青年人、奥林匹克与生态等问题。尽管只有少数人参加了这次论坛，但是奥林匹克青年营还是把会议得出的结论作为活动的指导方针，呼吁“唤起全世界人的认知，进行一次真正的文化交流，发现世界不同部分的相互依赖及无法避免的合作”。营员们还集体来到蒙特塞拉特参加一个集会，大家心连心、手挽手、肩并肩，共同追求“团结、友谊、和平”的奥林匹克理想。集会呼吁：我们是世界不同地区的青年人，但是我们都有建立一个和平、公平、公正世界的梦想。我们要在世界普遍的价值观前提下，互相尊重，通过对话来解决彼此间的分歧。

综观奥运会的主要仪式，它们在一个奥林匹亚德内形成了富含奥林匹克价值内涵的仪式系统，纵向上勾连古代奥运会传统与现代奥林匹克的发展，横向上强化不同地域、不同民族之间的文化交流，同时兼顾政府与民间、正式与非正式等多个交流语境，仪式系统相互交织着构成了奥林匹克价值认同的沟通场域，特别值得注意的是，奥林匹克仪式系统还体现出对已经认同奥林匹克价值观的局内人能够起到深化认知的作用，同时能兼顾对尚未完全认同奥林匹克价值观的局外人的友好接纳。在仪式系统的持续互动中，奥林匹克运动被塑造为现代社会蔚为大观的文化景观，通过不同的文化情境塑造，参与者在心理上逐渐产生奥林匹克价值体系的情感联结。

第三节　奥林匹克运动的日常内容

一、大众体育活动：壮大体育爱好者群体

奥林匹克大众体育活动集中体现在奥林匹克日（Olympic Day）的活动中。

1948 年 1 月，国际奥委会第 42 次全会决定，以后每年的 6 月 23 日举行世界性庆祝活动，纪念国际奥委会诞生，推动大众体育的开展。1987 年，在国际奥委会大众体育专门委员会的倡议下，开始举行“奥林匹克日长跑”，目的是进一步促进大众体育的开展。长跑的距离因性别、年龄的不同而异，平均距离为 10 公里。各国奥林匹克日活动都可得到国际奥委会的赞助。每个国家（地区）可申请到 1000 份由国际奥委会签名的参加证书和 1500 美元的经费。

自 1989 年起，可口可乐公司一直是“奥林匹克日长跑”活动的赞助者。当前奥林匹克日活动是国际奥委会在世界范围内广泛开展的大众体育活动。正如现任国际奥委会主席巴赫所言，奥林匹克日每年都将全世界的人团结在奥林匹克梦想的周围。

值得指出的是，奥林匹克日绝非仅仅是开展体育活动，而是让全世界人们都积极活动起来，知晓奥林匹克价值，发现新的运动项目。

有些国家(地区)已将奥林匹克日的相关活动融入学校课程。近几年，很多国家(地区)奥委会增加了音乐会、展览等庆祝活动。目前，各国家（地区）奥委会的活动包括青少年与精英运动员或奥运选手共同集会，开发新的网站引导人们在各自的社区开展活动，以更便于人们参与奥林匹克日活动。

如今，奥林匹克日的相关活动已经不仅仅局限于体育活动。基于行动、学习和发现三大支柱，各国家（地区）奥委会正着力借奥林匹克日的契机组织更多体育、文化和教育活动。

（一）行动（Move）

鼓励人们在奥林匹克日行动起来。行动是指不同年龄、不同能力的人都参加各种身体活动，包括“奥林匹克日长跑”活动、个人运动项目和团体性的运动项目。

（二）学习（Learn）

奥林匹克日是考量竞技运动对社区关注国际社会问题所作出贡献的绝佳机会，如教育普及、健康促进、艾滋病防治、妇女儿童权益维护、环境保护、和平促进以及助益当地社区发展。做一名负责任的公民也是奥林匹克主义哲学的一部分。此外，奥林匹克价值，即卓越、尊重、友谊的宣讲也非常重要。

（三）发现（Discover）

发现是指邀请并鼓励人们尝试参与他们从来没有参与过的、新兴的运动项目及其活动，这也是向运动项目普及度不高的地区推介体育运动项目的良好时机。

二、奥林匹克教育活动：促进奥林匹克价值观的普及

奥林匹克教育活动作为奥林匹克价值观普及的重要途径，已成为奥林匹克运动密不可分的重要部分，在历届奥运会筹办、举办过程中，通过持续不断的努力，在世界各地播种奥林匹克理想。

（一）1964年，改变日本

东京1964年奥运会前，东京开展了大量卓有成效的奥林匹克教育活动和旨在提高全民素质的教育活动。东京1964年奥运会举办于日本经济复苏的关键期“更快、更高、更强”的奥林匹克格言感染了日本民众，激发了他们更大的干劲。东京1964年奥运会开幕式创下惊人的61.29%的收视率，女排决赛的转播则创下了如今难以企及的收视纪录——66.89%。更多日本国民喜欢上了排球运动，民众的体育热情也被

点燃，日本政府和民众也因奥运会的举办更加了解体育的内涵，全民锻炼的热情被激发。1961 年，日本颁布了具有划时代意义的《体育振兴法》，旨在发展大众体育、提高全民族的身体素质。该法律加大了政府对大众体育投入的支持，兴建了众多健身设施和场馆，并鼓励学生健康饮食，极大地提升了日本国民的身体素质。日本将奥林匹克的教育及社会功能发挥到了极致，甚至可以说，奥林匹克运动改变了日本。

（二）1984 年，凝聚洛杉矶

洛杉矶 1984 年奥运会筹办期间，洛杉矶奥组委在设置奥运青年计划时有了新的突破，文化项目和学术学习内容对本地年轻人开放了 4 年，参与者超过 100 万人，参与者的年龄也从原来的 15~25 岁变为 12~17 岁，包括文化项目、教育项目、体育项目和特殊计划在内的青年计划内容呈现出系统性特点，为期 4 年的时间跨度则贯穿重要的青少年成长过程，体现出整体性的育人理念。

青年计划的文化项目包括艺术比赛及相关项目、音乐比赛。1982—1984 年，洛杉矶奥组委赞助了 39 个学校的乐队参加青年歌唱比赛，每年获胜的队伍有机会在奥运会开幕前的各种活动中进行表演，如麦当劳游泳馆的开馆仪式等。

青年计划的体育项目是在 1981 年至 1984 年开展的，由洛杉矶奥组委及其赞助商提供 14 个项目的比赛机会，其目的是使青年学生在体育运动中感受奥运会氛围和奥林匹克精神。该项目招募青年共计 485000 名，运动项目包括射箭、田径、棒球、赛艇、拳击、足球、体操、手球、柔道、帆板、游泳、网球、排球等，以上各类项目的比赛期间，洛杉矶奥组委还开展了一系列丰富多彩的体育文化节。该项目成功地实现了向青年展示 23 个奥运项目的初衷，也激发了部分参与者对不同体育项目的浓烈兴趣。

青年计划的特殊项目包括美化环境计划、奥林匹克青年联络委员会以及与奥运共成长计划。通过美化环境计划从点滴细节中美化社区和城市；通过奥林匹克青年联络委员会，借助青年人的力量向同龄人传递奥林匹克精神、传播奥林匹克知识，号召广大青年投入志愿者行列，为学生提供宝贵的学习经验；通过与奥运共成长计划形成奥运会护卫与参与机制。特殊项目的实施使众多青年真正参与奥林匹克运动，充分实现了教育目的。

（三）2004 年，青春的雅典

雅典奥林匹克教育计划被国际奥委会评价为在全面性、多样性、实施方式和技术保障等方面都是“奥林匹克运动历史上的首创”。

雅典奥林匹克教育计划的目标是让更多的希腊公民参与奥运会，并把此作为奥运会成功举办的标志，其具体目标十分明确：使青年人了解奥林匹克运动并更加广泛地参与雅典 2004 年奥运会。

希腊是奥林匹克运动的发祥地，其奥林匹克教育有着悠久的历史及其他城市不可取代的特色。希腊政府成立了奥林匹克教育与培训的专门机构——奥组委教育培训部，负责开发奥林匹克教育计划。为了确保该计划的顺利实施，教育培训部组织 90 名不同教育领域的国内外专家合作完成了一系列图书（共 8 本）和一本录像带，并建立了“青春 2004”网站。

“奥林匹克教育之旅”项目尤其引人注目，其主要内容包括参观古代奥运会遗址、展览馆，走进图书馆查阅历史资料等。2000—2001 年，已有 1000 所希腊中小学校的学生和 1000 名体育教师参与其中。到 2003 年时，共有 110 万名学生和希腊境内外的 7 400 所公私立学校参与其中。为了提高体育教师对奥林匹克教育计划的理解，雅典奥组委还在不同地区组织了各种形式的研讨会，并在会上陈述该计划，同时将相关教学材料分发到教师手中。希腊还十分重视奥林匹克教育计划的评估，评估在每学年末进行，其结果则用于该计划的改进。

雅典奥林匹克教育计划极大地激发了青年群体和社会公民的兴趣，激发了他们的创造精神，雅典的孩子们由此而对发源于祖国的奥林匹克运动产生了全新认识，获得了深刻体验。

（四）2008 年，世界的北京

北京 2008 年奥运会在奥林匹克教育中突出了绿色奥运、人文奥运、科技奥运的主题思想，积极引导广大青少年树立体育环保、体育人文和体育科技的意识，采取了一系列措施，广泛动员青少年学生以极大的热情和创造性投入到环保宣传、人文培训和科技公关的奥运视野中。

北京奥组委成立之初，就与教育部联合制定并启动“北京 2008 中小学生奥林匹克教育计划”，其目的是在全国范围内树立开展奥林匹克教育的典型示范学校，促进奥林匹克教育在全国中小学的开展，让更多学生参与奥林匹克运动。通过奥林匹克示范学校，在全国近 4 亿青少年中开展奥林匹克教育、传播奥林匹克知识、弘扬奥林匹克精神，是我国在开展奥林匹克教育中的创新，体现了我国对国际奥委会的承诺。奥林匹克教育的各项主要任务在“示范校”开展的各种活动中得到了创造性的落实，特别是对于传统民族体育活动形式的挖掘和奥林匹克精神在德育活动中的渗入，许多学校以开发校本课程的方式加以系统整理，形成了宝贵的教育遗产。

在北京 2008 年奥运会开幕倒计时 600 天之际，北京奥组委启动了奥林匹克教育“同心结”教育活动，该活动旨在促进北京市中小学生与奥林匹克大家庭各成员所在地区青少年的交流，倡导在奥林匹克精神影响下，青少年心连心、手挽手、肩并肩，努力实现“同一个世界，同一个梦想”的心愿，共同追求“团结、友谊、和平”的奥林匹克理想。“同心结”交流活动是北京青少年参与奥运的最主要活动，使得北京中小学生以前所未有的开放境界与世界几乎所有国家（地区）的青少年交上了朋友，很好地贯彻了《奥林匹克宪章》中关于增进青少年国际理解的精神。

奥运会志愿服务教育也是北京 2008 年奥运会奥林匹克教育计划中的重要环节。志愿者招募活动使“志愿者”“志愿服务精神”和“志愿服务行动”等一系列概念在全社会迅速普及，同时也使志愿者服务教育和培训活动掀起热潮。各高校结合奥运志愿者的报名展开了有针对性的培训活动；中小学校则结合社会实践课程与家校合作工作开展了多样的志愿服务实践活动，青少年在志愿服务实践中充分地体验着奥林匹克精神。

北京 2008 年奥运会使中国社会以前所未有的深度和广度参与奥林匹克事务中，“迎奥运、讲文明、树新风”和“我参与、我奉献、我快乐”两大主题使“奥林匹克运动的全民参与”在全社会深入开展。全民在参与奥林匹克教育活动的过程中，学习奥运知识、组织健身活动、拥抱健康生活方式、更新健康观念……使整个社会的文明素养得到大幅提高。《奥林匹克宪章》中关于国际奥委会提出的“努力使体育运动为人类服务，由此促进和平”的使命、“鼓励并支持发展大众体育”的职能以及“鼓励并支持把体育运动与文化教育相融合”的新举措，都在北京 2008 年奥运会的全民参与活动中得到出色体现。

（五）2010 年，原住民的冬奥会

温哥华在民族构成、文化认同上具有鲜明的原住民特色。由不同部落组成的原住民是温哥华最早期的居民，由于长期以来政府施行“隔离管理”政策，原住民群体不被主流社会认可，一代接一代的原住民感觉自己逐渐失去土地和文化，因而在部族管理和与外界交往中，对触及自身利益的政府行为极其敏感且经常激烈反抗。在温哥华 2010 年冬奥会筹备期间，修建比赛场地和道路占用了 4 个原住民部落领地，这引发了原住民团体的不满，原住民名誉最高领袖、“第一民族议会”首席酋长方丹一度扬言抵制冬奥会开幕式。

对于温哥华奥组委而言，能够赢得原住民部族的支持已经成为可持续办奥运的基石。为此，温哥华奥组委将原住民参与奥运会列为温哥华奥组委可持续发展战略中的重要使命之一，并从参与及合作、运动和青年、经济发展、文化内涵、意识和教育等方面推动原住民参与奥运会。

通过丰富多彩的推动原住民对冬奥会意义理解和民族多样性意识觉醒的奥林匹克教育活动，温哥华 2010 年冬奥会彰显出多民族、多文化、前现代与后现代融合的特点，这对奥林匹克运动借助体育力量促进社会发展与世界和平具有突出意义。

三、奥林匹克文化活动：激发参与者的奥林匹克共情

国际奥委会的《奥林匹克宪章》规定，奥组委必须为配合奥运会的召开举办一系列文化活动，这些活动应以促进奥运会参赛者与其他参加者的和谐关系、互相理解和良好友谊为宗旨。

文化活动旨在展现体育和艺术在美德、力量和成就方面的共同价值，促进举办城市和举办国的文化艺术发展与国际文化交流，为宣传奥林匹克主义和奥运会提供一个动感、高水准的舞台。奥组委可以成立专职部门负责这方面的事务。

雅典 2004 年奥运会前后的文化活动分别由希腊文化部、雅典市政府和雅典奥组委组织。这些活动各有侧重、风格迥异、互为补充、相得益彰。1997 年 10 月，在巴黎举行的联合国教科文组织第 29 次全体会议上，时任希腊文化部长埃·维尼泽洛斯首次提出“文化奥运”的概念。希腊政府认为，要使雅典 2004 年奥运会与以往任何一届不同，主要特色就在于把文化作为奥运会的一个组成部分，在两届奥运会中间的 4 年举办“文化奥运”活动，通过一系列文化活动传达奥运精神。希腊文化部成立了一个名为“希腊文化组织”的机构，负责运作文化奥运活动和推广希腊文化。“文化奥运”活动共在希腊、巴尔干半岛、欧洲和全球不同范围内举办了 98 场演出、展示和活动，共分主题活动、戏剧、音乐、舞蹈、建筑艺术、文学、数码艺术、电影、文物展览、视觉艺术和国际研讨会等 11 个门类。

英国文化奥林匹亚德（Cultural Olympiad）是现代奥运史上最大规模的文化交流与庆祝活动，历时 4 年，并在伦敦 2012 年奥运会举办期间达到高潮，即 2012 伦敦文化节。此次盛典旨在赞颂与宣传英国世界级文化的深度、广度和普及度，并让英国民众和来自世界各地的体育爱好者真正受益于伦敦 2012 年奥运会。据伦敦奥组委官方资料，这场浓缩度极高的“2012 伦敦庆典”在 12 周里，举办了超过 1.2 万场、涉及 9000 个场地的庆典活动，这是英国有史以来历时最长、规模最大的文化活动。

从英国最北端边远的设得兰群岛到英格兰西南端的康沃尔，从北爱尔兰的恩尼斯基林到苏格兰首府爱丁堡，从伦敦的哈克尼到横断大不列颠岛的哈德良长城，在伦敦2012年奥运会期间，由来自204个奥运家庭成员国的2.5万名表演者带来的精妙绝伦的音乐、戏剧、舞蹈、文学、电影、时装、视觉艺术作品异彩纷呈。

文化奥林匹亚德提倡和平、共存与和解。文化是促进和平的桥梁，这是“文化奥林匹克”要传达的最重要的信息；提倡国际社会团结，赞同文化的多元化，反对一元化；提倡信息社会的文化；提倡传统和创新有机结合。文化奥林匹亚德意在用一系列的文化活动传达和复兴奥林匹克精神，强化人们对希腊古老文明和现代文化的认识，增进人们之间的互相尊重和了解，促进参与群体对奥林匹克理想和价值观的共情。文化奥林匹亚德把体育与文化和教育结合起来，表达对和平、平等、民主、人道主义、文化多样性和继承与创新的态度，最终要使“文化奥林匹克”的理念深入人心，永远传承下去。以往奥运会的文化活动是补充和附属性的，“文化奥林匹克”活动引导奥运会进入注重通过文化的手段发展人类关系的新时代，为奥运会增加了新价值观念。

四、奥林匹克宣传活动：提升体育促发展的社会影响力

奥林匹克运动是人类社会的一个罕见的杰作。它在奥林匹克主义指导下，以体育运动和四年一度的奥林匹克庆典——奥运会为主要活动内容，促进人的生理、心理和社会道德全面发展，加强各国人民之间的相互了解，在全世界普及奥林匹克主义，是维护世界和平的国际社会运动。奥林匹克运动包括以奥林匹克主义为核心的思想体系，以国际奥委会、国际单项体育联合会和各国家（地区）奥委会为骨干的组织体系和以奥运会为周期的活动体系，将体育运动的多种功能发挥得淋漓尽致。奥林匹克运动的影响力远远超出了体育的范畴——在当代世界的政治、经济、哲学、文化、艺术和新闻媒介等诸多方面产生了深远的影响。奥林匹克运动构成了现代社会所特有的体育文化景观，以其特有的文化魅力愉悦人们的身心，更以其强烈的人文精神催人奋进，生生不已。

“一战”期间，宣传这个曾经只存在于宗教文献中的词被广泛应用于日常生活，如此看来，宣传的原始概念中也包含着“宣教”的意味——强调价值观念的统一。从传播的角度来看，一直存在着功利论和义务论两种截然不同的观念，功利论的传播强调通过传播行为促进更大范围的群体的利益；义务论的传播伦理则将真诚、平等、公开、双向等原则看作人的本能冲动，强调信息的传受双方须在信息透明的情况下双向沟通。

重视对奥林匹克运动的宣传、提升其社会影响力，是因它是使奥林匹克运动永葆生机、持续助益体育促进社会发展的重要途径，该过程是在平等、公开的语境下进行的双向沟通，因此，奥林匹克宣传活动实则是在“科学的”宣传观念指导下的宣传活动，虽以国际奥委会为代表的奥林匹克运动骨干组织体系为主导，但更注重奥林匹克运动参与者的反馈与后续参与情况。也因此，奥林匹克宣传活动并不局限于狭义的奥林匹克运动信息发布、奥运会赛事转播、全媒体传播等活动，更应包含那些在奥林匹克运动发展过程中有意扩大其影响力的诸多社会活动。

进入21世纪以来，善治成为许多国际体育组织和各国体育组织关注的焦点，国际奥委会作为引领奥林匹克运动的核心治理机构，特别强调可持续发展和社会责任，并与奥林匹克运动其他利益相关者共同开展了诸多社会活动。

首先，国际奥委会与国际单项体育联合会开展了基于可持续发展的社会活动。

2016年，国际奥委会与国际单项体育联合会开展了可持续性项目。国际奥委会实施的这个项目有三个目标：①获得国际单项体育联合会可持续发展倡议的概述；②确定共同主题，良好做法和共同挑战；③在国际单项体育联合会之间分享信息。作为该项目的一部分，国际奥委会与国际单项体育联合会合作编写了一系列案例研究文本，反映国际单项体育联合会如何为更可持续的世界作出贡献。2016年和2017年国际奥委会共发布了来自25个国际单项体育联合会，包括5个重点领域35个国际单项体育联合会的可持续性研究案例，涵盖了广泛的可持续发展主题。

其次，国际奥委会通过奥林匹克团结基金与国家（地区）奥委会开展了社会活动。

国际奥委会首次将目光转至国家（地区）奥委会的管理水平，通过奥林匹克团结基金制订“国家（地区）奥委会管理”计划。奥林匹克团结基金的报告中明确指出，“世界计划”中就有“国家（地区）奥委会管理”计划，专门用于提高组织管理水平，包括国家（地区）奥委会行政发展、体育管理员国家培训课程、体育管理国际高管培训课程、国家（地区）奥委会交流和地区论坛。国际奥委会将奥林匹克团结基金分配资金使用权下放给各洲际奥委会，用于洲际奥委会管理、洲际奥委会会议、洲际奥委会活动、洲际奥委会地区运动会、国家（地区）奥委会活动等项目。国际奥委会通过奥林匹克团结基金，将资金和关键决策权下放到各洲际奥委会，这使得每个地区的问题和需求能够得到及时的关注，同时加强各洲际奥委会的管理，从而使它们成为奥林匹克团结系统的重要组成部分。国际奥委会开始与各洲际奥委会展开有关“可持续发展”的合作项目。例如，大洋洲国家奥委会（Oceania National

Olympic Committees, ONOC）的领导下启动了两个能力发展方案，并在该区域内的许多国家进行了复制。例如，“运动员的声音”和“爱你的海岸”计划由大洋洲国家（地区）奥委会协会创建，由奥林匹克团结基金资助，共同执行，来帮助鼓励更多大众参与社区实践。（图 7-21）

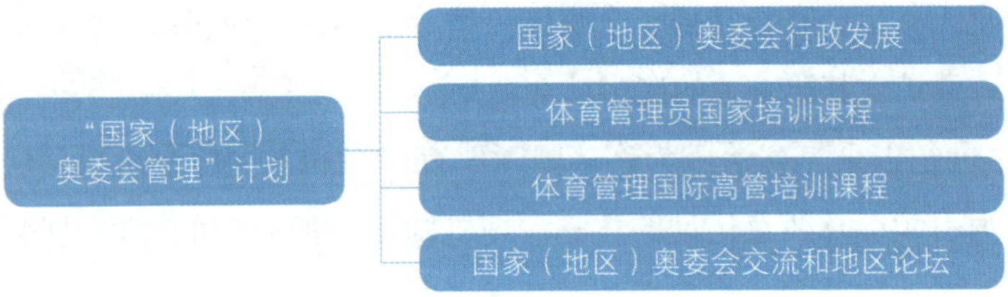

图 7-21 “国家（地区）奥委会管理”计划内容

最后，国际奥运会与其他国际组织合作开展了诸多旨在承担社会责任的社会活动。

从 1984 年起，欧洲理事会在国际奥委会的支持和合作下，通过了《反对使用兴奋剂宪章》（Anti-doping Charter）。这是第一部与兴奋剂做斗争的国际性章程，为后来的类似章程和国际上开展反兴奋剂斗争提供了依据。1999 年 2 月，国际奥委会召开世界反兴奋剂大会，包括联合国、各国政府等在内的 600 多名代表参加了大会并通过了《洛桑宣言》，这次会议被视为向兴奋剂全面宣战的大会，并通过了《奥林匹克运动反兴奋剂条例》。这次大会针对的不仅是国际体育组织，还有联合国和各国政府，使得《奥林匹克运动反兴奋剂条例》在国际上更具权威性、指导性，对运动员的约束力更强。从 1993 年开始，国际奥委会与以联合国为代表的国际政府间组织展开合作，不但签署合作协议，还就可持续发展开展活动。（表 7-1）

自悉尼 2000 年奥运会开始，国际奥委会与赞助伙伴更进一步合作，启动“人类共襄盛举”项目。该宣传活动运用各种媒体手段，宣传奥林匹克精神，既能更大范围地影响全世界人民感悟奥林匹克精神，也能使营销伙伴加强与奥林匹克运动的联系，激发其员工的参与意识。自 2003 年起，国际奥委会与红十字国际委员会建立合作伙伴关系，以共同促进和加强人道主义原则。

表 7-1 国际奥委会与国际政府间组织“可持续性发展”合作领域一览表

序号	国际政府间组织名称	合作领域
1	联合国大会	体育和联合国的可持续发展目标、奥林匹克休战
2	联合国环境署	环境保护
3	国际自然保护联盟	生物多样性和自然保护
4	联合国气候变化框架公约秘书处	气候变化
5	国际劳工组织	工作场所的性别平等、职业安全
6	世界卫生组织	促进体育活动，通过奥运会促进健康，应对突发卫生事件管理
7	联合国难民事务高级专员公署（原联合国难民署）	通过体育保护难民和社会融合
8	联合国教育、科学及文化组织	促进优质体育教育和价值教育，促进关于体育运动、保护运动员纯洁性和反兴奋剂等方面的善治，体育和联合国可持续发展目标（SDGs），性别平等和包容性体育运动
9	联合国人权事务高级专员办事处	体育，尊重和促进人权
10	联合国妇女署	联合国妇女性别平等和赋予妇女权力
11	国际刑事警察组织	诚信
12	联合国毒品和犯罪问题办公室（UNODC）、欧洲委员会、G20 和反对体育运动中的腐败现象国际合作组织（IPACS）的创始合作伙伴	诚信
13	欧洲委员会和欧洲联盟委员会	诚信
14	欧洲奥委会和欧洲联盟委员会	诚信
15	欧洲联盟委员会	诚信
16	经济合作与发展组织	体育赛事促进地区发展，衡量体育赛事影响

传播学领域流行的“沉浸传播”理念强调“身临其境”的在场感，认为沉浸式的环境能够使信息在潜移默化中被传递、被接受，对人产生进一步的影响。对奥林匹克运动而言，与诸多其他利益相关者共同开展各项社会活动的方式，其实就是在为奥林匹克运动提供沉浸式的传播环境——诸多社会活动将参与者包含其中，甚至成为许多参与者的生活方式。

综观奥林匹克运动的日常内容，大众体育活动不断壮大体育爱好者群体，奥林匹克教育持续促进奥林匹克价值观的普及，奥林匹克文化活动日益强化参与者的奥林匹克共情，奥林匹克宣传活动则通过沉浸式的参与和传播场景，提升体育促进社会发展的广泛影响，奥林匹克的价值内涵也在这些活动中不断深化，奥林匹克也逐渐成为更多人日常生活中必不可少的一部分。

奥林匹克五环图案标志、旗帜、会歌和历届奥运会会徽作为奥林匹克标志，是极具象征意义的奥林匹克符号系统，在奥林匹亚德内提供不间断的符号强化与情感刺激，为奥林匹克运动仪式引起更广泛的情感共鸣奠定了坚实的基础。

历届奥运会都是群体聚集关注的一个奥林匹亚德内的焦点事件，奥运会的仪式系统作为现代社会的文化景观，在其所构建的奥林匹克价值认同场域内不断强化参与者的情感共鸣，引发了集体兴奋，使参与者心理上逐渐产生奥林匹克价值体系的情感联结。

除奥运会这一奥林匹亚德内的焦点事件外，奥林匹克运动还通过大众体育活动、奥林匹克教育活动、奥林匹克文化活动，以及奥林匹克宣传活动构建兼顾人、社会、生态的日常活动体系，不同活动目标明确、各类活动布局合理，强调具身参与的奥林匹克日常活动体系能够延续奥林匹克符号系统触发的情感刺激和奥林匹克仪式系统引发的情感联结，使得对奥林匹克价值的共情能够在各个奥林匹亚德内不断循环，并使奥林匹克通过意义不断深化的奥林匹克社会活动真正成为人类生活中密不可分的一部分，成为促进世界和平、社会进步、人均衡发展的有效途径。

（本章有关图片见国际奥委会官网 www.olympic.org）

（徐笑菡　撰稿）

第八章　奥林匹克价值表达：奥林匹克艺术形态展示

现代奥林匹克运动邀请艺术形式加入其中，从而使奥运会辐射出壮观、高贵和尊严之美。

——皮埃尔·德·顾拜旦

自奥林匹克诞生伊始，艺术性就是奥运会的本质特征之一。古代奥运会就在雕塑和古希腊建筑环绕的场地之中进行，人们用诗歌和音乐歌颂竞赛胜利者。现代奥运会创始人顾拜旦力求进一步促进艺术与体育的联系，1906年他为同广大艺术家进行更好的沟通，特意选择在法兰西歌剧院发起艺术、文学与体育协商会议。在会议上，他讲述了体育和艺术结合的必要性并表达了自己的迫切期望，提出创立以体育运动为灵感的五项文艺竞赛——建筑、雕刻、绘画、音乐和文学竞赛，呼吁更多的人参与奥林匹克价值的艺术表达。

第一节　奥林匹克文学

一、古代奥林匹克传说与文学

古代奥运会的起源与很多美丽神奇的古希腊神话传说联系在一起，其中流传较广的有三个。

第一个是古希腊神话中宙斯的父亲克罗诺斯为考验儿子是否有能力继承王位，与宙斯进行了一场长达数日的激烈角逐，最终宙斯赢得了胜利并成为众神之首。为庆祝这一胜利，宙斯命令人们举行了盛大的祭祀庆典和纪念活动，其中一个重要部分就是体育比赛，由此宙斯成为古代神话中古代奥运会的创始人。

第二个是宙斯的儿子大力神赫拉克勒斯的故事。赫拉克勒斯 18 岁时，成长为身形高大、面容英俊的小伙子，离开父母独自探索世界，有一天他来到伊利斯城邦，城邦国王正在悬赏能人为其打扫牛棚，并承诺如果谁能在一天之内将牛棚打扫干净，就将自己 1/10 的牛送给他。但是牛棚里一共有 3000 多头牛，很久没有打扫过了，牛粪堆积如山，一个人不可能在一天之内打扫完。聪明的赫拉克勒斯把牛棚四周的围墙全部拆掉，并引来阿尔卑斯河的河水将牛棚冲洗干净。然而国王却反悔并企图杀死赫拉克勒斯，一怒之下，赫拉克勒斯赶走国王并在奥林匹亚举行了盛大的祭祀和竞技比赛，古代奥运会由此诞生。

第三个是关于佩洛普斯娶亲的故事。佩洛普斯是宙斯的孙子，英俊潇洒，多才多艺。有一次佩洛普斯巧遇美丽少女基波达米娅，两人暗生情愫，后来机缘巧合未能再见。在痛苦相思的日子里，佩洛普斯听说了皮莎国王要为女儿基波达米娅挑选夫婿的消息，便立刻前往皮沙城应征。就在这时，巫师向国王预言公主的出嫁必将导致国王的死亡，并断言这是神的旨意。国王不愿担负让女儿孤老一生的罪名，也不愿意死去，苦思冥想之后，宣布来应征的人都要和国王进行战车比赛，赢者可以娶他的女儿，如果输了就要被长矛刺死。国王有着最强的马匹和战车，挑战者无一能赢得比赛，均死于国王的长矛之下。在佩洛普斯之前已有 13 名死者，为了自己心爱的女孩，佩洛普斯只能做好准备，奋力一试。决战前夕，佩洛普斯来到阿尔菲斯河畔平复心绪，再次遇到了基波达米娅。原来基波达米娅得知佩洛普斯来应征，万分忧心，也来到阿尔菲斯河畔向河神祈祷，希望神能让他离开危险之地。两个有情人终于重逢了，他们互诉衷肠的情景感动了国王的车夫米尔蒂尔，米尔蒂尔决定冒着生命危险来帮助这对有情人，并结束这种残酷的比赛。第二天在比赛时，米尔蒂尔将国王的车轮穿钉换成了木钉，使得国王的马车在激烈比赛中突然破损，国王摔得粉身碎骨，佩洛普斯获得了胜利，顺利迎娶基波达米娅，并登上王位。人们在城邦举行了盛大的体育比赛以庆祝这一胜利，传说这是古代奥运会的雏形，佩洛普斯也成为传说中古希腊奥运会创始人。

这些神话传说是最早出现的关于奥林匹克的文学作品，证明了奥林匹克和文学从奥林匹克诞生伊始就相伴而生。欧洲文学史上最早的文学巨著《荷马史诗》中也有不少对竞技体育场景和思想的叙述，如在《奥德赛》中有一段关于主人公奥德赛进行竞技比赛的描述，其中提到了赛跑、摔跤、跳远、掷铁饼和拳击等体育项目，其内容对古代奥运会及现代奥运会乃至世界体育都有重要意义。

对于奥运会而言，最早、最有影响力的诗人是品达罗斯。他是古希腊合唱琴歌职业诗人，我们现在所能读到有关古代奥运会的诗歌，绝大多数都出自品达罗斯之手。《竞技胜利者颂》是品达罗斯为赞美古代奥林匹克运动等古希腊四大运动会的优胜者而写的颂诗合集，一共分为4卷:《奥林匹亚竞技胜利者颂》《皮西安竞技胜利者颂》《地峡竞技胜利者颂》和《尼米安竞技胜利者颂》，共45首3842行，后世评价其为古希腊最伟大的抒情诗人，歌德等人都曾模仿过他的风格。

获得古代奥运会文艺比赛的第一顶橄榄枝桂冠是历史学家希罗多德，他在公元前444年第84届古代奥运会的首次文艺比赛中，朗诵了他的作品《历史》的部分章节。《历史》是有关古希腊与波斯战争的文学作品，歌颂了古希腊将士抗击波斯侵略军的英雄气概，感人至深，希罗多德在古罗马时代被誉为“历史之父”。

二、现代奥林匹克文学及文献

现代奥林匹克先驱顾拜旦也是积极的文学爱好者，在1912年第一节奥林匹克文学艺术比赛中，顾拜旦以霍罗德和艾歇巴赫的笔名创作的散文诗《体育颂》获得了金奖。此外顾拜旦还发表过多次演讲，1919年4月顾拜旦在瑞士洛桑庆祝奥林匹克运动恢复25周年会上发表《奥林匹克精神》的演说，阐述了奥林匹克精神的内涵与价值，为奥林匹克运动奠定了理论基础。

进入印刷时代之后，出现了大量的奥林匹克文献出版物，以印刷品为主，包括奥林匹克图书、报纸和杂志，多数收藏在大型图书馆和体育院校。

1894年，《奥林匹克运动会国际委员会公报》是第一个正式的国际奥委会官方出版物。1897年，在法国勒阿弗尔举行的第三次国际奥委会会议上，匈牙利委员费伦茨·凯梅尼首次提出出版《奥林匹克评论》杂志。《奥林匹克评论》自1901年1月开始出版，顾拜旦作为杂志的编辑和主要撰稿人之一，每个月在上面发表文章，到“一战”爆发之前，他一共发表了103篇文章，其中以法语文章为主。此外，他还多次为刊物封面作画。

在历经停刊、改名和不规律发刊等数次调整之后，1970年，《奥林匹克评论》开始稳定规律出版并延续至今，用法语、英语和西班牙语出版发行，刊物着重于对奥林匹克运动中各个方面内容的报道，是奥林匹克信息最为丰富的文献来源。

小贴士

顾拜旦散文诗《体育颂》

啊，体育，
天神的欢娱，生命的动力。
你猝然降临在灰蒙蒙的林间空地，
受难者激动不已。
你像是容光焕发的使者，
向暮年人微笑致意。
你像高山之巅出现的晨曦。
照亮了昏暗的大地。

啊，体育，你就是美丽！
你塑造的人体变得高尚还是卑鄙，
要看它是被可耻的欲望引向堕落；
还是由健康的力量悉心培育。
没有匀称协调，便谈不上什么美丽。
你的作用无与伦比，
可使三者和谐统一；
可使人体运动富有节律；
使动作变得优美，
柔中会有刚毅。

啊，体育，你就是正义！
你体现了社会生活中追求不到的公平合理。
任何人不可超过速度一分一秒，
逾越高度一分一厘。
取得成功的关键，
只能是体力与精神融为一体。
啊，体育，你就是勇气！

肌肉用力的全部含义是敢于搏击。
若不为此，敏捷、强健有何用？
肌肉发达有何益？
我们所说的勇气，
不是冒险家押上全部赌注似的蛮干，
而是经过慎重的深思熟虑。

啊，体育，你就是荣誉！
荣誉的赢得要公正无私，
反之便毫无意义。
有人耍弄见不得人的诡计，
以此达到欺骗同伴的目的，
他内心深处却受着耻辱的绞缢。
有朝一日被人识破，就会落得名声扫地。
啊，体育，你就是乐趣！
想起你，内心充满欢喜，
血液循环加剧，思路更加开阔，
条理愈加清晰。
你可使忧伤的人散心解闷，
你可使欢乐的人生活更加甜蜜。

啊，体育，你就是培育人类的沃地。
你通过最直接的途径，
增强民族体质矫正畸形躯体，
防病患于未然
使运动员得到启迪：
希望后代长得茁壮有力，
继往开来，夺取桂冠的胜利。

啊，体育，你就是进步！

为人类的日新月异，
身体和精神的改变要同时抓起，
你规定良好的生活习惯，
要求人们对过度行为引起警惕。
你告诫人们遵守规则，
发挥人类最大能力，
而又无损健康的肌体。

啊，体育，你就是和平，
你在各民族间建立愉快的联系。
你在有节制、有组织、有技艺的体力较量中产生，
让全世界的青年学会相互尊重和学习，
使不同民族特质成为高尚而和平竞赛的动力。

第二节　奥林匹克音乐

古代奥运会早在古希腊城邦时代就洋溢着诗歌和音乐。在古希腊时代，诗人也是音乐家，诗歌都是以演唱的形式传颂。品达罗斯作为希腊古典时代最著名的抒情诗人，他的诸多诗歌作品如《奥林匹亚竞技胜利者颂》流传至今。奥运会开幕的时候，在万人露天剧院里，歌者、演员和群众在基萨拉琴和阿夫洛斯管的伴奏下载歌载舞，共同欢庆盛典。当比赛优胜者被授予象征着和平和幸福的橄榄冠之时，观众也开始唱歌、颂诗、奏乐，并向优胜者抛花。

现代奥运会创始人顾拜旦非常热爱音乐，极为欣赏古希腊奥运会上全民载歌载舞的欢乐气氛，他认为“同文学相比，音乐给体育运动更直接的支持”，认为运动、文化、教育、艺术的结合会有利于维护世界的和平和美好。顾拜旦邀请法国作曲家加布里埃尔·于尔班·福莱为古希腊诗歌《阿波罗赞歌》谱曲，这首旧词新歌在

1894 年的国际奥委会成立筹备会上初次亮相，颇受好评。顾拜旦在担任国际奥委会主席期间，主张举办露天大合唱等大型音乐表演，以烘托奥运会的气氛、壮大声势，他最崇拜的音乐家是德国的瓦格纳和贝多芬，尤其钟爱贝多芬的《第九交响曲》中的大合唱《欢乐颂》。奥林匹克艺术竞赛也是由顾拜旦建议发起，以号召全世界的音乐家为奥林匹克创作歌曲。奥林匹克艺术竞赛后被奥林匹克艺术节取代，成为内容更加丰富、理念更加多元、周期更长的大型艺术文化活动。

奥运会从开幕到闭幕都离不开音乐：在开幕式和闭幕式上，演唱奥林匹克会歌；在开幕式的升旗和点燃火炬仪式上会演奏奥运会主题乐曲；各国家（地区）奥运代表团入场会伴随着各具特色的音乐；在颁奖仪式上演奏冠军所在国（地区）的国（会）歌；竞赛项目使用伴奏音乐；等等。

奥运音乐的选取不仅要体现友谊、和平、正义等人类理想，还要反映出主办国特色民族文化。“二战”以前，由于奥运会的主办国多为欧洲国家，所以奥运音乐多为西方古典乐乃至宗教音乐。20 世纪 70 年代以后开始有亚洲、美洲的国家举办奥运会，奥运音乐也逐渐有了更多的民族色彩。随着广播、电视等现代传播媒介的发展，通俗易懂的流行音乐元素在奥运音乐中占据越来越大的比重。

一、奥林匹克会歌

奥林匹克会歌可以说是奥林匹克音乐的核心。为纪念希腊反抗土耳其统治起义胜利七十五周年，第 1 届奥运会于 1896 年 4 月 6 日在雅典的大理石体育场举行。开幕式上交响乐团和 250 人的合唱团共同演出了歌曲《奥林匹克圣歌》。这首古希腊歌曲悠扬典雅，全场 8 万多名观众包括希腊国王乔治一世在内均深受感染，强烈要求重新演奏，于是乐团又进行了第二次表演。

1932 年 7 月 30 日，第 10 届奥运会在美国洛杉矶举行，美国作曲家布拉德利 · 基勒创作了一首《奥林匹克会歌》。1936 年 8 月 1 日，第 11 届奥运会在希特勒统治的柏林开幕，希特勒入场时伴随着由 30 支喇叭组成的管弦乐队和 3000 人规模的合唱团的表演，他们演唱了《德意志高于一切》，以及德国浪漫主义作曲家理查德 · 施特劳斯特别为这届奥运会创作的《奥林匹克之歌》。1948 年 7 月 29 日，第 14 届奥运会在英国伦敦举办，英国作曲家罗杰 · 奎尔特为拉迪亚德 · 基普林的诗《不为自己而为主》谱曲，作为这一届奥林匹克会歌表演。

1954 年，在第五任国际奥委会主席艾弗里 · 布伦戴奇的领导下，国际奥委会策划一场全球歌曲创作比赛，以征集更好的奥林匹克会歌。对于参赛者的年龄和国籍均没有要求，但是要求其作品必须是3~4分钟的具备圣歌特质的交响乐，能够与品达罗斯的赞美诗完美匹配并从未在公共场合演奏过的原创作品。几个月间，国际奥委会便收到来自40个国家的387份作品，并邀请世界音乐史上的名家前来担任评委，波兰作曲家迈克尔·斯匹萨克获得了金奖，作品在摩纳哥首都蒙特卡洛的加尼尔音乐大厅进行了演奏，最终在国际奥委会第50次全会上获得了一致认可，并被推荐在巴塞罗那1955年地中海运动会、科尔蒂纳丹佩佐1956年冬奥会、斯德哥尔摩1956年夏季骑马比赛和墨尔本1956年奥运会中演奏。

1958年国际奥委会第55次全会中确定原来由萨马拉斯创作的《奥林匹克圣歌》为奥林匹克会歌，并将乐谱存放在国际奥委会总部，此后每届奥运会的开闭幕式上都能听到这首经典的古希腊乐曲。《奥林匹克圣歌》历经62年之后成为奥林匹克的永久会歌。

二、奥运会主题曲

奥运会主题曲是各主办国向世界展示音乐艺术和奥运理念的最佳途径。随着大众传播技术的发展，主题曲的形式越发多样，由传统的交响乐和合唱团的形式逐渐走向流行通俗音乐，并带有强烈的民族或地方文化特色。

罗马1960年奥运会主题曲选自著名的意大利歌剧《太阳颂》和《彩虹》，并进行了奥运风格的改编和融合，完美展现了意大利艺术风情和奥林匹克体育精神。东京1964年奥运会主题曲独具创意，使用日本寺庙的钟声来演绎奥林匹克钟声，完美结合了日本传统民俗音乐与现代音乐。墨西哥城1968年奥运会主题曲使用拉美传统乐器演绎墨西哥风情的节奏感。莫斯科1980年奥运会主题曲《告别莫斯科》源于著名作曲家肖斯塔科维奇的《节日序曲》，改编后既有现代音乐元素，又充满了俄罗斯民族音乐的欢乐与热情。

洛杉矶1984年奥运会主题曲《冲刺》使用当时流行的强劲节奏，带有明显的时尚音乐特色，为之后奥运主题曲创作打开了新的思路。这也是中华人民共和国成立后第一次参加并获得第一块奥运金牌的奥运会，可以说《冲刺》是第一个传播到新中国的奥运会主题曲。

汉城1988年奥运会主题曲《手拉手》由汉城奥组委委托金丽宝唱片公司创作。金丽宝支付歌曲创作、销售和宣传的全部费用，并为前100万唱片支付5%的版税给汉城奥组委，汉城奥组委负责审核歌曲。《手拉手》由著名的美籍意大利先锋电子音乐大师乔吉奥·莫洛德尔和美国作词家汤姆·怀特洛克创作，并添加了朝鲜民歌《阿里郎》的词句以增添歌曲民族特色，韩国演唱组合“高丽亚那”用英语和韩语演唱。《手拉手》一经推出迅速蹿红，成为 17 个国家（地区）流行歌曲排行榜的冠军歌曲，当时的国际奥委会主席萨马兰奇曾认为这首歌是最成功的奥运会主题曲。开幕式当天“高丽亚那”与 1.8 万名手拿歌词的观众共同演唱《手拉手》，成为历届奥运会开幕式上最为壮观的一幕。

巴塞罗那 1992 年奥运会主题曲《巴塞罗那》由著名摇滚乐队皇后乐队的主唱墨丘里和西班牙著名女高音歌唱家卡巴耶合作完成，歌曲兼具摇滚乐的力度和古典歌剧的高贵奢华，节奏热情奔放，并融入西班牙民族历史和欧洲文化，堪称艺术摇滚的巅峰之作。

亚特兰大 1996 年奥运会主题曲《登峰造极》、悉尼 2000 年奥运会主题曲《圣火》、雅典 2004 年奥运会主题曲《海洋》等都是传唱度和影响力颇高的奥运歌曲。长野 1998 年冬奥会是 20 世纪最后一场奥运会，日本著名指挥家小泽征尔带领全球歌唱家通过卫星信号共同演唱《欢乐颂》，体现了地球村的理念，主题曲《心手相连》表达了人与自然和谐共存的奥运主题。

都灵 2000 年冬奥会《因为我们相信》由著名盲人男高音安德烈·波切利演绎，将古典音乐和体育力量完美融合。盐湖城 2002 年冬奥会主题曲《点燃心中之火》与奥林匹克点燃圣火仪式相呼应，表达了不断拼搏的体育精神以及“9·11”事件之后美国人民与恐怖主义宣战的态度。

北京 2008 年奥运会主题曲《我和你》用言简意赅的歌词和悠扬的中式旋律表达了全球和平与团结的美好期许，也是历届奥运主题曲佳作之一。

伦敦 2012 年奥运会主题歌《生存》是英国缪斯摇滚乐队的作品，带有强烈的摇滚、重金属与电子音乐特色。里约热内卢 2016 年奥运会主题歌《众神降临里约热内卢》则带有桑巴音乐的热情鼓点，充满了拉丁风情。

索契 2014 年冬奥会主题曲《奥林匹克之歌》由俄罗斯本土明星演绎，歌词“激情冰火承载着俄罗斯的梦想”，表达了俄罗斯人民对国家复兴的期盼。

平昌 2018 年冬奥会主题曲《平昌的梦》以和平与团结为主题，并且为了纪念韩国申奥的历史，冬奥会闭幕式上再次唱起汉城 1988 年奥运会主题曲《手拉手》，体现了韩国人民对和平的期盼和奥运历史的传承。

三、奥运会比赛配乐

在奥运会比赛中，需要音乐伴奏的项目主要有花样滑冰、冰上舞蹈、女子自由体操、艺术体操以及花样游泳。

花样滑冰是冬奥会较早的项目之一，1868 年美国芭蕾舞蹈家杰克逊·哈因斯把华尔兹等舞蹈和滑冰相结合，从而诞生了有音乐伴奏的现代花样滑冰运动。花样滑冰在法国夏蒙尼 1924 年冬奥会被正式列为比赛项目，在比赛中技术与艺术是最为重要的裁判标准，而音乐无疑对运动员的艺术表现力起到至关重要的作用，要想在几分钟内优美流畅地展示动作就需要舒适的音乐节奏，芭蕾音乐、音乐剧唱段、电影音乐、爵士乐、流行音乐等都是常用的比赛配乐。

女子自由体操是自由体操中唯一需要背景音乐的项目，1952 年女子体操被列入奥运项目，选手需要在 70~90 秒内组合快慢动作，因此选取音乐的节奏也是至关重要的，有助于发挥个人技术特征和艺术表现力。

花样游泳于 1984 年被列入奥运会比赛项目，亚特兰大 1996 年奥运会之后团体比赛取代了之前的单人和双人比赛，更关注运动员的音乐演绎能力和动作表现力。贝多芬《第九交响曲》的《欢乐颂》是花样游泳经常使用的曲目，民族音乐也是我国花样游泳队常用音乐类型，如《梁祝》、傣族歌曲《孔雀》等。

随着经济全球化的发展和技术手段的加强，比赛配乐多加改编，通常为 1~3 段音乐混编而成，形成前奏、高潮、收尾的多层次音乐节奏，以更好地展示表演的艺术性和韵律感，各国运动员也会选取主题契合的他国音乐作品为自己的竞赛作品伴奏。比如中国花样滑冰运动员申雪和赵宏博就曾经在长野 1998 年冬奥会和盐湖城 2002 年冬奥会上分别使用《花木兰》和《图兰朵》配乐，前者是美国迪士尼动画片配乐，后者是意大利歌剧选段，题材均源自中国古代传统故事，充分体现了全球化的体育和艺术理念。二人演绎的《图兰朵》为中国花样滑冰赢得第一块奥运金牌。同时，在奥运赛场上，一场万众瞩目的精彩竞技表演能够带动观众对其伴奏的关注度和下载量。

小贴士

奥林匹克圣歌

古代不朽之神，
美丽、伟大而正直的圣洁之父。
祈求降临尘世以彰显自己，
让受人瞩目的英雄在这大地苍穹之中作为你荣耀的见证。
请照亮跑步、角力与投掷项目，
这些全力以赴的崇高竞赛。
把用橄榄枝编成的花冠颁赠给优胜者，
塑造出钢铁般的躯干。
塑造出钢铁般的躯干！
溪谷、山岳、海洋与你相映生辉，
犹如以色彩斑斓的岩石建成的神殿。
这巨大的神殿，世界各地的人们都来膜拜，
这巨大的神殿，世界各地的人们都来膜拜。
啊！永远不朽的古代之神。
啊！永远不朽的古代之神！

我和你
（北京 2008 年奥运会主题曲）

男：我和你 心连心
同住地球村
为梦想 千里行
相会在北京
来吧 朋友
伸出你的手
我和你 心连心

永远一家人

女：You and me
From one world
We are family
Travel dream
A thousand miles
Meeting in Beijing
Come together
Put your hand in mine
You and me
From one world
We are family
We are family
Come together
Meeting in Beijing

男：You and me
From one world
We are family
Together in Beijing

女：来吧 朋友

伸出你的手

合：You and me
From one world
We are family

第三节　奥林匹克雕塑

古希腊流传下来许多有关古代奥运会的雕塑，如《掷铁饼者》《持矛者》等裸体雕塑，向人们展示健壮的人体之美。在最初的几届古代奥运会上，参赛运动员比赛时都要在腰上束“兜裆布”，在公元前720年第15届古代奥运会上，一名叫奥尔西波斯的年轻运动员在赛跑中不慎掉落了兜裆布，但仍然坚持完成比赛，其拼搏的运动精神赢得了观众的认可。古希腊人认为裸体竞技更能表现运动员的健美形体，所以此后在运动中均不穿任何服饰，并涂抹橄榄油防晒护肤。

古希腊规定在比赛中获得一次冠军者可以在竞技场的墙壁上刻下姓名，获得三次冠军者可以在宙斯神庙旁雕塑成像，以供民众和后人敬仰。运动中健美强壮的人体动态成为古希腊奥运会雕塑的灵感来源，公元前5世纪古希腊雕刻家波利克里托斯订立人体雕塑美学规则，被后人称为“黄金分割的鼻祖”，对后世雕刻创造产生了深远影响。

《掷铁饼者》（图8-1）是公元前5世纪古希腊雕塑家米隆的代表作之一，展现了在铁饼项目中运动员投掷的瞬间动作，整座雕像动感和谐，肌肉线条纹理细腻，是象征奥林匹克的经典雕塑，也经常出现在现代奥运会中，很多国家都曾发行过该雕塑图案的奥运纪念邮票。

图8-1《掷铁饼者》

《持矛者》是波利克里托斯的代表作，作品刻画了德利弗罗斯手持长矛裸身前行的姿态，人物躯体强壮结实，气质轩昂自若，展示了在波利克里托斯1∶7黄金分割理念下的人体动态美。

波利克里托斯的继任者利西普斯制作的青铜雕像《刮汗污的运动员》，以及《休息的拳斗士》和《女竞技者的形象》等雕像都是古希腊奥运雕塑的经典之作，原作大多已流失，可以在罗马等地的博物馆寻访到后代仿制品。

19世纪现代奥运会雕塑作品体现了古人技艺的演变和当时浪漫主义艺术风潮，典型代表作有法国雕塑家让·巴普帝斯蒂·卡尔波的《舞蹈》，弗朗索瓦·吕德的《凯旋门》，罗丹的《美国运动员》以及布代勒的《弓箭手赫拉克勒斯》。

20世纪以来的奥运雕塑有更多的技法和材料的创新，风格偏向简洁构造和几何线条，主流为野兽派和立体派。奥运会主办国也纷纷建设以雕塑为主体的奥林匹克城市公园。罗马1960年奥运会在主场馆设置了大型古罗马雕像（图8-2），并将赛事直接安排在古罗马遗迹中，让比赛在雕像艺术氛围中进行。

图 8-2　罗马年奥运会主场入口的古罗马雕像

日本借助东京 1964 年奥运会之势建造了富士箱根雕刻公园。墨西哥在墨西哥城 1968 年奥运会上展示本国在雕塑方面的艺术成就，还邀请来自五大洲 16 个国家的 18 名雕刻家参加“友谊与艺术之路”的文化艺术活动。

韩国汲取东京 1964 年奥运会经验，为汉城 1988 年奥运会建造了奥运雕塑公园，陈列全世界近 200 件作品，其中现场制作的有 36 件，还有 155 名雕塑家捐赠的作品，它代表了当时世界雕塑的最高水平，成为世界公认的五大雕塑公园之一。

韩国奥运雕塑公园的主题纪念性雕塑为世界和平之门，高 24 米、宽 37 米、长 62 米，由钢筋混凝土构成，并装饰韩国传统建筑图形和制式。主场馆和广场点缀大型雕塑作品，以呼应建筑物。总面积 1742 平方米的奥林匹克美术馆中展示了 132 件雕塑作品，并结合多媒体新技术进行综合展示。此外，园区还有展示各类体育项目的小型雕塑，以凸显公园的奥林匹克运动气氛。

西班牙借巴塞罗那 1992 年奥运会的机会，进行了全新的城市改造，将古代雕塑遗产和新的奥运雕塑整合，改造中心集中在占地面积 400 公顷（1 公顷 =1 万平方米）的蒙锥克山地区。蒙锥克山为巴塞罗那地区临海制高点，可鸟瞰整个城区，自古为军事要塞，有诸多城堡遗迹。西班牙在原建筑基础上，增添奥运比赛场馆、艺术馆、西班牙喷泉广场和雕塑作品，使蒙锥克山地区成为集奥运文化、历史遗产于一身的世界级旅游胜地。

亚特兰大1996年奥运会恰逢奥运一百周年纪念，亚特兰大市政府建设了21英亩（1英亩≈4047平方米）的百年奥运公园，景观雕塑遍布其中，极大地丰富了亚特兰大城市景观。悉尼2000年奥运会打破公共艺术和建筑的界限，将雕塑与自然环保、城市建筑相融合，如使用太阳能板作为建筑雕塑材料，既能够点缀环境，又能够节能照明，一举两得。北京2008年奥运会举办了名为“百件奥运雕塑”的国际雕塑展和公共艺术活动，把上百件雕塑作品摆放在以奥林匹克公园为主的市区地标区域内，恰当地营造了奥运气氛，美化了城市环境。

图8-3　伦敦奥林匹克公园RUN艺术装置

伦敦2012年奥运会除了传统的运动形象雕塑之外，还有很多富含现代创意的装置艺术作品。艺术家莫妮卡设计的“RUN”是伦敦奥林匹克公园内最大的独立艺术装置（图8-3），艺术家使用钢铁和反光玻璃制作了三个9米高的字母，错落排序，白天能够产生镜像效应，反射周围景象融合在周围景观里，极具现代感，而夜晚其内置的LED灯会亮起，投出梦幻的光线，展示浪漫的氛围。

里约热内卢2016年奥运会恰逢北京与里约热内卢成为友好城市三十周年，北京市人民政府赠送里约热内卢市《中巴足球友谊赛》雕像。该雕像由中国雕塑家黄剑设计制作，展示了巴西“球王”贝利同汉武帝刘彻共踢一球的场面，人物造型动态飘逸，让人感受到在时空交错中人类体育历史的延绵不断。

特别值得一提的是里约热内卢2016年奥运会的圣火装置（图8-4），由“史上最小”圣火盆和金属质感的动力装置构成，该装置由巴西动力雕塑家安东尼·豪设计，属于风动力雕塑作品，直径12米，重达两吨，整体呈太阳放射状，中心是一圈能够翻转的环，每一节环上都附有风翼，每一片风翼都错开一定角度，在微风的带动下即可不断螺旋循环翻转。在圣火的映射下，整个装置如同太阳放射出光芒般熠熠生辉，象征着循环有力的体育精神永不停歇。

图 8-4　里约热内卢 2016 奥运会圣火动力雕塑装置

北京 2022 年冬奥会和冬残奥会向全球征集了上千件公共艺术作品，最终选出 7 件作品建设落地。动态艺术装置《雪舞·2022》、二次元雕塑人物《No.3 来自另一个平行宇宙的单板滑雪运动员》，以及《一路风景·生命的律动》《张灯结彩》《舟》《新 ET》《赤韧》等作品分别布置在奥运场馆旁和奥运公园中，理念多元，材质各异，覆盖了全年龄段的审美情趣，充分体现了奥运会的包容性。

小贴士

雕塑家黄剑女士连续六届为奥运会创作永久性大型雕塑，荣获“奥运艺术使者”以及“奥林匹克中国行宣传大使”称号，其雕塑作品《唐明皇击球图》作为国礼赠送给土库曼斯坦总统，并创作了诸多奥运主题雕塑作品：

北京 2008 年奥运会大型群雕《明皇贵妃马球图》

伦敦 2012 年奥运会大型群雕《中英马球友谊赛》

里约热内卢 2016 年奥运会大型雕塑《中巴足球友谊赛》

洛桑 2020 年冬青奥会大型雕塑《奥运女神》

东京 2020 年奥运会大型音乐动态雕塑《中日柔道友谊赛》

北京 2022 年冬奥会大型音乐动态雕塑《冬奥之约》《冬奥之梦》《冬奥之歌》

北京 2022 年冬奥会大型雕塑《万年之约》《同心圆梦》

第四节　奥林匹克绘画

一、奥林匹克绘画的出现

古希腊绘画多在建筑墙壁、木板和陶器上进行。至今保存相对完好的是陶器彩绘，也叫瓶画，从中能观摩到许多古代奥运会的场面和选手的英姿。瓶画先后流行四种艺术风格：几何风格、东方风格、黑绘风格和红绘风格，后两者是最主要的风格。

黑绘风格出现在公元前 6 世纪初，这种风格下的瓶画背景保持陶土的原色，仅将人物涂成黑色，加以线条勾勒细节，生产者和绘画者通常会在作品上留下姓名。

红绘风格出现在公元前 6 世纪末，与黑绘风格相反，红绘风格将人物保持陶土原色，以线条勾勒细节，将背景涂黑，并凸显当时雕塑所具有的现实主义特点。公元前 3 世纪亚历山大帝国建立，希腊文化向东方传播，进入“泛希腊时期”，出现了一些具有漫画特色的趣味小幅画。

进入现代奥运会时期，奥林匹克绘画体现为宣传画、秩序册封面、商业海报以及奥林匹克艺术竞赛中的获奖作品等。艺术风格、制作技法、绘画形式和内容日趋多元化。

1896 年起，海报开始用于奥运宣传，在第一届奥运会结束之后，雅典奥组委向国际奥委会提交奥运会仪式和比赛情况的报告，并为此特意设计了一张海报，象征着现代奥运会传承古代奥运会而诞生。

在巴黎 1900 年奥运会上，法国人帕尔设计了一幅女性击剑运动员形象的宣传画。虽然当时女性还不被允许参加击剑比赛，但因为这一届奥运会是世界博览会的一部分，所以设计的重点着重于宣传广告。

二、现代奥运会官方海报

斯德哥尔摩 1912 年奥运会诞生了第一张官方海报（图 8-5）。为了更好地宣传奥运会，斯德哥尔摩奥组委邀请瑞典皇家美术学院院长设计奥运会官方海报，院长采用了古代奥运会常见的裸体雕塑形象，后因公众批评其“过于大胆”，教授又添加了一些丝带以掩盖运动员的身体部位。海报发行了大小两个版面，大版面使用了 16 种文字印制了 88350 张，小版面使用了 5 种文字

图 8-5　斯德哥尔摩 1912 年奥运会官方海报

印制了 30900 张，此外，还设计了另一幅表现各个国家代表队入场和运动员比赛的宣传画。

阿姆斯特丹 1928 年奥运会宣传画一共有 5 张，其中官方海报由德国画家乔赛普·乔安纳斯设计，一张是运动员在蓝天下奔跑，展示荷兰人坚韧的风格和力量的动感平衡（图 8-6）；另一张是运动员高举月桂枝条奔跑，代表奥运会乘风破浪前行。在宣传画背景中出现了奥林匹克五环旗，自此奥林匹克五环进入奥运宣传画。

图 8-6　阿姆斯特丹 1928 年奥运会官方海报

加米施－帕滕基兴 1936 年冬奥会的官方海报制作了两种尺寸，大尺寸用 13 种语言发行了 106450 份，小尺寸用德语制作了 106150 份。官方海报上的滑雪者形象由德国著名设计师路德维希·霍尔维恩设计，特点是在平涂色彩的基础上突显色彩对比和材质纹理，以加强画面形象的深度感，风格简约的同时又有丰富的立体感。（图 8-7）

1940 年奥运会因“二战”而未能举办，赫尔辛基 1952 年奥运会便沿用了当年的海报（图 8-8），仅将图案线条和日期进行了更新。图案为奔跑的帕沃·鲁米，他是奥运会历史上获得金牌数量最多的田径运动员，被誉为“芬兰飞人”。大幅面海报

图 8-7　加米施·帕滕基兴 1936 年冬奥会官方海报

图 8-8　赫尔辛基 1952 年奥运会官方海报

用 9 种语言发行了 8.2 万份，小幅面海报用 20 种语言发行了 3.3 万份。

墨尔本 1956 年奥运会是第一次在南半球举办的奥运会，共有 9 张奥运宣传画，包括 2 张官方海报、6 张奥运电影海报和 1 张比赛场地图。官方海报的设计内容以奥林匹克五环为主，脱离了以前以人物形象为主的设计，体现装饰美术的概念。其中一张是奥林匹克五环和墨尔本盾形纹章。

因斯布鲁克 1964 年冬奥会的官方海报在黑色的背景上放大了冰晶细节，突显奥林匹克的彩色五环。格勒诺布尔 1968 年冬奥会官方海报的五环立体动感，极具现代风格。

1976 年因斯布鲁克第二次承办冬奥会，为纪念历史上的两届奥运会，因斯布鲁克同时点燃了两座圣火台。其官方海报由亚瑟·泽尔格设计，海报整体呈现中性风格，遵循不特别展示某一具体运动的原则，使用白色色块象征所有冬季项目中的共同元素：滑雪道、雪橇以及滑冰鞋的刀片等，白色色块上面的矩形代表着因斯布鲁克的首字母“I”，背景中彩色的山峰象征着蒂罗尔山脉。

莫斯科 1980 年奥运会共设计了 22 张宣传画，此外还设计了 208 张应用宣传画，其中含 40 张官方海报，内容包括比赛、艺术、文化节、火炬接力、吉祥物等，这一届官方海报把红黄蓝绿 5 个圆环变成了 5 种颜色的路、手和旗帜，体现了丰富的想象力。

洛杉矶 1984 年奥运会共有 144 张宣传画，其中有 3 张官方海报，以象征官方徽章的“运行之星”为主要内容，作品体现了拼贴画艺术的精髓，此外还有 10 张卡通宣传画和 20 张有赞助商标志图案的宣传画，有着浓厚的商业气息。

汉城 1988 年奥运会共有 90 张宣传画，其中官方海报两张，其中一张五环以光芒万丈的方式出现，象征着奥林匹克理想永远照亮世界，手持火炬的赛跑者象征着人类朝着幸福与繁荣前进，背景底色象征着韩国是“晨曦之国”。海报使用了当时最先进的电脑图形技术进行设计制作，充满科技感。此外，这次奥运会还设计了项目图标、场地指示图和大会用品等。

卡尔加里 1988 年冬奥会官方海报以卡尔加里市的景色为背景，上面有奥林匹克五环、官方会徽、日期、城市以及“一起参加卡尔加里冬奥会”的标题，海报上的官方会徽既象征着雪花，又模拟加拿大的枫叶造型，会徽由加拿大和卡尔加里的首字母“C”组成，整体具有丰富的象征意义。

巴塞罗那 1992 年奥运会制作了四个系列共 58 款海报，分别为 4 张奥运会官方海报、8张画家海报，以及设计师海报和体育摄影海报。其中，使用会徽的官方海报由何塞夫·玛利亚·特里亚丝设计，用色块代表运动的人，人物头部使用蓝色，代表地中海，上肢使用黄色，代表灿烂的阳光和开放热情的待客之道，下肢使用鲜红色，呼应西班牙红黄相间的国旗颜色，人物跨越五环，充满活力。巴塞罗那奥组委还限量制作了海报的丝网印刷版和石版画，由作者签名赠送给参观巴塞罗那的贵宾。

长野1998年冬奥会制作了5种官方海报和7种体育海报，并且为开幕式特别制作了海报。其中一版官方海报由青叶益辉设计，展示了黎明时分一只画眉鸟栖息在雪山的滑雪杖上，表达了人与自然和谐相处的概念。

悉尼2000年奥运会海报有4个分类共50张，官方海报由不同创作和文化背景的几位设计师联合设计，用飞镖、悉尼歌剧院帆形屋顶图案，以及奥运圣火共同构成“千禧人”的运动员的形象，体现充满活力和原始风情的绘画风格。

盐湖城2002年冬奥会官方海报内容是会徽旗帜飘扬在雪山之上。第19届冬奥会会徽使用了鲜明的颜色构成雪花图案，黄色、橙色和蓝色都源自犹他州的景观，传达“对比、文化和勇气”三个象征意义。对比象征着犹他州既有干旱沙漠又有雪山的综合景观；文化代表着犹他州丰富多样的文化遗产；勇气体现了运动员精神和奥运会精髓，充分反映了当地景观、遗产多样性以及奥林匹克精神。

都灵2006年冬奥会官方海报以“安托内利尖塔”为中心元素，安托内利尖塔也被称为都灵塔，是19世纪全球最高的建筑物，也是都灵的地标建筑，从塔顶可以欣赏城市和阿尔卑斯山脉的美景，海报反映了冬奥会、体育和举办地的价值融合。

北京2008年奥运会宣传海报有主题海报、人文海报、体育海报三大类，其中，主题海报由五环图案结合了中国传统书法艺术和篆刻技艺，并通过对“文”这个汉字的艺术化加工完美地展示文化和体育的关系，为奥林匹克赋予深刻的历史文化韵味。

温哥华2010年冬奥会官方海报用色清新冷冽，白色的背景上使用蓝色和绿色的图案纹理组成半片枫叶，使用的纹理图案都是温哥华当地的素材，包括了自然景观、动植物和城市元素，并在几周的时间内手工拼接制作出不同的图案，最后进行数字化处理。

索契2014年冬奥会官方海报充分体现了此届冬奥会的特色：高加索山脉雄伟地耸立在黑海之上，象征着本届奥运会的两个比赛区域：一个在黑海岸边，另一个在克拉斯纳亚波利亚纳山谷。第22届冬奥会会徽以“sochi2014.ru”的互联网地址形式占据了整个海报中心，象征着现代性、创新性和活力，以及 sochi2014.ru 这一概念作为遗产平台代代相传，这是第一个没有任何绘制图案仅使用印刷体的会徽。海报上的标语“HOT”（热）是指体育比赛的激烈程度和观众的热情以及索契在俄罗斯的南部，“COOL”（凉爽）是指冬奥会和俄罗斯寒冷气候，“YOURS”（你的）意味着奥运会是属于运动员和公众的，每个人都可以参与进来。

平昌 2018 年冬奥会官方海报构图简单清晰，以白色为底上绘会徽，会徽图案是将韩文中“平昌”两个字的子音加以形象化，采用了韩国的传统色彩——五方色（青、赤、黄、白、黑），象征着天地合一、雪花与冰凌、冬奥选手和来自全球各地的人们欢聚一堂。

北京 2022 年冬奥会发布 3 套官方海报和 11 套宣传海报，宣传海报从数千幅征集作品中挑选出来，图案以体育为主题，有的融入中国结、春联笔墨等传统元素，有的把冬奥口号和北京传统北海溜冰的场景相结合，体现了奥运会、城市、人之间的紧密关系。官方海报主要以冬奥会会徽和吉祥物为特色，其中会徽版延续了北京 2008 年奥运会官方海报的布局，以冰雪场馆和风景为背景，凸显简洁明快的奥运会会徽和“BEIJING2022”字样，体现了北京作为奥运史上首座“双奥之城”的历史意义。

小贴士

历届冬奥会花絮

国际奥委会早在 1911 年便开始讨论举办冬奥会的提议，但遭到了北欧国家的反对，他们认为古代奥运会没有冬季项目，所以现代冬奥会没有历史传承，而且会和“北欧运动会”重复，于是 1924 年国际奥委会赞助了法国夏蒙尼的冬季运动周却无法使用“冬季奥运会”一词冠名，两年后国际奥委会才正式确认这届比赛为第一届冬奥会。

圣莫里茨 1928 年冬奥会是第一届与奥运会不在同一国家举办的冬奥会，也是第一次有亚洲国家参加的冬奥会。

普莱西德湖 1932 年冬奥会恰逢经济萧条时期，并遭到当地环保组织的反对，其奥组委主席戈弗雷·杜威先生最终个人捐赠了一块他的家庭土地用于修建雪橇道。

圣莫里茨 1948 年冬奥会是“二战”之后第一届冬奥会。

格勒诺布尔 1968 年冬奥会也是第一届使用彩色电视转播技术的奥运会。1969 年国际奥委会发布格勒诺布尔冬奥会正式报告，这是第一份由国际奥委会发布的冬奥会官方报告。

日本是亚洲首个举办奥运会的国家，共举办过三次，分别是东京 1964 年奥运会和札幌 1972 年冬奥会和东京 2020 年奥运会。

普莱西德湖 1980 年奥运会是该市第二次承办冬奥会，此届冬奥会第一次使用造雪机进行人工造雪。

1986 年国际奥委会决定夏季和冬季奥运会分别在不同的年份举行，利勒哈默尔 1994 年冬奥会是第一届按照新时间表举办的冬奥会，也是唯一一届与上一届仅间隔两年的冬奥会。

盐湖城 2002 年冬奥会是“9·11”事件后首次举办的全球性体育盛会，场馆安保建设方面采用当时先进的人脸识别技术和监控系统，安保投入力度远超此前任何一届奥运会。

北京由于承办了 2008 年奥运会和 2022 年冬奥会，成为世界奥运史上首座“双奥之城”。

第五节　奥林匹克建筑

奥林匹克建筑可分为古代奥林匹克建筑和现代奥林匹克建筑。古代奥林匹克建筑集中在古希腊奥林匹亚，比赛最初在草地上进行，观众站在山坡上观看比赛。

一、最初的古代奥运会体育场

公元前 3 世纪修建了第一个奥林匹亚体育场。体育场为矩形，东西长 212.5 米、南北宽 28.5 米，可供 20 名运动员同时比赛，跑道的起跑线和边线都用石条铺成，起跑线的石条上刻有两道平行的小槽作为运动员起跑助跑器，边线石条上刻有水槽，为运动员提供可饮用的清水。体育场周围是依附山坡走势的看台，约能容纳 4.5 万名观众，南侧是为贵宾和裁判员提供的主席台，北侧最高处是德米拉神庙，西侧有柱廊和运动员入口，类似现代体育场造型。体育场外面有 16 尊宙斯雕像，是由作弊选手和裁判员的罚款所建，雕像基座上还有这些人的姓名、其父母和城邦的名字，以警示后人遵守运动道德。

第一个奥林匹亚体育馆建于公元前2世纪的古希腊时代，是由白色石质立柱环绕的露天场馆，长200米、宽70米，专供18岁以上的男性运动员使用。体育馆内设置按摩室、涂油室和淋浴间，旁边还有修建于公元前3世纪的巴勒斯托拉角力学校，以及用于纪念奥运冠军的英雄纪念堂。此外，奥林匹亚周边还有很多体育设施，如训练场、健身房、游泳池、摔跤场以及跑道沙坑等，体育氛围非常浓厚。

二、现代奥运会主场馆

现代奥运会第一个主场馆是潘纳辛纳科体育场（图8-9），由希腊建筑师阿纳斯塔西奥斯·梅塔克萨斯在古代体育场的基础上设计改建，使用大理石建造而成。外形为古希腊晚期的长马蹄形，看台共有47排，可容纳6万名观众。跑道全长333.33米，但因为当时财政紧缺，质量比较差。在体育场门前放置了体育场出资人乔治·阿维罗夫的雕像。

图8-9 希腊潘纳辛纳科体育场

现代奥运史上第一个具有现代风格的体育场是伦敦1908年奥运会时修建的白城体育场（图8-10），它也是第一个专门为奥运会修建的体育场。场内使用现代建筑材料，铺设了煤渣跑道和水泥跑道，中间是足球场，此外还修建了、跳高跳远用的沙坑，以及一个长100米、宽15米的游泳池和跳水跳台。

图8-10 伦敦1908年奥运会白城体育场

第一个设置了电动计时器和终点摄影设备的体育场是斯德哥尔摩 1912 年奥运会体育场。其内部设施代表了当时的先进水平，可以将田径成绩精确到 0.1 秒。体育场规模较小，仅能容纳 3.7 万名观众。建筑使用暗紫罗兰色的天然石材，结合钢筋混凝土建造而成。

安特卫普 1920 年奥运会的主体育场（图 8-11）首次使用了周长为 400 米的跑道。此体育场是一个木钢结构的混合建筑，可容纳 3 万名观众。

图 8-11　安特卫普 1920 年奥运会开幕式中士兵们准备放飞和平鸽

德国历史上第一座体育场（图 8-12）是为迎接 1916 年奥运会所建，但是因为“一战”的爆发，直到 1936 年第 11 届奥运会时才得以使用。其建筑审美继承了古希腊的建筑风格，完美展现了新古典主义风格。

图 8-12　柏林 1936 年奥运会主场馆外观

阿姆斯特丹 1928 年奥运会第一次实践了体育中心的概念，在一个 52 公顷的奥林匹克公园内兴建了体育场、摔跤馆、拳击馆、游泳池和网球场。主场馆可容纳 4 万名观众，使用钢筋混凝土框架结构及砖石外墙体。（图 8-13）

洛杉矶 1932 年奥运会开始运行奥运村模式，其主场馆洛杉矶纪念体育场（图 8-14）在原有场馆设施基础上增建，总共可容纳 10.5 万名观众，并且设置了比赛后可拆除的临时看台，表明了人们考虑到了赛后场馆使用的问题。其建筑风格为欧洲现代主义。

冬奥会由于项目较少，资金有限，场馆建设相对简约。最初的几届冬奥会大多依附自然地理条件或在现有场馆进行，比如夏蒙尼 1924 年冬奥会仅新建一处滑冰场，

图 8-13　阿姆斯特丹 1928 年奥运会主场馆

供滑冰和冰球比赛使用，其他项目均在原有的自然场地、山体上进行，加米施－帕滕基兴 1936 年冬奥会仅略微改造了自然场地以满足比赛需要，未兴建任何场馆。随着“二战”之后世界经济技术稳定发展，冬奥会场馆的建设也日益宏大，功能日趋丰富。斯阔谷 1960 年冬奥会专门为开闭幕式建设了 1.1 万人规模的布莱斯竞技场，并首次采用了人工技术的冰面。

图 8-14　洛杉矶 1932 年奥运会主场馆

罗马 1960 年奥运会（图 8-15）采取奥林匹克中心规划模式，以罗马城为范围修建了很多新的体育场馆，并对城市进行了全面改造，提高了城市的现代化水平，改进了城市基础设施。

图 8-15　罗马 1960 年奥运会开幕

东京 1964 年奥运会兴建场馆时充分考虑了赛后场馆利用的问题，使用大量临时组装式结构建筑以节约资源，分散地建设了三个建筑群：场馆集中的明治公园、市中心公园，以及综合日本古建筑艺术和现代化技术的代代木公园（图 8-16）。

图 8-16　东京 1964 年奥运会主场馆

因斯布鲁克1964年冬奥会（图8-17）时期因气候的问题雪量缺乏，奥地利动用军队从山区运来两万块冰，用于建设雪橇赛道，这是奥运史上第一次使用人造冰的雪橇赛道。相比天然冰赛道，人工冰赛道的状况更加可控，极大提高了雪橇项目的安全性。此外为建设滑雪场，他们还运送了4万立方米的雪到高山滑雪场，并储存2万立方米的雪作为备用。

图8-17　因斯布鲁克1964年冬奥会

墨西哥城1968年奥运会共有16个综合场馆和27个训练中心，主场馆第一次铺设了人造塑胶跑道，有效提升了运动员成绩。奥运村按照居民小区设计，以便后续使用。

慕尼黑1972年奥运会在奥博维森奥林匹克公园进行，为实现“在公园里的奥运会”和“轻松愉悦地进行竞赛”的理念，慕尼黑进行了城市环境整体改造工程，并将主场馆设计为半透明的帐篷屋顶（图8-18），以营造园林场馆和谐的自然氛围。

图8-18　慕尼黑1972年奥运会主场馆帐篷屋顶

蒙特利尔1976年奥运会在豪华的梅宗纳夫奥林匹克体育中心进行（图8-19）。

该中心占地750亩（1亩≈667平方米）包括体育场、室内游泳池、跳水池、自行车赛场和体育博物馆，最多可容纳7万名观众，场内有213米高的鹰嘴式高塔，塔顶有悬挂顶棚，打开后可覆盖整个体育场。

图8-19　蒙特利尔1976年奥运会仪式表演

莫斯科1980年奥运会的主会场在列宁中央体育场（图8-20）。场馆高10米，占地3万平方米，覆盖5毫米厚的钢板，用32根立柱作为支撑，看台和包厢可以容纳3.5万人，赛场可以容纳10万人。莫斯科为这届奥运会改建了许多原有设施，并修建了新的广场，投入颇大。

图8-20　莫斯科1980年奥运会主会场

洛杉矶纪念体育场（图8-21）在原来基础上添加了国家首脑包厢，铺设了塑胶跑道，并增加了90个出入口和70个旋转门，以容纳92604名观众快速出入，是世界上最大的体育场之一。此外场边建有一个高54.72米的奥林匹克火炬塔，上面安装

图8-21　洛杉矶1984年奥运会主场馆

了巨幅彩色电子积分牌，并在加利福尼亚的两所大学内，新建了两个奥运村。

图 8-22　卡尔加里 1988 年冬奥会开幕式

卡尔加里 1988 年冬奥会（图 8-22）建设了世界上首个全封闭室内速滑比赛场馆。速滑馆位于卡尔加里大学校园内，拥有 400 米标准速滑道和两个标准冰球场，外形呈胶囊状，结构采用混凝土交叉拱，可容纳 4000 名观众，有效提高了运动员比赛时的安全性和观众的舒适度。卡尔加里速滑馆对后期速滑建筑设计产生了深远影响。

汉城 1988 年奥运会主场馆在蚕室奥林匹克比赛场（图 8-23），占地 413 万平方米，最多可容纳 10 万人，并设置 52 个出入口以便 10 万名观众可在 15 分钟内出入完毕，还安装了高 14 米、宽 34 米的豪华大型多用途电视屏。此外韩国为筹办此届奥运会新建了大量现代化的一流体育场馆。

图 8-23　汉城 1988 年奥运会主场馆

巴塞罗那 1992 年奥运会的主会场（图 8-24）在 1929 年世博会场馆基础之上改建而成，外貌保持了原有的古朴典雅，门口两侧矗立着希腊雕塑的复制品“骑马者”，其对面是巨大的电子记分牌，形成传统和现代的呼应。除了主场馆所在的蒙锥克山区域之外，整个奥运城市改造建设还涉及以奥运港口为中心的海洋公园、以诺坎普球场为中心的西南地区以及以排球馆为中心的北部地区，并辐射到 15 个加泰罗尼亚大区城市和两个外省城市。巴塞罗那借奥运之机将工业区搬到了自贸区，并在原来的地方新建了绿色奥运村，极大地改善了地区环境，全面提升了城市艺术景观，为城市乃至整个国家带来巨大的旅游资源。

阿尔贝维尔 1992 年冬奥会（图 8-25）是场地最为分散的一届冬奥会，13 个场馆分布在约 1000 平方公里的扇形奥林匹克公园内，法国希望通过举办冬奥会带动区域发展和周边旅游业发展，自此之后的冬奥会建设规模逐渐扩大。

在后现代主义和地域主义建筑思潮的影响下，利勒哈默尔 1994 年冬奥会的 3 座新建场馆均采用木质结构（图 8-26），营造自然和谐的气氛。其冬奥会速滑馆以“维京船”为造型，以体现挪威的维京海洋文明的起源。

长野 1998 年冬奥会主场馆的速滑馆采用索缆悬挂结构，使用长野本地落叶松制作“M”状波浪形屋顶，以象征长野当地多山的地理风貌和营造温馨的室内环境。场馆使用大

图 8-24　巴塞罗那 1992 年奥运会的主场馆

图 8-25　阿尔贝维尔 1992 年冬奥会开幕式飞行表演

图 8-26　利勒哈默尔 1994 年冬奥会速滑馆

面积玻璃和百叶，提供充足的阳光和良好的空气循环，场馆两端的座椅可以移动，大厅中间悬挂滑动调板以便分割多功能空间。

悉尼 2000 年奥运会以可持续发展为理念建设奥运设施，主场馆澳大利亚体育馆（图 8-27）是奥运史上规模最大的主会场，由巨型曲线网架围合而成，可容纳 11 万名观众。

图 8-27　悉尼 2000 年奥运会开幕式

盐湖城 2002 年冬奥会共有 11 座场馆，其中 7 座为新建场馆，瑞斯埃克尔斯体育场是开闭幕式场馆，可容纳 45017 人。犹他奥林匹克椭圆速滑馆占地面积约为 4 个足球场大小，有两个标准冰球场，其所在地卡恩斯海拔高度有 1425 米，是世界上海拔最高的室内椭圆形体育馆，高海拔空气相对更加稀薄，使得冰面更坚硬、密度更大，因此犹他速滑馆的冰面也被认为是世界上速度最快的。

都灵 2006 年冬奥会是首次提供手机实时视频报道的冬奥会，圣火台为历届最高，高度为 57 米，分别由 31 米、15 米和 11 米的三段组成。奥林匹克帕拉竞技冰球馆是举办开闭幕式以及冰球比赛的地方，观众席特别设置全透明座椅，以营造出冰天雪地的视觉效果，部分观众席设计为可移动式，冰球场设计了升降功能，以备后期可作为演出、展览、体育场等多功能场馆使用。

北京 2008 年奥运会的中心区域奥林匹克公园，占地面积 11.59 平方千米，其主场馆“鸟巢”（图 8-28）是由中外设计师融合中国传统文化和现代建筑艺术联合设计而建，“鸟巢”外覆灰色半

图 8-28　北京 2008 年奥运会主场馆“鸟巢”

透明钢网，既能防水又无碍采光，空间设计规划科学人性，出入口、楼梯的动线合理有效，使每一个观众都能看到整个赛场，被当时英国《泰晤士报》评为“最强悍”工程。2022年将在“鸟巢”举办冬奥会及冬残奥会的开闭幕式。

温哥华2010年冬奥会大部分场馆建设在已有的社区之中，比如使用哥伦比亚大学雷鸟竞技场为冬奥会冰球比赛服务。温哥华2010年冬奥会首次将冬奥会场馆和残冬奥会场馆共用，所以在所有场馆中都设置了更加充分的无障碍设施，比如使用移动幕墙代替更衣室的普通房门，以便轮椅出入，并使用更加绿色节能的热循环系统。

伦敦2012年奥运会主会场在伦敦东部的奥林匹克公园，主场馆奥林匹克体育场位于三面环水的岛上，体育场造型上宽下窄，酷似“碗状”。建筑秉承节能环保的理念，使用工业废料回收的低碳混凝土和煤气管，极大缩减了钢材的使用。8万张座椅中只有2.5万张是固定的，其他均可以根据需要拆除。主场馆旁边是安赛乐米塔尔轨道塔，高114.5米，周身环绕着红色钢网，从塔上可俯瞰整个奥林匹克公园，既是功能性建筑物又是装饰性艺术雕塑装置，在本届奥运会之后设计师又给轨道塔添加了滑道，增加了娱乐趣味性。

索契2014年冬奥会场地建设分为两个地区：举行冰雪赛事的黑海沿岸和卡拉斯拉雅波利亚纳山脉的山区，两个区域之间仅需30分钟车程，运动员村与场地平均距离仅有5公里，是奥运史上布局最紧凑的一届冬奥会。本届冬奥会13个场馆全部都是新建，主场馆菲施特体育馆可容纳4万名观众，采用透明全玻璃结构和聚碳酸酯屋顶，外观远看像是镶嵌珠宝的蛋壳，观众席可欣赏高加索山景和黑海的海景，形成山海风景画廊，空间通透宜人。

图8-29　里约热内卢2016年奥运会主场馆

里约热内卢2016年奥运会的建筑以原有建筑和临时建筑为主，并沿用伦敦2012年奥运会的设计建筑团队。主场馆设在建于1950年的马拉卡纳体育场（图8-29），该体育场设有大量的站席，最多能容纳约20万人，是世界上最大的足球场，也是巴西足球爱好者心目中的圣地。

平昌2018年冬奥会是目前为止参赛人数最多、规模最大一届冬奥会，其场馆建设费用仅有索契冬奥会的1/4。13个场馆中新建场馆为7个，其他均为原有场馆改造，外形普遍简洁无繁复装饰。主体育场（图8-30）为7层看台环绕的五角形建筑，可容纳3.5万人。建筑材料大量使用PTFE膜材以及防水布，并建设配套的风电站和太阳能设备，大幅降低场馆建设费用。此外政府补偿因建设场馆而破坏的森林区域双倍绿植面积，实现绿色奥运的愿景。

图8-30 平昌2018年冬奥会江陵场馆

北京2022年冬奥会秉承可持续发展理念，主要沿用并改造北京2008年奥运会的遗留场馆，唯一新建场馆是国家速滑馆（图8-31）。场馆拥有世界上最大跨度的正交双向马鞍形索网屋顶，外部覆盖3360块曲面玻璃，呈现出充满高速滑动感的“冰丝带”造型。使用二氧化碳跨临界直冷制冰技术，能够大幅降低场馆的用电量，实现绿色环保的目标。近1.2万平方米的亚洲最大冰面可以同时接待2000人开展冰上运动，可以满足赛后场馆的公共使用。

图8-31 北京2022年冬奥会国家速滑馆

北京冬季奥林匹克公园建在原首钢工业遗址上，总占地面积171.2公顷，是北京第二座以奥林匹克为主题的体育公园。北京冬奥组委总部、主运行中心、首钢滑雪大跳台等建筑都坐落其中。国际奥委会认为，首钢滑雪大跳台（图8-32）是北京

图 8-32　北京 2022 年冬奥会首钢滑雪大跳台

2022 年冬奥会最独特的场馆，跳台周围比邻四座工业冷却塔，风格独树一帜，是世界上第一个永久性的大跳台赛场。

三、奥林匹克博物馆

另一个重要的现代奥林匹克建筑是位于瑞士洛桑的奥林匹克博物馆。博物馆建于 1993 年 6 月 23 日，内藏有关奥林匹克运动史影像资料 17500 小时、图片 40 万张、图书 1.5 万册及著作、杂志 1.8 万种，是世界上收藏最完整、最为知名的体育博物馆。博物馆建筑面积 1.1 万平方米，展览面积 3400 平方米，地上 2 层，地下 3 层，以配合阿尔卑斯山和莱蒙湖的田园风光。建筑物正面以白色大理石覆盖，门前装饰 8 根大理石圆柱，上刻历届奥运会举办年份和城市的名字，以及历任国际奥委会主席的名字。博物馆内部常设古代奥运会历史展、现代奥林匹克历史展、顾拜旦个人展、奥林匹克邮票和纪念币展，用图片、声音、实物以及现代影像手段全方位展示奥林匹克。

小贴士

在极端气候条件下场馆建筑的制冷和制热问题需要周全的考量，不仅需要考虑运动员的状态和比赛设施的维护，还需要为观众提供良好的观赛条件。平昌 2018 年冬奥会以节约为原则筹建，鉴于平昌本地人口较少，冬奥会之后可能不足以支撑场馆的长期运营，所以主体育场做成了临时建筑，仅用于开闭幕式，并未设置屋顶和取暖设备。在开幕式当天遇寒流，场馆温度仅为 3.4 摄氏度，2.5 万名观众中有 13 人冻伤就医。此前三届冬奥会开闭幕式场馆均设有顶棚。

第六节　奥林匹克邮票与纪念币

一、奥林匹克邮票

第一张奥林匹克邮票发行于 1896 年第 1 届奥运会，当时因为国家财政困难，希腊政府宣布不能举办奥运会，顾拜旦亲赴希腊公关，获取了希腊王储康斯坦丁和国王乔治一世支持，由此政府开始在全国发起募捐活动，共筹集 33 万多德拉马，但经济问题仍然存在，希腊邮政领导戴米特斯·萨克拉夫斯提议通过发行邮票募资，最终诞生了世界上第一套体育邮票。这套纪念邮票一共发行了 12 枚，共 8 种有关体育比赛和体育运动艺术的图案，如“掷铁饼者”“宙斯神庙”“古竞技场”等，最终筹得 40 万德拉马，拯救了奥运会，并由此开创奥运会发行邮票的历史。

1990 年比利时为第 7 届奥运会发行了 3 枚附捐邮票，分别为 5、10、15 比利时法郎，有齿和无齿两种。附捐金额用来慰问在“一战”中受伤的士兵，这是最早发行的奥林匹克附捐邮票。

1924 年法国为第 8 届奥运会发行了 4 枚纪念邮票和 1 枚小型张，还发布了 2 套奥运邮资明信片，这是世界上第一次发行奥林匹克小型张邮票和邮资明信片。乌拉圭同时为此次奥运会发行了 3 枚邮票，是第一个奥运会非主办国发行奥林匹克邮票的国家。

1932 年美国为第 3 届冬奥会发行了第 1 枚冬奥邮票，画面为一名运动员飞速下滑的运动场景。

德国为柏林 1936 年奥运会发行 8 枚邮票，图案为身着五环图案标志服装的运动员。这是奥林匹克五环首次出现在主办国发行的邮票上，并首次发行 2 枚附捐小型张。在此之前，1928 年在荷兰举办第 9 届奥运会时，葡萄牙将奥林匹克五环用于其发行的奥运邮票上，是第一个发行奥林匹克五环邮票的非主办国。

日本为东京 1964 年奥运会发行了 6 组 20 枚邮票，共发行 10 多万枚，并发行 2 枚小型张和 1 枚奥运火炬邮票，是亚洲发行奥运邮票数量最多的国家。为纪念这一届奥运会，乌干达、肯尼亚和坦桑尼亚联合发行 1 套 4 枚邮票，这套邮票可在三国通用，这是首次出现多国通用邮票。

苏联为莫斯科 1980 年奥运会共发行了 74 枚邮票、7 枚小型张、13 枚邮资明信片和大量的纪念邮资信封，发行工作在奥运会开始前 4 年就开始进行。

苏格兰为纪念洛杉矶 1984 年奥运会，发行了世界上第 1 套黄金奥运邮票。邮票 1 套 10 枚，展现了各种比赛画面，每枚邮票面值 8 英镑，以纯 22K 黄金打造。

韩国为汉城 1988 年奥运会发行了 11 组共 28 枚附捐邮票和 24 枚附捐小型张，是发行附捐小型张数量最多的国家。

希腊政府为鼓励运动员在雅典 2004 年奥运会创造佳绩，为每名获得奖牌的希腊运动员颁发纪念邮票小版张，希腊最终获得 16 枚奖牌，一共发行了 17 个小版张，其中男子举重 62 公斤级比赛铜牌得主雷奥尼达斯·桑帕尼斯因兴奋剂检查阳性，其奖牌被收回，这枚纪念他的邮票也在发行 6 天后被迫收回，成为一枚非常特殊的奥运邮票。

荷兰为都灵 2006 年冬奥会发行了世界上首套带有视频功能的邮票小全张，图形高 52 毫米，宽 30 毫米，图案为荷兰的两位冬奥冠军，邮票通过微透镜技术印刷，能够连续展示 12 幅运动员滑雪的场面。

历史上还有一枚特殊的集中营奥运邮票。“二战”时期，被关押在德国法西斯集中营的波兰军官不知道奥运会也停办了，于是他们冒着风险举办了集中营奥林匹克，并展开简单的体育比赛，同时一些被关押的邮票爱好者在木头上手工刻出有集中营字样的奥运邮票，并在粗糙的纸上印制了几千枚，以表达人们对法西斯的抗议以及对奥林匹克的热爱。

奥运邮票极具收藏价值，价格随年代而增长，没有使用过的整套奥运邮票极为罕见，特殊邮票如集中营邮票以及因印刷失误造成的废品邮票，因数量稀少，在收藏市场上价格也很高。

萨马兰奇也是集邮爱好者，并认为体育集邮和奥林匹克有着强烈的文化关系，所以自他1890年担任国际奥委会主席之后，积极倡导建设国际奥林匹克集邮联合会。该联合会于1892年12月7日成立，总部就设在瑞士的国际奥委会，萨马兰奇担任该联合会主席。

联合会最开始采用个人会员制。为进一步弘扬奥林匹克精神，促进体育文化发展，萨马兰奇改组奥林匹克集邮联合会。1994年10月，国际奥委会在瑞士洛桑召开全国体育集邮协会代表大会，宣布改建后的新的国际奥林匹克集邮联合会成立了，并使用团体会员制。现在该联合会是归属国际奥委会的国际性集邮组织，也是国际集邮联合会的准会员，在全世界有超过30多个组织成员。

二、奥林匹克纪念币

奥林匹克纪念币是带有奥林匹克图案与文字的体育纪念币，包含古希腊时期的金银质硬币以及现代奥运纪念币。奥运纪念币材质多为贵金属物，以金、银、铜、镍以及金银混合等材质为主。各类纪念币都体现了主办国的民族风格和当时对奥林匹克的理解，因此极具收藏价值和研究价值。

公元前420年，奥林匹亚建造了古希腊第一座造币厂，用于生产以宙斯神、赫拉女神以及奥运比赛项目为图案的金币和银币。这些硬币一直发行了1000多年，只有少数流传下来。为纪念菲利浦二世在第105届古代奥运会上夺取金牌而在公元前356年发行的纪念币是目前现存最早的奥林匹克纪念币。

现代奥运会的第1枚纪念币是芬兰为赫尔辛基1952年奥运会发行的，分别为金币和银币，上刻五环图案及年份，面值为500马克。金币共发行了18500枚，银币共发行586500枚，现在这套纪念币的市场价格为当时的50倍。

奥地利为因斯布鲁克1964年冬奥会发行一枚面值50先令、刻有五环的20克重银币，正面是国徽和币值，背面是跳台滑雪图案，这是第1枚冬奥会纪念币。

日本为东京1964年奥运会发行了两枚银质纪念币，从此每届冬奥会和奥运会都把发行纪念币作为惯例。

墨西哥城1968年奥运会之后，奥运纪念币开始突破单套发行形式，种类日趋多样。

札幌1972年冬奥会首次在亚洲国家举行，日本发行了一枚面值100日元的铜镍币，正面为奥运火炬图案，背面是五环和1972札幌字样，设计比较简洁，共发行了3万枚。

美国为洛杉矶 1984 年奥运会发行了 13 套 25 枚银币，是历届奥运会发行套数最多的贵金属纪念币。

亚特兰大 1996 年奥运会发行了一套 4 组纪念币，每组 4 枚，分别是 1 枚金币、2 枚银币和 1 枚铜币，面值分别为 5 美金、1 美金和 0.5 美金。这套纪念币做工极为考究，收藏价值极高，是美国历史上发行量最大、价值最高的一套纪念币。

除了主办国家之外，非主办国家为呼应奥运年，也纷纷推出纪念币。慕尼黑 1972 年奥运会时，首次有 6 个非主办国家发行了奥运纪念币，共 22 枚金币、12 枚银币。

中国自 1980 年开始发行冬奥会纪念币，为美国普莱西德湖 1980 年冬奥会发行图案为男子滑降的金币，以及其他 4 种冬奥会项目的银币；为萨拉热窝 1984 年冬奥会和卡尔加里 1988 年冬奥会各发行了 1 枚男子速滑银币；为阿尔贝维尔 1992 年冬奥会发行以双人花样滑冰图案的金币，以及以速度滑冰和高山滑雪为图案的银币；为利勒哈默尔 1994 年冬奥会发行了 1 枚以花样滑冰为图案的金币，以及 2 枚以越野滑雪和跳台滑雪为图案的银币。

为纪念现代奥林匹克运动诞生 100 周年，国际奥委会于 1990 年组织加拿大、澳大利亚、法国、奥地利和希腊的造币厂联合设计发行一套 15 枚的纪念币，采用相同的技术标准和设计风格，含奥运图案、奥林匹克标志、各国标志，以及“1896~1996”的字样，边缘刻有“更快、更高、更强”的奥林匹克格言。

1992 年加拿大以“更快、更高、更强”为主题首发百年纪念币，图案采用英国女王伊丽莎白二世的头像、奥运火炬以及“吊环、滑冰、撑竿跳高”等体育项目。

1994 年法国以“国际奥委会首届代表大会”为主题发行百年纪念币，图案为赫尔克里斯、射手，以及“掷饼、标枪”等体育项目。

1995 年奥地利以“艺术、音乐和运动”为主题发行纪念币，图案为维也纳国会大厦、宙斯头像、奥地利盾以及“滑雪和艺术体操”。

1996 年希腊以“首届奥运会”为主题发行纪念币，图案为古希腊竞技场、持标枪雕像，以及“古代角斗、古代赛跑”。

1994 年中国发行奥林匹克百年纪念币，为 1 枚金币、5 枚银币，正面图案为国徽、面额和装饰带，金币背面图案为手持火炬的女运动员，银币背面图案为射箭、篮球、击剑、短跑和拳击运动员。

纪念币的设计通常体现了奥运精神和发行国本土历史风貌，常用的题材为奥运会会徽、奥林匹克五环、国徽、体育运动项目，结合地区特色、代表性建筑物、动植物、人物、地理风貌等图案进行设计，近年来又将奥林匹克标志与多重的元素和概念相组合，颇具新意。

比如奥地利为因斯布鲁克1976年冬奥会发行了4枚100先令的纪念银币，图案为国徽、五环、冬季奥运项目、建筑物及鹰。

卡尔加里1988年冬奥会发行了10枚银币、1枚金币，正面均为加拿大国名、英国女王伊丽莎白二世头像、枫叶和年代，背面为各种冬奥项目、会徽及面值，采用了当时颇为新颖的磨砂浮雕技术，其中高山滑雪纪念币曾获得美国世界硬币大奖赛1985年度最受欢迎币奖。

西班牙为巴塞罗那1992年奥运会推出3枚金币、4枚银币，图案有网球运动员和巴塞罗那最具代表性的建筑之一米拉之家。

阿尔贝维尔1992年冬奥会发行了10枚金币、9枚银币，使用图案有越野滑雪、萨瓦伊公爵城堡、自由滑雪和岩羚羊、跳台滑雪和女子裙装跳台滑雪，获得了美国世界硬币大奖赛1991年度最佳克朗币奖，其中一枚金币使用了顾拜旦先生的头像。

悉尼2000年奥运会恰逢千禧年，发行了一套共52枚的“悉尼2000年奥运会纪念币”，含8枚金币、16枚银币和28枚铜币，一面刻有英国女王伊丽莎白二世的肖像、“2000”和“Australia”字样，另一面是以体育文化和自然生态的图案为主，这是第一套彩色纪念币，首创绿色奥运理念，极具纪念意义。

北京2008年奥运会奥林匹克纪念币融合了“绿色奥运，科技奥运，人文奥运”的理念，把北京的传统文化和奥林匹克标志结合在一起，独具特色和收藏价值。

中国人民银行于2020年12月1日发行第一套共9枚第24届冬奥会金银纪念币，其中金质纪念币3枚、银质纪念币5枚、金银双金属纪念币1枚。银币最小质量为15克，金币最小质量为5克，也有150克大规格金币。此套纪念币首次使用了“光变鳞彩”工艺，不同光线条件下可以呈现出不同的光影效果，极为灵动。第二组纪念币一套10枚，其中金币4枚、银币6枚。纪念币图案结合中国传统历史文化，比如150克银币背面使用了清代《冰嬉图》的画面，完美表达了体育精神的历史传承。两组纪念币图案完整展示了北京2022年冬奥会的15个竞赛分项。

第七节　其他奥林匹克收藏

奥运会收藏品丰富多样，除了邮票和纪念币之外，奖牌、徽章、奥运火炬也颇受收藏家青睐，公开发售的门票、吉祥物，以及参赛运动员或有关工作人员才能得到的比赛秩序册、成绩册、指南手册、文书、奥运服装、比赛器材、队旗乃至带有奥林匹克标志的包装品等，都具有不同的收藏价值，在市场上的价格跟年限成正比，跟当时的发行量成反比。

一、世界奥林匹克收藏博览会

1993 年国际奥委会成立了奥林匹克纪念品收藏者协会，每年举行世界奥林匹克收藏博览会（简称收藏博览会）。第一届收藏博览会于 1994 年在国际奥委会的总部瑞士洛桑举办，2007 年和 2010 年分别在中国举办过两次。其中 2007 年第 13 届博览会正值北京 2008 年奥运会的前一年，国际奥委会终身名誉主席、国际奥林匹克集邮纪念币纪念品委员会主席萨马兰奇先生来到北京出席该届收藏博览会，并为博览会邀请函签名。

该届博览会共有国内外参展商共 166 个展位，规模超过往届展会。其中历史最悠久的展品是一份 1908 年由美国基督教传教士罗克逊发给美国总部的年度工作报告，其中提到晚清朝廷开始关注奥林匹克运动，是奥林匹克与中国发生关联最早的文献和见证实物。

早在奥林匹克纪念品收藏者协会正式成立之前，民间奥林匹克收藏家们就已经开始有组织地进行奥林匹克收藏，其中比较有名的是成立于 1982 年的奥林匹克徽章收藏家俱乐部。这是世界上最古老的徽章收藏俱乐部，也是最大的奥林匹克收藏家俱乐部。现今俱乐部在 30 多个国家（地区）拥有约 500 名会员，收藏类目也由徽章扩大到了服饰、吉祥物、奖牌、火炬等。

二、奥林匹克名人收藏品

现代奥林匹克之父顾拜旦先生于 1892 年撰写的《奥林匹克宣言》原稿是目前世界上价格最高的奥林匹克藏品。1892 年顾拜旦先生在巴黎索邦大学演讲时提出“复兴奥林匹克运动”的口号，正式提出创办现代奥运会的想法。其演讲内容之后被国际奥委会定名为《奥林匹克宣言》。2019 年 12 月 18 日，在纽约苏富比拍卖大厅，经过 12 分钟的激烈竞价，这份 14 页的法语手稿原件最终以超过 880 万美元的价格成交。

知名运动员参加奥运会的装备，如服装、鞋帽、在训练或比赛时使用的器械也很受欢迎，比如男子100米、200米世界纪录保持者、多届奥运会冠军得主尤塞恩·博尔特，他在参加伦敦2012年奥运会男子100米小组赛时穿的签名跑鞋，被拍卖行估价1.5万~2万英镑。

世界名人名士签名或使用过的奥运会物品由于有着年代限定的主题性和稀缺性，收藏价值颇高，比如物理学家斯蒂芬·威廉·霍金题词的北京奥运火炬、古巴革命领袖菲德尔·卡斯特罗题词的北京奥运火炬，以及萨马兰奇先生签名的北京奥运会开幕式门票等。北京2008年奥运会开幕式上著名钢琴家郎朗表演使用的钢琴，在2009年拍卖会上就以2200万元人民币成交。

三、奥运会会期有关收藏品

每届奥运会几乎都有数量丰富、品种多样的奥运主题纪念品，比如公开销售的纪念币、吉祥物、服装、杯子、书签、火炬等，其中一些年代久远的、限量发售的、或自身品质优异的纪念品具有一定的收藏价值。

奥运火炬是最受欢迎的收藏纪念品之一，赫尔辛基1952年奥运会火炬，因仅存世22把，单价高达55万美元，是最为昂贵的奥运火炬之一。北京2008年奥运会的火炬祥云，因发行量大，距今年代短，收藏参考价格为3000~4000美元。

为纪念北京2008年奥运会，中国发售7款奥运徽宝玉玺，分别是黄金徽宝、玉质徽宝和铜质徽宝。其中“北京奥运徽宝典藏版”在2005年推出时全球限量发行2008方，每方售价5.6万元，到2015年公开拍卖时价格升至210万元，升值数十倍。北京奥运纪念钞在2008年的发行量为6000万张，单张面值价格仅为10元，而到了2018年涨到了1万元一张。

非售卖纪念品性质的奥运物品，即只有参赛者或有关工作人员才能获取的奥运会物品，有着极强的稀缺性和时间局限性，也受到收藏家的追捧，其中最吸引人的就是奥运会奖牌，冠军金牌又以其材质和独一无二世界第一的意义吸引了无数收藏家。

奥运徽章体型小巧，数量品类繁多，对资金要求相对较低，成为很多收藏爱好者入门级藏品，其中又有纪念徽章、裁判佩章、参赛代表团徽章、赞助商徽章等几个大类。奥运赛场上运动员、教练员之间经常会交换徽章和服装以作纪念，交换徽章可以说是奥运纪念品以物易物习俗的起源，后来奥运会引入更多的商业机制，开始出现赞助商的徽章。

奥运会开幕式是世界上最为盛大的表演，其中使用的颇具象征意义的物品也很有收藏价值。北京2008年奥运会开幕式上表现中国千年文化古韵的缶，单个拍卖成交价曾高达28.8万元，表演使用的1500个奥运缶及978个竹简总计拍卖了近1.2亿元。伦敦2012年奥运会开幕式上表现英国医疗系统的320张病床和白色羽绒被都被表演和幕后工作的志愿者收藏，表演用的男护士服拍卖估价超过2000英镑。

值得一提的是奥运会运动员签名册，早年运动员在办理奥运文书和进入奥运村时都需要签名登记，签名册上会有本次所有参赛运动员的签名，尤其是经过战乱而保留下来的签名册等工作记录文本是最为珍贵的史料实物。

“二战”之前的奥运物品因年代久远存世稀少而具有很高的收藏价值，比如奥林匹克瓷器、奖杯，乃至赛场医护的药箱等。还有一些颇具纪念意义的收藏品，比如中国代表团首次参赛以及夺金时的物品。1936年天津中原百货公司与美国哥伦比亚公司合作推出了专门针对中国市场的奥林匹克五环留声机。这是中国第一次参与并发行奥运会纪念品。当时留声机价格昂贵，发行数量稀少，传承至今更为难得，是非常珍贵的奥林匹克收藏品。

第八节　奥林匹克艺术比赛与文化艺术节

奥林匹克主办国和主办城市在奥运会前后会举办艺术表演和艺术展览活动。这些活动被统称为奥林匹克艺术节，通常有歌舞、戏剧、音乐和电影等文艺演出，吸引着世界各地的艺术家前来展示才艺以及成千上万的观众参观体验，感受奥林匹克的艺术魅力。

在古希腊奥运会上就已经有了体育和艺术的结合，艺术比赛成为奥运会的正式项目是在公元前416年第91届古代奥运会中，有诗作、演说、音乐、雕塑等各门类艺术家的表演和比赛。如果在艺术比赛中获胜，会被授予奥林匹克奖。

一、现代奥林匹克艺术比赛

现代奥运之父顾拜旦先生就非常欣赏古代奥运会上的艺术比赛，主张在现代奥运会期间举办文化艺术节，于是在第1届奥运会期间，演出了索福克勒斯《安提戈涅》，朗诵了罗伯逊“平达体”颂歌，并组织了火炬游行和联欢节。之后两届奥运会由于同世博会一起举办，文化活动成了世博会的陪衬，没有真正意义上的艺术比赛。

1906年在顾拜旦提议下，国际奥委会召开“艺术、文学与体育咨询会议”，邀请艺术家和体育工作者在一起讨论艺术与现代奥运会如何结合，并最终决定在奥运竞赛中设置雕塑、绘画、音乐、文学和建筑设计5项艺术比赛，也被称作“缪斯5

项艺术比赛”。

奥林匹克艺术比赛一直颇受争议，对于参赛资格、参赛内容、评奖标准、组织管理、资金人力困难等都有广泛的讨论和分歧。斯德哥尔摩1912年奥运会到伦敦1948年奥运会期间，文艺比赛的金银铜奖经常因为参赛者过少或作品水平太差而没能全部颁奖。

斯德哥尔摩1912年奥运会首届艺术比赛由于组委会没能得到瑞典皇家艺术学院的支持，最终由国际奥委会直接领导进行。顾拜旦以霍罗德和埃施巴赫的笔名参赛，获得文学奖，作品是《体育颂》。蒙诺德和拉维里艾雷两位建筑师的作品《现代体育场建筑方案》获得城市规划奖，第4届奥运会射击冠军怀南斯获得雕塑艺术奖。

在安特卫普1920年奥运会艺术比赛中，建筑和绘画金牌空缺，音乐铜牌空缺。在巴黎1924年奥运会艺术比赛中，雷欧·查理的《奥林匹克运动会》获得了文学类金奖，其余项目也是多项空缺。阿姆斯特丹1928年奥运会开幕式之后进行了艺术展览，展出来自18个国家的约1150件艺术作品，吸引了超过一万名参观者。国际奥委会提前三年就开始着手准备洛杉矶1932年奥运会的艺术比赛，并把艺术比赛有关事宜放在奥运会预算最先规划的事项中，共收集了来自31个国家的1100多件艺术展品，并在洛杉矶历史科学和艺术博物馆进行了展览。柏林1936年奥运会艺术比赛将交响乐、器乐和唱歌加入音乐比赛单元。伦敦1948年奥运会艺术比赛在音乐、绘画、雕塑方面有七个奖项空缺。

二、现代奥林匹克艺术节

1949年国际奥委会在罗马举行全体会议，决定停止举办艺术比赛，改为文化展览和艺术节。1954年国际奥委会通过了奥林匹克艺术展览方案，并在《奥林匹克宪章》中增加“举办艺术展（建筑、音乐、文学、绘画、雕塑、体育邮票和摄影），也可包括芭蕾舞、戏剧、歌剧或交响乐演出”等内容。

墨尔本1956年奥运会举行首届艺术节，内容主要有视觉艺术、文学、音乐和戏剧，并展示澳大利亚当地的风土人情，之后还出版了《艺术节——澳大利亚的艺术展览指南》作为总结，其形式得到了广泛的认可。

此后的奥运会艺术节举办的时间和主题都有所不同，主要还是将民族文化艺术和奥运艺术相结合，比如罗马1960年奥运会的艺术节举办了6周，墨西哥城1968年奥运会艺术节持续了一年，充分展示了当地的民俗文化。

巴塞罗那1992年奥运会艺术活动首次建立了“文化奥林匹亚德”模式，以4年为期设计文化活动：1988年为“文化入门年”，1989年“文化与体育年”，1990年为“艺术年”，1991年为“未来年”，1992年为“奥林匹克艺术节”，为日后的奥林匹克文化活动树立了典范和模板。

悉尼2000年奥运会的文化计划为：1997年“梦的节日”，展示土著文化；1998年“海之变”展示澳大利亚各地文化；1999年“通向世界”在世界范围内交流澳大利亚文化；2000年“参加悉尼的庆典”，全面展示澳大利亚特色和奥运会。

雅典2004年奥运会以“文化奥林匹亚”为主题，从2001年到2004年，在全球范围内都举办了戏剧、音乐、舞蹈、建筑艺术等艺术展示和文化活动，如“雅典节日”“举城欢庆”“雅典文化2004”“奥运回归故里”等。

都灵2006年冬奥会举行了超过200项文化活动，包括视觉艺术、戏剧、舞蹈、音乐、电影以及文学历史与社会等54个项目，其中有两个特色项目“城市装点工程”和“奥林匹克之夜”。前者是艺术家用灯光和其他视觉符号装饰城市，后者举办通宵音乐会、街区舞会、艺术展、博物馆展和美食餐饮等活动，总共吸引了超过100万名参观者，并且收费项目的门票全部售空。

北京2008年奥运会的文化活动始于2003年，开展了群众文化体育活动、奥运文化广场、残疾人文化、青少年活动、影视论坛等70余项奥运文化活动，其中奥林匹克文化广场仅一个月就吸引146万人次的游客。奥运节拍露天音乐会在表演节目之外，还穿插进行英语教授和文明观赛的培训活动。北京国际体育电影周活动期间，在7家电影院上映体育题材大片，并安排315辆数字电影放映车走进全市1500个社区进行放映宣传，极大地丰富了群众的体育文化生活。

温哥华2010年冬奥会文化奥林匹亚活动历时60天，超过4000名艺术家参与到600项文化活动中，包括戏剧、音乐、舞蹈、画廊展览以及视觉数字艺术展，其中30多件土著艺术作品作为永久遗产被安装在市区重要地点。文化活动吸引了超过220万人参与，不仅向世界推广加拿大的文化艺术，还让更多的人了解并参与文化奥运。

伦敦2012年奥运会的文化活动包含10个主要项目，以“音乐”“世界莎士比亚艺术节”“诗歌节”和“户外艺术”等活动为主，进行戏剧表演、诗歌朗诵和艺术展览，并对英国地标性建筑和景观进行奥运主题装饰，以宣传英国文化和地理风貌。其间举行了超过8300场形式各异的文化活动，吸引了2.5万名艺术家的参与。2012年艺术节是整个文化活动的最高潮，在3个月的时间里吸引了1950万人次参与，可以说是现代艺术史上最大的文化盛典。

索契2014年冬奥会文化活动为：2010年“电影年”、2011年“戏剧年”、2012

年“音乐年”、2013年“博物馆年”。2014年索契举办第七届国际冬季艺术节，含爵士音乐会和舞台剧演出、戏剧表演、通宵电影以及音乐家沙龙。文化活动遍布俄罗斯的83个地区，共吸引了300万人参加了近5000场文化活动，奥运会期间全球约10亿人通过电视和网络收看了文化节目。

三、《奥林匹克2020议程》指导下的文化活动

国际奥委会于2014年12月在摩纳哥举行的会议上通过了《奥林匹克2020议程》，其中第26条提案主题为“进一步融合体育和文化”，为奥林匹克运动未来的文化发展指明了方向。提案包括：在每一届奥运会上设立奥林匹克桂冠奖，以表彰对奥林匹克主义（文化、教育、发展与和平）有杰出贡献的人士；丰富奥林匹克之家或奥林匹克广场的哲学文化内涵；在火炬接力、奥运现场以及文化活动中向公众介绍奥林匹克文化的发展，形成“流动的奥林匹克博物馆”；设置常驻艺术家计划，以便艺术家可以更加系统地、长期地进行创作表达；与全球文化参与者进行稳定和真实的互动，形成动态的文化遗产；鼓励国家（地区）奥委会为奥林匹克文化指定一名专员。

里约热内卢2016年奥运会是按照《奥林匹克2020议程》精神进行文化活动设计的第一届奥运会。在开幕式上，肯尼亚奥委会主席基普乔格·凯诺获得了第一个奥林匹克桂冠奖。巴西还举行奥运巡回展览，两辆流动的展览卡车沿着火炬接力路线横跨了巴西46个城市，在4个月内吸引了20多万名参观者。常驻艺术项目由3位艺术家负责：JR、蒂尔曼·斯宾格勒和杰拉尔德·安达尔。活动在传统媒体（200多个国际头条）和社交媒体（超过4400多万个赞）产生了巨大影响，与观众、运动员、志愿者和民众产生了广泛的交流互动，衍生出约780万欧元（1欧元≈7.24元）的广告价值。

平昌2018年冬奥会邀请奥运会运动员参与奥林匹克文化活动。这是奥运会历史上第一次运动员同时兼具艺术家身份参加文化活动。“文化奥运会”以两个项目为核心：以运动员为主角的短片《奥林匹克梦》和表达奥林匹克价值的集体绘画活动。来自39个国家（地区）的111名奥运选手在17天的平昌2018年冬奥会期间共同绘制画作，在紧张比赛之余享受艺术创作的乐趣。文化活动一共上了89个头条新闻，产生了6.9亿人次的互动和约520万欧元的广告价值。“文化奥运会”期间共组织了450多场活动，并借助冬奥会契机宣传韩国文字、服装和饮食等传统文化，值得一提的是朝鲜艺术团时隔15年再次来到韩国江陵艺术中心表演，充分体现了奥运会的文

化效应和和平理念。

为纪念 2018 年 10 月的奥林匹克主义行动论坛和青奥会，国际奥委会委托著名艺术家莱安德罗·埃尔利希在阿根廷的布宜诺斯艾利斯创建一个大型临时性互动设施，民众合力推动五个巨型球体在城市公共空间中移动，仿佛进行了一场“球赛”，妙趣横生，旨在通过艺术的方式尽可能广泛地开展观众就奥林匹克价值观的对话。活动上了 109 个头条新闻，产生了 4.83 亿人次的互动和约 440 万欧元的广告价值。

奥林匹克文化与遗产基金会也进行了体现奥林匹克价值的长期国际摄影计划，委托五名摄影师前往世界五个地区，拍摄与社会发展主题相关的故事，该计划于 2018 年和 2020 年各执行了一次，并进行了相关的展览。

奥林匹克文化专员网络系统也在 2019 年 5 月初步设立，将通过文化和教育来支持和加强奥林匹克主义的价值观。迄今为止，已经有了 103 个国家（地区）奥委会确定了其文化专员（或可称文教专员）。

北京 2022 年冬奥会恰逢中国春节，文化艺术活动围绕着冰雪文化、长城文化、春节文化展开。“北京 2022 冬奥文化全球行”在全球 49 个国家的 54 个城市分阶段开展各类宣传活动，为北京 2022 年冬奥会积极预热，举办倒计时 500 天和 100 天的文化庆祝活动，如文艺汇演、书画展览、艺术作品征集、飞行展示等，组织奥运冠军和运动员深入学校和社区，与体育爱好者、学生交流互动。媒体传播是北京 2022 年冬奥会的重心。中央广播电视总台专门筹备了奥林匹克频道以全方位宣传和介绍奥运会以及奥林匹克价值。

顾拜旦期待的艺术和文学与奥运会长期合作、交相辉映现已成为现实，正如首位获得顾拜旦奖的中国艺术家韩美林先生所说的那样：“由顾拜旦先生缔造的奥运精神，薪火相传，生生不息。”奥林匹克价值的文化艺术表达也在不断发展演进，同奥林匹克运动一起促进人的和谐发展，最终构建一个更加美好的世界。

（本章有关图片见国际奥委会官网 www.olympic.org）

（姜歌　撰稿）

第九章　奥林匹克价值传播：奥林匹克宣教体系构架

离开了教育，奥林匹克主义就不可能达到其崇高的目标。

——胡安·安东尼奥·萨马兰奇

教育是奥林匹克运动的立身之本，也是以顾拜旦为代表的现代奥林匹克运动先驱发起这场宏大国际社会运动的初衷。综观百余年的发展，就本质而言，奥林匹克运动是按照教育的逻辑线索构建和发展起来的，奥林匹克运动的每部分都蕴含着奥林匹克价值观，每一个方面都与教育紧密结合，顾拜旦一直追求的教育目标成为奥林匹克运动传承百余年的不竭动力和航标引领。

第一节　奥林匹克教育

理解奥林匹克的价值传播，需要以奥林匹克运动构建的教育逻辑为脉络：狭义的奥林匹克价值传播是指奥林匹克知识体系的构建与普及，也可以理解为奥林匹克学的课程教育与知识科普，它从零散化的具体方法过渡到系统化的教育体系、从重点强调参与行为发展为围绕奥运会建立完整性的育人理念，并逐渐深化为奥林匹克研究；广义的奥林匹克价值传播是指借助大众媒介的力量在一切奥林匹克运动的活动中传递奥林匹克知识、弘扬奥林匹克精神、传播奥林匹克主义。以奥运会为例，整个比赛过程都包含着国际主义、爱国主义、历史和文化教育，世界高水平运动员在赛场上顽强拼搏、超越自我的精神以及优良的道德作风会对场内外观众起到激励作用，开闭幕式的文化艺术表演更能营造出美与尊严的独特氛围，从而使人类进入真善美的崇高境界，实现促进社会进步和维护世界和平的崇高理想。

一、教育对奥林匹克运动的意义

（一）教育是奥林匹克运动的立身之本

奥林匹克运动的百年发展历程与现代社会的发展历程同频共振，也在现代化的过程中无可避免地遭遇了“现代性危机”。从古代奥运会传统中延续下来的体育宗教般的神圣性随着理性化程度的加深而逐渐被祛魅；现代社会中追求高效率的工具理性极端化发展，造就了以利益计算为导向的片面关系；同时，多元价值观之间的碰撞也出现在体育场域之中。这些冲突与矛盾曾多次使奥林匹克运动面临严峻的挑战与考验，而在危难之时，奥林匹克运动的立身之本“教育”，如同航标灯一般使奥林匹克运动转危为安，继续前行。从这种意义上讲，奥林匹克教育也是化解奥林匹克现实困境的一剂良方。

自引领奥林匹克运动的核心组织国际奥委会于 1894 年诞生后，就一直不遗余力地推行奥林匹克教育。顾拜旦在斯德哥尔摩 1912 年奥运会上，用一个法国名字和一个德国名字——霍罗德和艾歇巴赫发表了《体育颂》。他在诗中把体育描绘成是美丽、正义、勇气、荣誉、健康、进步与和平的化身，强调体育是培育人类的沃地，歌颂体育在培养人思想品质、规律生活作息、锻造健康躯体、促进不同民族和平竞赛等方面的社会价值。

1918 年 11 月刊载在洛桑的《公报》（*La Gazette*）上的顾拜旦的第五封信函进一步阐明了他的教育主张：“我最近提到的奥林匹克教育一开始是建立在对奋斗的崇拜和对韵律运动的崇拜的基础上，因而这个基础就是过度的爱与适度的爱的结合。每四年举办一次的奥运会并没有在世界人民面前完全服务于奥林匹克教育。奥林匹克教育需要‘永久的制造工厂’。古代的奥林匹克工厂就是体育场。奥林匹亚已经被重新修葺，但是古代的体育场仍然没有被修葺。它们必须被修葺好。”其实顾拜旦构想的“永久的制造工厂”不是真实的工厂，而是体育运动场，他想在奥运会之外建立永久的教育场所，以便向青年人宣扬对奋斗的崇拜，对竞技运动的崇拜。他的这种构想在 20 世纪 20 年代的许多欧洲国家实现了，当时学校和体育俱乐部成为竞技运动和体育教育的“永久工厂”，从那时起，这些学校和体育俱乐部就在传播着对奋斗的崇拜。“奋斗”是奥林匹克基本原则之一，现在被表述为“奋斗中求乐”。而“韵律运动”这一原则被表述为身、心、精神的均衡。从 20 世纪 20 年代起，这两个原则就成为奥林匹克教育的最重要支柱。

自“二战”之后，国际奥委会积极推行奥林匹克教育，但其标志性的教育活动实践，都是在奥林匹克运动面临困境的情况下推出的。20世纪50至70年代，在“二战”后世界政治格局巨变和国际关系斗争的影响下，奥运会很大程度上演变成了各国争权夺利的“政治工具”。各国之所以看中奥运会这个舞台，是因为奥运会虽然是国际体育赛事，但与其他体育赛事不同，奥运会设定仪式中包含了很多民族性的元素，例如开幕式各国代表团高举国旗入场，颁奖仪式的升国旗、奏国歌。众所周知，国旗和国歌是一个国家的典型标志与象征，这对于旨在最大限度夸大其自身权利的国家来说具有极大的吸引力和诱惑力，由此奥运会作为教育工具的教育功能难以发挥。

在此情况下，1961年，在奥林匹亚建立了奥林匹克教育的“永久工厂”——国际奥林匹克学院。国际奥林匹克学院自建立之日起，每年都会在全世界范围内针对不同群体（例如体育官员、教练员和学生）组织奥林匹克教育的研讨会。此外，国际奥委会还围绕奥运会积极开发新的教育活动，如从东京1964年奥运会开始，恢复举办奥林匹克青年营。其目的是在奥运会期间，为世界各地的青年人提供一个聚集的机会，让他们学习与奥运会有关的技能和知识。在体验奥运的同时，营员们还会参加体育、文化娱乐活动，观看奥运会比赛，更好地理解东道国的传统文化，促进各国青年间的交流，增进国际友谊，进而促进世界和平。奥林匹克青年营营员的招募，主要通过各个国家（地区）的奥委会选送16~20岁的男女青年各一名，具体条件由奥运会主办城市的奥组委确定。奥林匹克青年营在奥运会正式开幕前1~2天开营，奥运会闭幕后的第2天闭营，营员在奥林匹克青年营期间参加的活动主要包括：观看奥运会开闭幕式，选派代表参加火炬接力，参观奥运村，观看4~5场比赛，短途旅游、参观以及营员之间的文化体育活动等。

20世纪80年代至20世纪末，随着奥运会规模的扩大及商业运作方式的出现，奥林匹克运动成为现代社会中一个宏大的经济现象，奥运会带来的经济价值也超出了人们的预料。但是，在这个过程中，顾拜旦所倡导的奥运会的传统和奥林匹克教育寓意已经被置于次要地位，而且奥林匹克运动因运动员服用兴奋剂以及某些国际奥委会委员受贿等行为而蒙羞。在此情况下，父母、教师、教练员、体育俱乐部以及体育协会从根本上忽视了奥林匹克教育的存在，即使一些人意识到了奥林匹克教育的存在，也完全不能接受奥林匹克教育的理念，因为奥林匹克教育被误解了，各种丑闻同样赋予了奥林匹克教育负面的内涵。人们在批评奥运会的同时，也直接将奥运的负面影响与奥林匹克教育联系起来。在这些现实条件下，国际奥委会积极采取措施推进奥林匹克教育。

第一，在各国家（地区）层面开始建立国家奥林匹克学院。1983年，国际奥委会通过了一项决议，其内容是各国家（地区）奥委会必须在其国家（地区）内建立国家奥林匹克学院，目的是使国家（地区）奥林匹克学院成为国际奥林匹克学院的延伸。国家（地区）奥林匹克学院在其国家（地区）内通过各种活动传播奥林匹克教育理念，以更加有效地宣传奥林匹克理想。目前，全世界已经约有140个国家（地区）奥林匹克学院，这些国家（地区）奥林匹克学院的一个主要任务就是采取各种措施在学校和体育俱乐部开展奥林匹克教育，组织奥林匹克教育研讨会，为教师和教练员举办奥林匹克教育培训班。

第二，在奥运会周期内开展正式的奥林匹克教育活动。1994年，在巴黎奥林匹克代表大会上举办了纪念国际奥委会成立一百周年活动，国际奥委会要求在进一步发展奥运会的过程中必须坚持不懈地宣传奥林匹克理想。从1994年开始，国际奥委会出版的手册就要求申办奥运会的城市在申办书中要特别强调教育在文化项目中的作用。1995年国际奥委会进一步完善了申请主办奥运会的程序中有关奥林匹克教育的措施，即要求申请主办奥运会的城市承诺在举办奥运会之前进行奥林匹克教育活动。自从盐湖城2002年冬奥会之后，申办手册要求每个申办城市不仅在举办奥运会时必须实施奥林匹克教育项目，而且在奥运会主办权决定的那一刻起到奥运会开幕式举行之前的7年间，也必须实施奥林匹克教育项目。

进入21世纪以来，现代奥林匹克运动已经达到其辉煌的顶点，已远远超出了竞技体育赛事的范畴，对人类社会的政治、经济、文化、科技等各个方面产生了重要影响，同时也形成了高度规范化的举办模式。毋庸置疑，百余岁的奥林匹克运动在跨文化交流和维护世界和平方面依然发挥着不可替代的作用，但一个无法回避的事实是，“太多太强的功利性使得奥运会作为教育工具，在培养人的和谐发展方面越来越力不从心。奥运会在既有模式的束缚下，在政治、经济和社会多种因素的综合作用下，其教育功能在日趋减退。”国际批评的声音一直敦促国际奥委会对奥运会进行改革，力求实现经济目标和人文目标的平衡，但是在奥运会影响如日中天、为奥林匹克事业带来滚滚财源，且相关各方已经形成既有的利益格局时，要对它进行改造谈何容易。

面对奥运会实施改革风险多、阻力大的现实情况，国际奥委会实施增量改革。2007年7月5日，在危地马拉城举办的国际奥委会第119次会议上通过了一项决议：为14~18岁的杰出青年运动员单独举办青奥会，并决定第一届青奥会于2010年举行，第一届冬青奥会于2012年举行。这是国际奥委会矢志不渝地推进奥林匹克教育而做出的适宜的战略选择，有其历史必然性。2014 年，国际奥林匹克运动的治理机构国际奥委会推出的《奥林匹克 2020 议程》40 项建议的第 22 条提出“普及基于奥林匹克价值的教育”，将奥林匹克教育提升到战略地位。在 2019 版《奥林匹克宪章》中，国际奥委会的职责新增加了教育的内容，第 16 和第 17 条职责分别为：鼓励并支持将竞技运动与文化、教育相结合的各种举措；鼓励并支持国际奥林匹克学院以及其他致力于奥林匹克教育的机构的各种活动。

（二）奥林匹克教育是培养和谐的“地球村”居民的独特之径

自 20 世纪 90 年代以来，经济的发展、科技的进步、政治的交往、文化的交流等在全球范围内得到了空前发展，继而人类社会在经历了跨国化、局部的国际化后，进入了全球化的发展阶段。

就内容而言，全球化涉及政治、经济、文化、科技、生活方式、意识形态等各个领域，呈现出全方位、全领域的发展态势；就方式而言，尽管全球化包含着矛盾与冲突，但寻求相互依存、和谐发展的目标与特征决定了全球合作与协调应该永远是全球化追求的主要方式。

就目标而言，全球化追求的是人类整体的共同利益。全球化不是西方化，它超越了民族国家之间的利益之争，站在全人类利益的高度来进行全方位的互动，体现的是所有国家的利益。就基础而言，全球意识是全球化进程的基本前提，没有全球意识就不可能形成全球相对一致的行动，也不可能实现人类社会追求的共同目标。

与此同时，当代世界的各种重大问题，如环境、能源、反恐、打击走私、控制艾滋病等，关系到的不再是某一个国家和民族的前途，而是整个人类的命运。全球化将世界各国越来越密切地结合在一起，生活在地球不同角落的人们，从来没有像今天这样彼此休戚相关，好像生活在地球村中。“地球村落”也已不再是未来的事情，而是我们今天的现实生活状态。这个“村落”能否和谐发展，很大程度上取决于“村民”的素质水平，其最核心的素质是他们在处事之时，既能考虑各自民族的利益，又能考虑全球利益，具有全球化的视野和胸怀。

环视全球，再没有哪项国际社会活动能与奥林匹克运动媲美。历经百余年的发展，以相互理解、友谊、团结、公平竞争的奥林匹克精神以及以卓越、友谊、尊重为核心价值的人文教育理念已远远超出国家、民族、种族、宗教、性别等一切社会的障碍，因此，奥林匹克教育所要传播的理念和社会价值，不是以某一个具体国家为范本，而是具有极强的普适性，着眼于全球视野。

由于奥林匹克教育以维护和促进人类社会的共同利益为出发点，其教育在具体操作上，须寻求最相似的个体需求。只要人类社会存在，就有一种需求是超越种族、民族的，那就是玩耍（play）和游戏（game）的需求，因为二者能给人带来人类永远追求的要素：自由与快乐。体育运动（sport）源于玩耍和游戏，是对玩耍和游戏的进一步规则化和组织化。奥林匹克运动以体育运动作为实现其理念的主要手段，将体育运动规范化、标准化、制度化，使其突破民族和地域的限制，又通过四年一度的奥林匹克庆典——奥运会，将体育运动推向世界的各个角落。目前世界上普及程度最高、最具影响力的运动项目多为奥运会的竞赛项目，如田径、游泳、足球、篮球、排球、拳击等。如今在奥运会的赛场上，我们能看到来自不同国家、不同地域、不同民族、不同肤色的人聚集在一起，在同一规则规范下同场竞技，与其说是奥运会的魅力，倒不如说是竞技运动的普适性魅力。

综上所述，奥林匹克教育无论是理念还是手段，与既有国家教育的不同在于，它着眼于人类社会的共性，力图摆脱文化的种种束缚，促进个体自身的和谐发展，因而，它旨在为人的发展开创一种理想状态。而既有的国家教育则受其社会的或文化的种种限制，或多或少偏离人的理想和谐发展轨道。在这种意义上讲，奥林匹克教育超越民族或国家的教育对个体发展的局限，使个体发展进入更高层次的和谐之境。因此，奥林匹克教育在培养合格的“地球村”居民方面，能发挥任何教育形式无法替代的作用。但需要强调的是：奥林匹克教育不是要取代各地既有的国家教育，而是对国家教育进行必要的扩充与补偿，以促进我们共有的地球村落的和谐与发展，维护人类的共同利益。

二、奥林匹克教育体系的构建

（一）国际奥委会的教育引领作用

面对国际社会的迅速变革与不断浮现的国际社会新问题，国际奥委会积极应对变化，始终在传播奥林匹克价值、普及奥林匹克教育、弘扬奥林匹克主义的过程中起着引领作用。

1. 构建多维共享的奥林匹克教育全球组织网络

为了更好地指导并落实奥林匹克教育，国际奥委会在其组织内部设立了奥林匹克教育专门委员会（The Commission for Olympic Education），为国际奥委会全会、国际奥委会执委会和国际奥委会主席就普及和宣传基于奥林匹克价值的教育提供咨询建议，并为国际奥委会在奥运会竞赛项目和与青少年竞技运动教育有关的活动中提供战略性指导。

奥林匹克教育专门委员会的具体职责包括：

- 开发并实施奥林匹克价值教育战略；
- 倡导优质的身体教育，并将奥林匹克价值融入学校课程，倡导在校内外开展适宜不同年龄的竞技运动；
- 通过各种宣传途径弘扬奥林匹克价值观，普及竞技运动和身体活动对青少年发展和教育的重要性；
- 普及宣传奥林匹克价值教育计划，开发奥林匹克价值和生活技能的师资资源；
- 将价值教育融入国际奥委会资产和合作伙伴计划，例如运动员职业发展规划、网络公开课程、青奥会、奥运会组委会以及世界反兴奋剂机构；
- 优化与国际奥委会承认的各类组织的战略合作伙伴关系，并在教育领域中共同开展工作，支持着眼于以生活技能和价值教育为核心的竞技运动发展计划。

目前，奥林匹克教育传播已形成了不同类型的全球性的网络体系：

一是奥林匹克学院（Olympic Academy）组织网络，国际奥林匹克学院位于古代奥运会遗址附近，目前140多个国家（地区）都建立了国家（地区）奥林匹克学院。

二是奥林匹克博物馆组织网络，位于洛桑的奥林匹克博物馆是奥林匹克运动权威性的博物馆，同时很多国家（地区）都建有国家（地区）层面的奥林匹克博物馆。

三是奥林匹克研究中心组织网络，国际奥委会在其总部设有奥林匹克研究中心，在世界各地，目前已建立了50个基于大学的奥林匹克研究中心。

（1）奥林匹克学院组织网络

奥林匹克学院是进行奥林匹克教育的机构，由坐落在希腊奥林匹亚的国际奥林匹克学院（International Olympic Academy, IOA）和分布在世界各地的国家（地区）奥林匹克学院（National Olympic Academies, NOAs），组成了一个弘扬奥林匹克精神、研究奥林匹克的网络体系。

1）国际奥林匹克学院

根据顾拜旦的设想，由卡尔·迪姆和约翰·凯特塞斯共同努力创建的国际奥林匹克学院是全世界奥林匹克研究与教育的中心机构。该学院成立于1961年。1961—1969年该学院活动仅限于举办国际青年学习班。1970年后，活动内容逐渐增多。

国际青年学习班。这是国际奥林匹克学院开展的规模最大的奥林匹克教育活动。每年夏天，各国家（地区）奥委会派出35岁以下的男女学员各一名到奥林匹亚，由国际奥委会负担一半国际旅费及在希腊共和国期间的全部食宿费用。教师由该学院请国际奥委会中的资深委员及各国有一定影响的学者担任，教师的全部费用由该学院负担。这项活动自1961年国际奥林匹克学院成立以来每年举行一次。每次学习班的内容各不相同。来自各国的青年学员除了学习讨论外，还参加各种文体活动，如参加运动比赛，进行舞蹈、绘画、雕塑、诗歌、文艺演出，看电影，参观古奥运竞技场和博物馆等。学习班的学员之间有着十分广泛的接触和交流，学员们在十多天中，朝夕相处，既可了解其他国家的文化，又可充分展示自己国家的风貌。

国际研究生奥林匹克研讨班。自1992年起，国际奥林匹克学院每年举办一个为期6周的由各国研究生参加的奥林匹克研讨班。学员们在该班学习过程中，对古希腊体育的诸多历史遗迹进行实地考察，从历史、哲学、社会学、经济学和政治学等社会科学的学科角度对奥林匹克问题进行深入讨论，并请一些学者做专题学术讲座。这种高级研讨班对培养奥林匹克研究的青年学者起到了积极作用。此外，国际奥林匹克学院还有国家（地区）奥委会、国际单项体育联合会、教练员协会、裁判员协会、体育记者协会等与奥林匹克运动有直接关系的组织召开的各种专门会议，为传播奥林匹克理想而进行的各类教育会议，希腊共和国中学生、大学生奥林匹克夏令营等活动。逐渐增多的活动项目使国际奥林匹克学院真正成为全世界奥林匹克运动的研究和教育中心。

研究内容日益丰富。奥林匹克学院初创时期，研究内容仅限于古今奥运会的历史、现代体育的教育价值和奥林匹克主义的概念等方面。随着奥林匹克运动的发展，需要解决的理论问题日益增多，因此，在学院举行的各种会议上讨论的主题也日益丰富，涉及奥林匹克哲学、奥林匹克主义的概念与准则、奥林匹克与社会经济、奥运会历史、现代体育对人类的贡献、体育组织的作用、运动员的地位、运动项目的演进、训练方法的改革、运动生理、运动医学、大众传播媒介、体育暴力、商业化、职业化、兴奋剂、公平竞争、女性体育和大众体育等诸多方面。授课讲师大部分由世界各地的著名学者担任，学生还要在教师的引导下就以上问题进行深入的讨论。

在近60年的历程中，国际奥林匹学院的活动项目逐渐增加，研究内容日益丰富，学习和生活设施日趋完善，使它成为潜心研究奥林匹克运动的专家学者的圣地和献身于奥林匹克运动的青年人的聚集地。伴随着奥林匹克学院网络系统的建立，国际奥林匹克学院将在奥林匹克运动中发挥更加积极的作用。它通过没有任何歧视，具有奥林匹克精神，以友谊、团结和公平精神互相了解的体育活动来教育青年，为建立一个和平的更加美好的世界作出了贡献。

2）国家（地区）奥林匹克学院

随着奥林匹克运动的不断发展壮大，仅靠国际奥林匹克学院无法完成在全世界普及奥林匹克教育的重任，因此，从 20 世纪 70 年代中期开始，许多国家（地区）建立了自己的奥林匹克学院。这些分布在世界各地的国家（地区）奥林匹克学院与坐落在希腊奥林匹亚的国际奥林匹克学院组成了一 个研究奥林匹克理论、普及奥林匹克教育的网络体系。

（2）奥林匹克博物馆

奥林匹克博物馆隶属国际奥委会，位于瑞士洛桑市莱芒湖畔的奥林匹克公园内。1993 年 6 月 23 日正式开馆，建筑面积 1.1 万平方米，展览面积 3400 平方米，展览共分五个部分：①古代奥运会历史，包括众多的瓷器、青铜器、大理石雕塑等文物，生动形象地展示了古代奥运会的起源、兴盛和衰亡的历史；②现代奥林匹克历史，包括著名运动员捐献的物品、各种文物及声像资料，历届奥运会、历任国际奥委会主席及各国家（地区）奥委会和各国际单项体育联合会的简介；③顾拜旦个人展，包含 100 多件顾拜旦的遗物、档案材料和书信等文物，通过原物或原状复原等展览形式，再现了顾拜旦的个人生活、工作环境以及他对现代奥林匹克运动的贡献， 对现代体育和社会产生的重大影响；④奥林匹克邮票和纪念币展，收藏了来自 137 个国家的 1.2 万多枚奥林匹克邮票和众多奥林匹克纪念币，萨马兰奇向其捐献了他所有的邮品，使其成为目前世界上最珍贵、最完整的奥林匹克邮品和纪念币展览，该展厅还有纪念币的制作过程，展示其制造工具，同时展出的还有奥运会会徽和宣传画等内容；⑤临时展厅，这一展厅总是通过变化内容给人以新意。此外，博物馆还有视听室、图书馆、研究中心、会议中心、商店和咖啡厅等。

奥林匹克博物馆以其详尽的奥林匹克文物资料、档案收藏，供奥林匹克研究之用。该博物馆宣传奥林匹克宗旨，用奥林匹克精神进行社会教育，并为国际奥林匹克大家庭提供公共服务，每年吸引来自世界各地的游客多达 20 余万人，是迄今为止世界上收藏最完整、最著名的体育博物馆。

（3）奥林匹克研究中心组织网络

国际奥委会奥林匹克研究中心是世界奥林匹克知识的参考来源，其使命是通过提供信息、展示独家收藏、鼓励学术研究和知识交流等方式，与专业人士和研究人员分享奥林匹克的庞大知识体系。作为国际奥委会的一部分，奥林匹克研究中心在收集和分享有关奥林匹克精神的最新和准确信息方面处于独特的地位——其资源涵盖与奥运会、奥林匹克运动及其在社会中的地位有关的所有关键主题。

基于丰富的馆藏资料，奥林匹克研究中心还逐步建立起了辐射全世界的奥林匹克研究组织，其主要任务之一就是促进国际奥委会和国际学术界之间的交流与合作，以期通过教育的方式弘扬奥林匹克价值观、推动奥林匹克运动的发展。

奥林匹克研究中心组织网络主要由全球 40 多个奥林匹克研究中心和数百名从事奥林匹克相关研究的学者及其研究团队组成。奥林匹克研究中心组织网络通过定期学术交流和组织科研项目，深化了国际学界对奥林匹克知识的认知，分享了与奥林匹克运动有关的最新研究进展，并通过对开展奥林匹克研究的学术机构提供指导，持续为奥林匹克研究培养后备力量。

2. 发展基于竞技运动的奥林匹克价值观教育计划

国际奥委会自 2005 年开始推出面向全世界青少年的、基于竞技运动的奥林匹克价值观教育计划（The Olympic Values Education Programme, OVEP）。该计划成为国际奥林匹克开展奥林匹克教育的行动指南，旨在引导全世界青少年通过参与竞技运动和身体活动，感受和学习奥林匹克价值。

2016 年国际奥委会集各国奥林匹克教育专家之智慧，出版了基于竞技运动项目（A Sport-Based Programme）的《奥林匹克价值观教育基础手册》（The Fundamentals of Olympic Values Education）。这是继国际奥委会 2005 年启动奥林匹克价值观教育计划后再次修订出版的基础手册。现任国际奥委会主席巴赫对此做出了高度评价：奥林匹克价值观教育计划帮助引导年轻人找到共同点，并参与到包含“卓越、尊重和友谊”奥林匹克核心价值观的活动中去。因此，国际奥委会的工作重点是促进全民参与体育活动，开发适当的教育工具，让年轻人参与进来，提升他们的能力。

基于奥林匹克卓越、尊重、友谊的三大核心价值，奥林匹克教育提出了奥林匹克价值观教育计划的五大主题，即奋斗中求乐、公平竞争、践行尊重、追求卓越，以及身、心和精神均衡。五大教育主题涵盖了学习的三种基本方式：认知（智力）、情感（社交 / 感情）和运动（身体）。

（1）奋斗中求乐（joy of effort）

青少年通过参与身体活动、运动、游戏和竞技运动挑战自我、相互挑战，发展提升其身体技能、行为能力和智力。

（2）公平竞争（fair play）

公平竞争是竞技运动的理念，但它可以不同的方式在世界各地得到运用。在竞技运动中学习公平竞争，能引导公平竞争行为在社会和生活中得到发展和强化。

（3）践行尊重（practising respect）

让处于多元文化世界的青少年学会接受并尊重多元化，履行友好的个人行为，从而促进和平和国际理解。

（4）追求卓越（pursuit of excellence）

追求卓越有助于青少年做出积极、健康的选择，并竭尽所能为之做出不懈的努力。

（5）身、心和精神的均衡（balance between body, will and mind）

学习参与促进人全面发展的活动，而不是仅仅对精神或身体素养的单一促进。在运动中学习有助于道德和智力的双向发展，该理念是顾拜旦复兴现代奥运会的基石。

（二）奥运会举办城市／国家的奥林匹克教育“本土化”

国家层面的奥林匹克教育是指奥运会举办城市／国家在奥运会周期内开展的奥林匹克教育活动。纵观奥运会发展史，蒙特利尔 1976 年奥运会被公认是奥林匹克教育的分水岭。此届奥运会首次制订了专门的题为《在学校系统推广奥林匹克主义》（Promotion of Olympism in the School System，POSS）的奥林匹克教育计划（Olympic Education Programme），这是奥运会史上奥运会举办城市／国家第一次颁布正式的、以中小学生为教育对象的奥林匹克教育计划。自此以后，无论是奥运会还是冬奥会的主办国都以中小学生为主体，开展丰富多彩的奥林匹克教育活动，而且绝大多数都会制订奥林匹克教育计划。历届奥运会的举办者大都十分重视奥林匹克教育，将其视为最重要的奥林匹克遗产之一。

1. 各具特色的主办城市／国家奥林匹克教育计划

从 1976 年开始，奥运会和冬奥会，绝大多数奥运会举办城市在开展奥林匹克教育时，均制订了书面的、不同名称的奥林匹克教育计划（表 9-1）。

表 9-1 奥运会举办城市 / 国家奥林匹克教育计划文件 (1976—2008)

奥运会时间 / 年	奥运会举办地	奥林匹克教育总体计划及分计划
1976	加拿大 蒙特利尔	《在学校系统推广奥林匹克主义》(*Promotion of Olympism in the School System, POSS*)
1984	美国 洛杉矶	《青少年计划》(*the Youth Program*) 总体计划下包括四项子项目：文化计划 (Cultural Program)、教育计划 (Educational Program)、体育运动计划 (Sport Program)、与奥运同成长学生计划 (Grow with the Olympic Student Program)
1988	加拿大 卡尔加里	青少年教育 (Youth Education)、青少年文化 (Youth Culture)、青少年信息 (Youth information)
1992	法国 阿尔贝维尔	“生态奥林匹克”国家教育计划 (A National Educational Programme entitled “Ecolympique”)
1994	挪威 利勒哈默尔	《家庭奥运会国家教育计划》(*the Olympic Games at Homes National Education Programme*)
1996	美国 亚特兰大	学校奥林匹克日 (Olympic Days in the Schools)、梦之队项目 (Dream Team Program)、儿童奥林匹克票务基金 (Children Olympic Ticket Fund)、奥林匹克青年营 (Olympic Youth Camp)
1998	日本 长野	青少年俱乐部计划 (Youth Club)、国际交流计划 (an International Exchange Programme): 一校一国 (One School One Country)
2000	澳大利亚 悉尼	《悉尼 2000 奥运会国家教育计划》，总体计划下包括奥林匹克新闻(O-News), 热望 (Aspire) , 儿童 (KIDs) , 分享精神 (share the spirit)、奥林匹克欢迎计划 (Olympic Welcome Program)
2006	意大利 都灵	奥林匹克教育计划由五部分构成，基于五环构成，分别为：蓝环——体育运动与健康教育 (Blue ring: sport and health education)；红环——体育运动与体育文化 (Red ring: sport and sport culture)；黄环——体育运动、科学、技术、传媒 (Yellow ring: sport, science, technology and communication)；绿环——体育运动与环境 (Green ring: sport and environment)；黑环——体育运动、跨文化、法律与人权 (Black ring: sport, interculture, legality and human rights)
2008	中国 北京	北京奥林匹克教育主要内容包括 6 个方面：奥林匹克教育纳入学校常规教育教学工作内容、开展奥林匹克主题教育活动内容、开展“同心结”国际交流活动内容、建设“北京 2008 奥林匹克教育示范学校”、组织开发奥林匹克教育课程资源、加强奥林匹克教育研究

2. 多方参与的奥林匹克教育组织

组织机构是开展奥林匹克教育的关键要素之一，历届奥运会的组委会都会成立专门的部门致力开展奥林匹克教育活动，此外，每届奥运会奥林匹克教育活动的开展都吸引了不同利益相关者的参与。在历届奥运会的奥林匹克教育实施中，参与主体包括奥组委、国际奥委会、国家（地区）奥委会、赞助商和其他民营组织、教育参与者（政府机构或教师）、媒体、体育组织和运动员。在这些参与主体中，奥组委发挥着重要的领导作用，整合其他参与者。国际奥委会本身也会参与其中，例如，在都灵 2006 年冬奥会的奥林匹克教育实施中，国际奥委会就支持了很多教育活动，邀请当地中小学生到洛桑博物馆参观访问。（图 9-1）

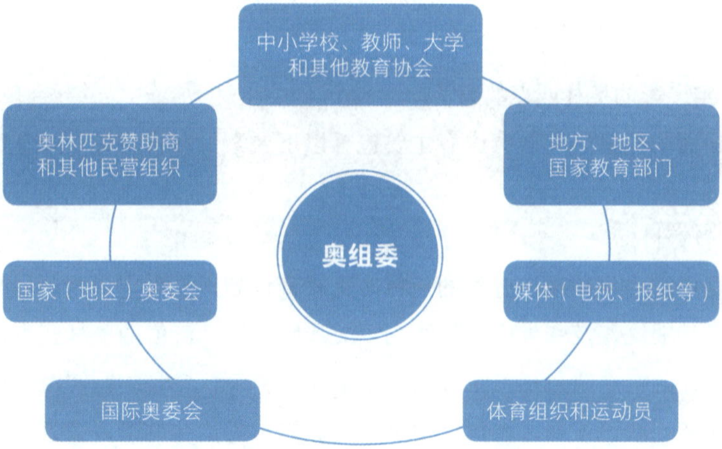

图 9-1　实施奥林匹克教育的组织机构 (1976—2006 年)

国家（地区）奥委会通过助推奥林匹克教育，发挥其在普及奥林匹克理想、教育青年中的作用，其中最典型的个案是悉尼 2000 年奥运会的奥林匹克教育计划，它就是基于澳大利亚国家奥委会的教育经验而组织开展的。

奥林匹克教育参与者主要包括不同层面的政府部门、教师和其他教育者，他们视奥运会为改进不同领域课程诸多问题的良好契机。其中需强调的是，教育部门在确保奥林匹克教育在奥运会前的实施和奥运会后的可持续发展中发挥着重要的作用，最典型的个案是阿尔贝维尔 1992 年冬奥会的奥林匹克教育计划，它由阿尔贝维尔冬奥组委、法国教育部门和赞助商联合实施。

国际单项体育联合会通常也会参与奥林匹克教育计划的实施，尤其是那些促进体育参与的活动。这些体育组织把他们参与奥林匹克教育活动视为普及和推广各自治理的运动项目知识和实践的绝好契机。

媒体作为奥林匹克运动的重要利益相关者，也视参与奥林匹克教育为开拓他们不同市场（当地、地区、国家、国际）的绝好契机，典型的个案是：在利勒哈默尔 1994 年冬奥会奥林匹克教育计划的实施中，国际广播公司通过制作一系列的奥运节目参与奥林匹克教育计划。

尽管赞助商是奥林匹克运动的主要利益相关者，但事实是奥林匹克顶级赞助商

（Olympic Top Sponsors）参与奥林匹克教育计划的寥寥无几，他们通常制订自己独立的教育计划，没有与奥运会期间开展的正式奥林匹克教育计划建立联系。但地方的赞助商们对奥林匹克教育计划却饶有兴趣，其主要原因是地方对奥林匹克教育的关注度更高。

3．丰富多彩的奥林匹克教育活动

国家层面的奥林匹克教育内容主要包括以下要素：教育目标、教育活动、教育对象等。

（1）教育目标

由历届奥组委领衔设计开发的奥林匹克教育计划，都设定了明确的教育目标，而且目标都是围绕普及和推广奥林匹克主义和体育运动价值的奥林匹克运动教育的总目标而设计的，主要包括三个方面：一是知晓教育，二是主题实践教育，三是促进参与。在知晓教育方面，教育计划中会提供关于奥运会的诸多信息，例如场馆、比赛项目、文化活动等。在主题实践教育和促进参与方面，奥组委通过让青少年参加体育比赛、参与志愿者活动等方式增强青少年对奥运会的参与感。

（2）教育活动

为了实现教育目标，历届奥运会都在奥林匹克教育计划中，设计了类型多样、丰富多彩的文化、体育和教育活动（表 9-2）。

表 9-2　奥林匹克教育活动内容分类

序号	教育活动内容	预期实现的教育目标
1	教师课程指南和专题研讨会、学生手册	知晓目标：普及奥林匹克知识和奥林匹克主义价值
2	教育素材包括印刷和电子两种形式，主要内容包括影像、日历、海报等	
3	中小学校及教师对教育计划的认同	
4	奥林匹克日和节日	主题实践教育目标：体验奥林匹克价值
5	学校结对计划（“一校一国”项目）	
6	艺术、音乐、喜剧竞赛和节日	
7	体育活动	
8	奥运会参与活动，例如参观比赛场馆、参与火炬接力、票务计划等	促进参与目标：参与奥运会，零距离体验奥林匹克价值
9	奥林匹克青年营	

由表 9-2 可知，在 9 类奥林匹克教育活动内容中，1—3 类主要是针对奥林匹克教育的知晓目标，核心内容就是奥林匹克知识和奥林匹克主义价值的普及与传播；4—

7 类是实践教育目标，核心内容是在活动中体验奥林匹克价值；8、9 类是参与目标，核心内容是亲身参与奥运会，零距离体验奥林匹克价值。

（3）教育对象

历届奥运会主办城市 / 国家的奥林匹克教育的对象相类似，即面向全体大众，分层有效地展开具有针对性的教育活动。例如，北京 2008 年奥运会的奥林匹克教育计划的主要对象是青少年，核心对象是中小学生，重点是北京及青岛、上海、天津、沈阳、秦皇岛五个赛区城市的中小学生。

小贴士

奥运会主办城市 / 国家的奥林匹克教育个案

知晓教育活动个案：蒙特利尔 1976 年奥运会

1974—1976 年，目标指向中小学的教育资料多种多样。

一是魁北克教育部门等机构出版发行了《传奇与历史》《理解与理念》两套指南和一套海报，而且确保内容适合中小学课程。

二是制作了 4 万套日历，发放到中小学校。日历的内容主要包括奥运会的历史、奥组委、奥运会比赛项目以及大众体育等内容。

三是面向儿童。作为蒙特利尔 *Dimanchematin* 新闻周刊副刊的刊物 *Coccinelle* 在 1975—1976 年发行 5 期；1975 年发行 2 期共计 58000 份，内容主要涉及奥运会历史和奥组委；1976 年发行 3 期共计 84000 份，内容涉及运动员和奥运会比赛项目。

四是拉沃大学 (University of Laval) 的影像图书馆制作了一个电影资料库，影片内容主要涉及体育和奥运会历史，为学校提供影片租赁服务。

五是蒙特利尔奥组委在大学生以及体育教育者中选拔志愿宣讲员，经过培训，深入中小学校，通过座谈和专题研讨的方式开展奥林匹克教育活动。内容主要包括古代奥运会和现代奥运会的历史及发展、加拿大参与奥运会以及蒙特利尔 1976 年奥运会筹备工作等。

主题实践教育活动个案：长野 1998 年冬奥会

“一校一国”项目起源于日本长野 1998 年冬奥会。该活动由长野市教育

理事会 (Nagano City Board of Education) 和长野国际友谊俱乐部 (Nagano International Friendship Club) 建议发起，得到了长野奥组委和长野市中小学校校长协会 (Association of Schools Principals in the City of Nagano) 的鼎力支持。其主要目的就是“培养国际友好意识”。

该活动于 1996 年 1 月正式启动，长野市 76 所中小学校和特殊学校参与了此活动。每个学校被分配一个结对国家（地区），与结对国家（地区）开展奥林匹克教育的合作与交流，在冬奥会筹备期间开展文化、艺术、游戏、舞蹈等多方面的教育交流活动。

在冬奥会举办期间，这些学校开展与结对运动员交流的活动，参加对象国代表团在奥运村的升旗仪式，为代表团布置比赛会场等活动。

奥运会结束后，长野市建立了国际儿童交流基金会 (Children's International Exchange Fund) 继续支持项目学校与结对国家（地区）开展交流活动。

该活动取得了巨大成功，得到了广泛的赞誉，并得到了国际奥委会的认可，自此，该活动如同奥林匹克青年营一样，成为奥林匹克教育的固定模式。此后悉尼 2000 年奥运会、盐湖城 2002 年冬奥会、北京 2008 年奥运会都借鉴“一校一国”的模式开展了相关的活动。

“东方特色和发展中国家模式”个案：北京 2008 年奥运会

从 2001 年 7 月开始到 2008 年 9 月的 7 年时间里，中国的中小学校，尤其是主办城市和协办城市的中小学校经历了从未有过的奥林匹克教育实践活动。如前所述，这场教育活动不同寻常，形成了一个具有东方特色和发展中国家模式的奥林匹克教育的“北京模式”。

第一，“北京模式”史无前例、广泛普及了国际奥林匹克教育理念。

奥林匹克教育对象是以青少年为核心目标人群的所有大众。在人口居世界之首、从未有过奥运会举办经验的中国举办奥运会，奥林匹克教育面临着巨大的挑战与机遇，挑战要如何应对？机遇要如何抓住？怎样才能实现奥林匹克运动与举办国的双赢？面对机遇与挑战，北京奥组委开展了面向市民的“奥运大讲堂”广泛培训，面向全国 4 亿青少年，以 2.3 亿中小学生为重点，制定了专门的奥林匹克教育计划，开展了国际奥林匹克运动史上史无前例的奥林匹克教育活动，组织编写北京奥运会大、中、小学读本和《北京 2008 奥林匹克教育知识挂图》等十几种奥林匹克教育的教材，并向全国中小学校赠送了110万册知识读本和40多万份知识挂图，与此同时，还对教师进行了专门培训，仅北京市就有1万多名教师参加了培训。在北京奥运周期，奥林匹克教育全方位融入了北京中小学校的教育教学和各项活动，首都2200余所学校的200多万师生全部参与到这场面向全国4亿青少年、以2.3亿中小学生为重点的奥林匹克教育实践活动中，并通过社会实践活动由学校向家庭和社区延伸，“使奥林匹克运动实现了历史上最大规模的传播和普及”。

正如国际奥委会终身名誉主席萨马兰奇所言：“数以百万计的中国青少年首次感受到了奥林匹克友谊、尊重、卓越等价值的魅力。”时任国际奥委会主席罗格说：“中国在4亿青少年中普及奥林匹克知识，这个数字是诱人的，这体现了奥林匹克精神的真谛，这证明我们在莫斯科的选择是正确的。”国际奥委会官方杂志《奥林匹克评论》的评价是：“这是一个宏大的计划，它使奥林匹克价值观在中国的传播超过了世界任何一个地方。”“未来奥组委肯定会视中国正在进行的奥林匹克教育举措为典范，实现奥林匹克运动高于一切的教育宗旨。”综上所述，奥林匹克教育理念能在如此广泛的人群中得到普及，不但提升了奥林匹克运动的人文价值，而且提升了奥运会的形象和品牌价值。

第二，“北京模式”丰富了国际奥林匹克教育的理念、内容及运作模式，为国际奥林匹克教育留下了独一无二的人文遗产。

教育理念方面：“北京模式”将奥林匹克教育的价值观与中国传统教育有机结合，注重可持续性，具体可概括为“国际视野、奥运平台、教育本质、学生发展、学校建设”。“北京模式”以人为本，围绕着青少年的全面发展及和谐相处展开了身体和道德教育、国际奥林匹克运动教育、国际理解和地球环境教育。

教育组织方面：一是政府主导的体制优势。主办城市的教育行政部门全面配合北京奥组委，在奥林匹克教育的计划制订，活动策划与组织，经费和人员保障，以及动员教育资源和集聚社会力量等方面，充分显现了政府主导体制的优势。二是社会的广泛参与。与往届奥运会主办城市比较，北京奥林匹克教育社会参与的广度是前所未有的。学校奥林匹克教育活动得到了社会各界的普遍关注，各种社会力量得以在最大范围内发挥支撑作用。该组织运作模式可为未来发展中国家举办奥运会开展奥林匹克教育提供可借鉴的范式。

教育活动方面：北京200多万名大中小学生参与了内容全面、重点突出的奥林匹克教育活动，并取得实效。根据中国国情、自身特点及奥林匹克教育的要求，在活动内容上采取重点项目与多样化活动相结合的方针，以奥林匹克教育示范学校和“同心结”交流活动为两大支柱项目，充分发挥其示范和辐射效应，从而有效推进了整个奥林匹克教育的开展。奥林匹克教育示范学校为中国首创，为中小学校提供了创新和实验的广阔空间。奥林匹克教育元素与学校日常教学紧密整合，使得学校体育课程和体育活动内容有了根本改观，德育的内容和方法得到了充实，国际理解教育的模式和方法得到创新，师生在学校组织的全面渗透奥林匹克教育的教学以及社会实践活动中，教育观念得到改善，综合素质得以提升，从而全方位地促进了学校的整体发展。更为重要的是，奥林匹克教育示范学校与边远山区学校、社区居民、特殊教育群体的牵手共享活动的开展、辐射作用的发挥，在很大程度上促进了城乡教育的均衡发展、社会资源的有效整合，以及平等、共享理念的践行，逐渐形成了一种学校、家庭和社会的良好合作机制，进而促进形成了“学校—家庭—社区”三位一体的联动教育模式。“同心结”交流活动是以学生为核心，在强调知识学习的同时，以向学生提供体验式主题活动为主，采用夏令营，与国外学校进行姊妹校结对、与姊妹校进行互访，以及参与日常的与外国人的交流的便利方式，使学生实际体验到其他国家的文化习俗。此外，该活动还非常强调和突出世界和平主题教育，这与奥林匹克主张的世界和平和休战原则完全一致。因此，“同心结”交流活动培养了中国广大青少年从内心深处向往和平、爱好和平、传递和平的意识和情感。

北京2008奥林匹克教育的“北京模式”，在一个共享的国际框架中，以前所未有的“中国元素”丰富了奥林匹克的教育资源。奥林匹克教育的基本概念已不再仅仅是一个完全西方的概念，而是受到了东方文化的影响，为国际奥林匹克教育留下了独一无二的人文遗产。

（三）“体育带来希望”“体育促进积极社会”等项目的推进

“二战”后，世界各国大约用了20年的时间逐渐复苏，电子计算机引领的自动化革命一方面带来了极其丰富的物质文明，另一方面却又在工具理性极致化发展的过程中将人也变成了流水线上重复动作的一环，这种对人的异化给人们备受煎熬的心灵以巨大的苦闷、压抑、疯狂和动荡。社会的进步已不再是问题的关键，人类开始思考在未来能否生存下去，多元化思潮在这种情况下应运而生。20世纪60年代末及70年代初，现代主义前进步伐在多元价值冲突的极化中戛然而止，越南战争、种族骚动、性别问题、暴力冲突、示威游行成为现代西方社会难以摆脱的困局。正是在这样的大背景下，体育作为人类共通的生活场景，其构建共享符号、建立情感联结、形成情绪共鸣、强化群体团结的能力成为包括联合国在内的诸多国际组织借以实现国际治理的有效途径。国际奥委会作为体育领域最具代表性的非政府组织（NGO）和非营利组织（NPO），致力与各国家（地区）奥委会通力合作，在全世界弘扬奥林匹克主义、推广体育运动、支持体育组织。为了实现以上目标，国际奥委会主导开展了以奥运会为核心，以带动全民体育参与为基础，逐步促进性别平等、弥合区域间体育发展不平衡之鸿沟、促进积极社会并最终促进世界和平与发展的诸如“奥林匹克日”（Olympic Day），“全民体育”（Sport for All），“体育中的性别平等”（Gender Equality in Sport），“体育带来希望”（Sport for Hope），“体育促进积极社会”（Sport and Active Society），“体育促进世界和平与发展”（Peace and Development through Sport）等项目。

1. 通过奥林匹克日（Olympic Day）庆祝活动强化宣传奥林匹克运动

1947年，在斯德哥尔摩举行的国际奥委会第41次全会上，捷克斯洛伐克的国际奥委会委员格鲁斯博士提交了一份关于世界奥林匹克日庆祝活动的提案，旨在于这天通过主题活动集中宣传奥林匹克主义。该提案在1948年1月在圣莫里茨举行的国际奥委会第42次全会上通过。

第一个奥林匹克日是1948年6月23日，葡萄牙、希腊、奥地利、加拿大、瑞士、英国、乌拉圭、委内瑞拉和比利时在各自的国家组织了奥林匹克日活动。

在1978年版的《奥林匹克宪章》中，国际奥委会首次明文建议所有国家（地区）奥委会通过组织奥林匹克日活动宣传奥林匹克运动：“建议国家（地区）奥委会定期组织（如果可能的话，每年）旨在促进奥林匹克运动的奥林匹克日活动。”

在过去的20年里，长跑活动已成为世界各地庆祝奥林匹克日的主要活动。奥林匹克日长跑于 1987 年首次启动，旨在鼓励所有国家（地区）奥委会庆祝奥林匹克日并促进群众参与体育实践，目前每年有 100 多个国家（地区）奥委会积极参与。

目前，奥林匹克日正逐步扩大其受众范围。许多国家（地区）奥委会持续组织传统的奥林匹克日长跑活动，也围绕“运动、学习和发现”的主题开展了多样化活动，并围绕奥林匹克价值观开展新的文化、教育活动和其他新的体育活动。

2．通过全民体育（Sport for All）行动推动体育参与

全民体育行动旨在鼓励社会上的所有人，无论性别、年龄、社会背景或经济地位如何，都能经常参与体育活动。国际奥委会全民体育委员会成立于 1983 年，其主要任务是支持世界各地开展体育活动。

每年，国际奥委会全民体育委员会都会通过组织比赛、提供资金捐助、给予补助等方式向五大洲各国家（地区）奥委会组织的各项体育活动提供财政和精神支持。此外，全民体育行动还借由各国家（地区）奥委会的帮助，尽可能多地支持各社会阶层参与体育活动；组织有关发展全球大众体育经验和知识的国际交流；大力发展群众性体育，增进人民福祉。迄今为止，已经有超过 165 个国家（地区）奥委会从全民体育行动中受益。通过全民体育行动，奥林匹克运动价值观被传递给整个社会。

国际奥委会在 2014 年 12 月通过了《奥林匹克 2020 议程》，为迈入后全球化时代的奥林匹克运动开启了改革之门，也进一步明确了体育在社会中比以往任何时候都更加重要的事实，增加社会中的体育活动、促进全社会的体育参与应该是世界各国政府和非政府机构的一个重要目标。对此，国际奥委会全民体育委员会也做出了积极调整，更名为“体育促进积极社会委员会”（Sport for Active Society Commission），就奥林匹克运动中所有与借助体育提高大众体育活动有关的活动，向国际奥委会全会、国际奥委会执委会和国际奥委会主席提供建议，力求人人都有机会参加体育活动，并以青年为特别重点开展体育活动。

体育促进积极社会委员会的具体职责是：

- 参与《奥林匹克 2020 议程》有关的活动，特别是与促进积极的社会生活方式有关的活动，重点关注青少年；
- 促进社会大众广泛参与体育运动，并与各方合作，基于奥运会和重大赛事等的体育遗产开发和利用，促进更广泛的社区体育参与；
- 促进各组织之间的协同作用，努力增加体育作为所有人权利的可及性。

国际奥委会在 2016 年发放了第一批体育和积极社会发展补助金，自那时以来，体育促进积极社会委员会每年都更新其补助项目，通过支持对各年龄段大众身心健康有益的体育项目，使社区更加活跃和包容，例如，体育和积极社会发展补助金在2021年的项目征集中强调，其目标是向利用体育和体育活动解决社会问题（包括体育和健康、社会包容、性别平等和应对气候变化）的基层组织提供额外资源。

此外，国际奥委会及体育促进积极社会委员会还为奥林匹克运动中的各组织设计了行之有效的工具包，为改进世界各地奥林匹克运动发展的现有项目（计划）或创建新项目（计划）提供知识和操作指南。

3. 重视体育中的性别平等（Gender Equality in Sport），**提升女性参与感**

女性主义的第二次浪潮从20世纪60年代开始，一直持续到80年代，其基调是要强调两性间分工的自然性并消除男女同工不同酬的现象，要求两性平权。体育是促进性别平等和增强女性权益的最有力平台之一。作为奥林匹克运动的领导者，国际奥委会在两性平等问题上采取行动方面负有重要责任。平等地参与体育运动是一项极为重要的基本人权，也是《奥林匹克宪章》的一项基本原则。《奥林匹克宪章》规则2第七段中规定，国际奥委会的作用之一是“鼓励和支持在各级和各机构中促进女性参加体育运动，以落实男女平等原则”。

事实上，国际奥委会做出的承诺和履行的职责远远超出了促进女性平等地参加奥运会的范围。国际奥委会还认识到性别平等是体育善治的一个重要组成部分，并继续支持在各级体育和赛场外的所有机构中促进女性的发展，在任命女性担任国际奥委会行政部门及其理事机构的关键决策职位方面取得了巨大进展。

（1）促进性别平等发展史上的重要里程碑

1979年，女性参加体育运动的权利被正式列入《消除对妇女一切形式歧视公约》这一国际条约。1994年，“女性与体育”国际工作组成立，并在英国布莱顿举行了首届世界妇女与体育问题会议。在这次重要会议上，《布莱顿宣言》——一项支持发展更加公正和公平的体育运动制度的国际条约诞生。国际奥委会支持并共同签署了《布莱顿宣言》。

1995年，联合国在北京组织了第四次妇女与体育问题世界会议，主题为：以行动促进平等、发展与和平。由此产生的《北京宣言》和《行动纲要》首次具体提到体育是促进两性平等和赋予女性权利的工具。

在以上女性参与体育国际发展的基础上，国际奥委会于1996年迈出了历史性的一步，修订了《奥林匹克宪章》，首次明确提及国际奥委会在提高女性体育运动参与中的作用：

“国际奥委会的作用是根据《奥林匹克宪章》的相关规定，领导奥林匹克主义的推广。为此，国际奥委会……应通过适当方法，大力鼓励在社会各阶层、各组织中，特别是在国家和国际体育组织的执行机构中，提高女性在体育运动中的地位，以期严格遵循男女平等的原则。”

——《奥林匹克宪章》1996 年版

女性与体育委员会成立于 1995 年并于 2004 年全面投入工作，始终致力为不同性别提供平等参与体育的机会，目标有两个：

- 使女性运动员参加体育运动、奥运会变得更容易；
- 通过为女性体育管理人员、教练员、技术官员和记者举办以提升领导和管理能力为重点目标的区域研讨会和向年轻女性运动员和教练员提供奖学金等方式，增加体育行政与管理人员中的女性占比。

自 1996 年以来，每四年举办一次世界妇女与体育问题会议，分析该领域取得的进展，并提出新的战略和任务目标。1996 年第一届世界妇女与体育问题会议总结的目标是：

- 提高对女性在体育运动中所起作用的认识；
- 评估在体育领域的性别平等方面取得的进展；
- 确定今后促进女性参与体育运动各类行动的优先级。

自 2000 年以来，国际奥委会每年颁发 6 个“女性与体育”奖（每大洲一个，世界级一个），旨在鼓励促进女性参与体育运动或在体育管理机构中作出突出贡献的个人或机构。

从 1996 年到 2012 年，国际奥委会的关于不同性别平等参与体育的行动得到了每四年一次的女性与体育问题世界会议的支持。

2014 年，根据《奥林匹克 2020 议程》建议 11，国际奥委会承诺：

- 与国际单项体育联合会广泛合作，奥运会女性参与比例达到 50%，并通过创造更多参与奥运会的机会，激励女性参与体育运动；
- 鼓励奥运会和其他比赛纳入男女混合项目。

2016 年，根据国际奥委会女性与体育委员会的建议，国际奥委会执委会批准将奥林匹克运动成员的女性占比目标修订为30%。

“建议奥林匹克运动的各级机构在2020年之前将女性在其理事机构中的成员代表比例设定为至少30%，并为这一目标的视线采取相应措施。”

——2016年12月8日，国际奥委会执委会会议记录

（2）国际奥委会性别平等审查项目

2017年3月，国际奥委会启动了性别平等审查项目，任务是审查奥林匹克运动中的性别平等现状，并以“行动导向的变革建议”帮助“在全球范围内推动性别平等”。该项目是国际奥委会女性与体育委员会和运动员委员会的一项联合倡议，由一个11人工作小组领导，由玛丽索莱·卡萨多（Marisol Casado，国际奥委会委员）担任主席，其成员包括国际奥委会委员、各国家（地区）奥委会代表，以及国际单项体育联合会代表。

工作组根据体育参与及运动竞赛、媒介渠道中的性别表述方式、经费预算分配、组织管理、检测追踪机制及性别平等举措宣传策略等五个主题对整个奥林匹克运动中的两性平等状况进行了全面审查。国际奥委会执委会于2018年2月批准了25项大胆的、以行动为导向的建议，为推进体育领域内外的性别平等开辟了一条新的道路。国际奥委会正在各国家（地区）奥委会和国际单项体育联合会的支持下，牵头落实这些建议。建议中特别值得注意的是《媒介宣传中的性别表述方式指南》。该指南针对既有的在体育传播中存在的性别刻板印象等问题给出了奥运转播画面选择、构图方式、宣传口径等方面切实可行的具体建议。

小贴士

奥林匹克运动中女性参与及变化情况概述

女性参与奥运会的情况变化

国际奥委会的“女性与体育”政策在女性参加奥运会方面取得了显著成功。（图 9-2）

巴黎 1900 年奥运会上，997 名参赛运动员中只有 22 名女性运动员，占比为 1.6%，其参赛项目为网球和高尔夫；伦敦 2012 年奥运会上，女性运动员人数约占参赛运动员的 45%。

在过去的 30 年里，参加奥运会的女性运动员人数大幅增加——从汉城 1988 年奥运会的 26.1% 增长至里约热内卢 2016 年奥运会创纪录的 45.2%。

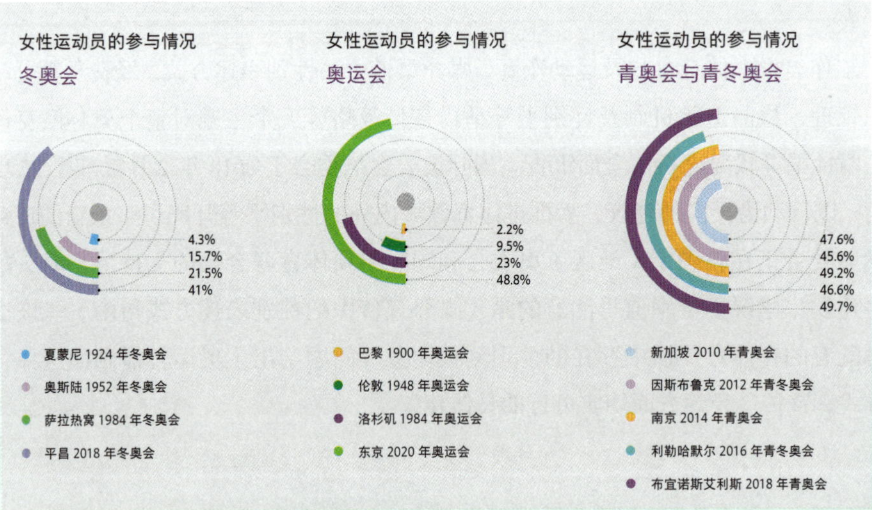

图 9-2　奥运会中女性运动员的参与数量及占比历史演变

以上变化发生的最大推动力之一是国际奥委会通过奥运会增项等方式，致力为女性运动员创造更多的机会。自 1991 年以来，任何寻求加入奥运会的新项目都必须为女性提供参赛机会，同时，国际奥委会还与国际单项体育联合会密切合作，通过在奥运会上提供更多的参与机会来激励女性参与体育。

东京 2020 年奥运会的项目设置也发生了变化，女性参赛率上升至 48.8%，与里约热内卢2016年奥运会相比，男女混合项目的数量增加了一倍，而北京2022年冬奥会也将增加女子项目以及男女混合项目，女性参赛率将达到创冬奥会历史纪录的45.44%。

体育女性领导者的比例变化

此外，国际奥委会还通过提升女性体育决策者数量等方式为其他体育组织和各类机构树立榜样。目前，国际奥委会各委员会中的女性代表比例已上升至42.7%，自2013年以来增加了98%。2018年，在国际奥委会26个委员会中，女性担任的职位比2017年增加30个，每个委员会都有女性成员，而国际奥委会执行委员会的女性成员所占比例从2017年的21.4%增加到2018年的30.8%。截至2019年1月1日，国际奥委会成员中33%为女性。

4. **体育促进世界和平与发展**（Peace and Development through Sport）

20世纪最后一个十年，随着冷战的结束，曾经分裂的世界开始融合，全球化进程加速，广泛地渗透进了人们的生活细节。但2001年9月11日华盛顿上空的恐怖袭击又证明了，随全球化浪潮一同到来的，还有逆全球化的浪潮——民族主义与民粹主义崛起，多元价值与文化在碰撞中不断发生着摩擦。

《奥林匹克宪章》中关于“奥林匹克主义基本原则”的论述是：奥林匹克主义的目标是使体育为人的和谐发展服务，促进建立一个关注维护人类尊严的和平社会。

通过体育促进世界和平与发展是《奥林匹克宪章》所强调的一项基本原则。2001年9月7日，联合国大会通过决议，决定自2002年起，国际和平日为9月21日。决议中提道：“宣布此后，国际和平日应成为全球停火和非暴力日，并邀请所有国家和人民在这一天停止敌对行动。”此外，联合国55/282号决议还邀请所有会员国、联合国系统各组织、区域组织和非政府组织以及个人以各种适当方式（包括教育和公众宣传）庆祝国际和平日并同联合国合作实现全球停火。国际和平日这种通过协定在特殊日子停火的方式与古代奥运会的“神圣休战”概念相契合。是以，国际奥委会也积极参加9月21日世界各地庆祝国际和平日的活动。同时，国际奥委会恢复了古老的“奥林匹克神圣休战”概念，使参与者能够在安全情况下往返于奥运会，以保护运动员和世界体育的利益。国际奥委会鼓励所有联合国会员国签署奥林匹克休战协议，为世界各地的冲突找到和平的外交解决办法。

国际奥委会主席巴赫多次强调，“体育不仅仅是身体活动，它能够促进健康、帮助预防甚至治疗现代文明导致的疾病。体育也是一种教育工具，可以促进认知发展，规范社会行为，并帮助社区融合。”基于体育对国际和平能够起到的促进作用，国际奥委会与包括各国家（地区）奥委会、众多联合国机构国际政府和非政府机构在内的合作伙伴广泛合作，开展各种活动和教育举措，将体育作为促进发展和社会变革的工具，为实现可持续发展目标作出贡献。体育促进公共事务和社会发展委员会（原国际关系委员会）可向国际奥委会全会、国际奥委会执委会和国际奥委会主席提供建议，以发挥体育和奥林匹克主义在社会中的作用，并使国际奥委会成为国际舞台上围绕体育促进奥运会内外发展与和平的思想领袖和强有力的行动者。

国际奥委会针对社会不平等和贫困问题制定了切实可行的行动方案。全球经济的不均衡发展使得体育参与程度在各国家（地区）也呈现出了不均衡的状态，体育促进公共事务和社会发展委员会与专门从事人道主义援助和发展的组织及各国家（地区）奥委会开展广泛合作，以支持各类体育促进社会发展项目的合作，例如，在奥运会期间与联合国难民事务高级专员（难民署）合作组织的“给予就是胜利”团结运动——奥林匹克运动的成员应邀捐赠衣物和运动器材，然后由联合国难民署在世界各地的难民营分发，仅在伦敦 2012 年奥运会期间就捐赠了近 10 万件衣物。

小贴士

体育促进世界和平与发展的实例

奥运会中彰显的和平力量

（1）团结的象征

20 世纪 60 年代，南非实行种族隔离政策，1979 年 5 月被驱逐出奥林匹克大家庭。巴塞罗那 1992 年奥运会上，南非经过 11 年的努力，终于回归奥运赛场。埃拉娜·梅耶则是为南非夺得回归后第一枚奖牌的运动员。在同一场比赛中，来自埃塞俄比亚的德拉图·图鲁为她的祖国赢得了第一枚金牌。比赛结束后，梅耶跑向图鲁，二人深情相拥并手拉手绕场慢跑一周。奥运会迎回了南非，运动员在赛场上的友好行为则展示出了非洲团结的象征，这出人意料的一幕将永远被保留在奥运史上。

（2）希望的信号

在2014年10月的联合国大会上，面对世界上百万人流离失所的全球难民危机，国际奥委会主席巴赫宣布成立难民奥林匹克运动员代表队——首支难民队参加了里约热内卢2016年奥运会。这一独特的项目加强了国际奥委会通过体育支持难民的承诺，也展示出“奥林匹克团结基金”通过难民运动员支持计划并非仅仅是以能够参加东京2020年奥运会为目标，更是在为其长远的体育事业谋发展。

（3）求同存异

平昌2018年冬奥会上，全世界都在朝鲜半岛见证了奥林匹克精神的力量。冬奥会开幕式上的一幕展现出了体育与运动员驱动的和平与友谊——因政治军事争端而分割多年的朝鲜民主主义人民共和国与韩国代表团的成员共同入场。此外，两国女子冰球运动员以联合代表队的形式共同出战。

5. **体育带来希望（Sport for Hope）计划**

体育带来希望计划是国际奥委会、奥林匹克运动利益相关者和地方政府联合发起的，通过在发展中国家建立希望体育中心等方式，为青少年和地方社区提供积极的体育参与和未来发展机会，为各国家（地区）奥委会、各国际单项体育联合会以及各国家运动员提供最先进的训练设施，传播卓越、友谊和相互尊重的奥林匹克价值观。

此外，国际奥委会还通过在发展中国家建设“体育带来希望”中心，为社会发展和创新合作提供平台，借助体育为更美好、更和平的世界作出贡献。

这些体育中心的建设和运作是由国际奥委会及各合作伙伴共同进行的。在建设阶段，国际奥委会拥有全部控制权，然后移交给该中心所在国（地区）的国家（地区）奥委会。后者在奥林匹克团结基金计划的指导和帮助下负责运行和维护。在运行阶段，中心将会与国际单项体育联合会展开多方合作。

国际奥委会体育带来希望计划的试点项目是2010年于赞比亚卢萨卡落成的奥林匹克青少年发展中心。该中心通过组织体育比赛、提供营地和诊所、配备教练和体育管理人员，以及组织研讨会等形式，帮助促进赞比亚的体育发展。然而，它的影响远超体育设施与设备的供给。围绕奥林匹克青少年发展中心，体育带来希望计划还将提供社区发展服务和奥林匹克价值观教育，例如为运动员、当地社区及社会大众提供关于艾滋病、疟疾和其他疾病的防疫普及和救护，维护女童权益、普及公民基础教育、提供卫生保健服务和为运动员提供专业的训练服务和全面的奥林匹克价值观教育。

奥林匹克运动若要实现其育人的目的，则应尽可能地彰显其蕴含在各个环节、各项活动中的奥林匹克价值观。工业革命所引发的技术革命带来了媒介技术的进步，报纸、广播、电视等大众媒介的诞生为奥林匹克价值的传播提供了新工具，奥运会会相关消息的传递、奥林匹克精神的传播与奥林匹克主义的弘扬均与媒介密切相关。

第二节　奥运会官方电影：富有运动审美意趣的价值表达

今天的我们已经非常习惯于通过电视直播、网络直播来观看奥运赛事，但实际上在电视和网络媒体普及之前，电影是人们观看奥运会最主要的视觉媒介。

1896 年，现代奥运会和电影同时诞生在法国。电影艺术是以光电技术综合文学艺术、戏剧艺术发展起来的一种现代艺术形式，后随着技术的发展，又融入了声音艺术与绘画艺术等诸多元素而逐渐发展成了一门综合性艺术。它是现代工业的产物。电影制作技术、电影美学与哲学的深化，以及电影艺术的整体发展，也为奥林匹克运动价值的传播提供了有力工具。

奥运官方电影（IOC Official Film）是国际奥委会依据《奥林匹克宪章》要求举办城市奥组委委托相关影视机构制作的记录奥运会的电影。自斯德哥尔摩 1912 年奥运会制作第一部奥运官方电影以来，每一届奥运会，国际奥委会都会与举办城市以法律契约的形式要求不论是奥运会还是冬奥会都需要制作奥运官方电影。

奥运官方电影的发展历史也与近代文化艺术思潮、电影艺术流变同频共振，其独特之处在于，在不断优化视听语言的基础上，始终秉持奥林匹克的价值观这一内核，强化表现运动的张力与律动之美，辅之以东道主多元的文化视角，最终形成了独具运动审美意趣的奥林匹克话语表达体系。

一、奥林匹克官方电影的特点

从法律的角度看，官方的概念更多地体现为契约精神，其中最为核心的是版权问题。奥运官方电影的制作与发行必须得到国际奥委会授权，每一届奥运会期间奥组委都会委托专门影视机构制作奥运官方电影，奥运官方电影的版权最终属于国际奥委会。特别是自奥运会引入市场化运作机制以来，官方的概念更加具有法律效应，更强调独家权利。

从文献的角度看，奥运官方电影具有权威性。奥运纪录电影都具有文献性，文献性是纪录电影的最基本特性。奥组委往往选取优秀的摄制机构进行拍摄并给予方便的拍摄条件。这些方便的条件是其他摄制机构无法得到的，这凸显出了奥运官方电影的权威性。奥运官方电影的文献价值不仅在于全面、真实、客观、公正地记录奥运赛事，更在于国际奥委会长期以来已将拍摄奥运官方电影作为必须遵循的传统，将制作奥运官方电影的要求写进《奥林匹克宪章》中，明确规定举办城市奥组委必须制作本届奥运会的官方电影，从而为百年来的奥运会留下了连续不断的影像记录，为子孙后代留下无法再现的宝贵的奥运影像资料。每一届奥运会只有一部官方电影，并作为国际奥委会认可的关于该届奥运会的权威影像资料保存在位于瑞士洛桑的奥林匹克博物馆。

从制作的角度看，奥运官方电影更具艺术性。早在20世纪二三十年代，奥运官方电影就已超越新闻片的层次，达到了纪录电影应有的艺术性。其时长受限，制作精益求精。奥运官方电影除了关注比赛本身之外，还非常关注参赛运动员的故事或参赛体验，放大那些被电视转播忽略的细节，最终呈现出有别于电视转播的奥运影像。

二、奥运会官方电影的价值表达

奥运官方电影由国际奥委会授权拍摄。它必须传递奥林匹克的宗旨、使命和价值，而并非举办国的国家利益。奥运官方电影需要站在全球视角上，超越国家民族的局限，传递奥林匹克精神。此外，国际奥委会也规定在奥运官方电影中不能出现任何广告，以防止商业利益对奥运会公共价值的干扰。

奥运会不仅仅是体育竞赛，而是奥林匹克运动的一部分，是通过体育竞赛倡导一种良好生活方式并发挥优秀青年榜样价值的活动载体，是运动员展现奥林匹克精神的重要载体。《奥运官方电影制作指南》提出：“官方电影旨在传达奥林匹克理想。它必须符合奥林匹克的宗旨、使命和价值。它应该与奥运会的愿景和定位，以及每届奥运会的具体价值主张、精髓和遗产保持一致。它需要使用一种具有创造性、艺术性和通用性的方法，不仅聚焦于体育的成绩，同时也要捕捉时代精神和当地文化。”

在不同时代的奥运官方电影中，不同国家的导演通过构建不同的运动员符号，重新阐释奥林匹克精神，并使其具有了新的时代内涵。奥运会倡导“更快、更高、更强”，这样的价值导向也促使奥运官方电影更关注取得卓越运动成绩的优秀运动员，国际奥委会也特别重视奥运官方电影对每一项比赛决赛的记录。但是，随着人们对奥林匹克文化价值理解的不断深入，奥运官方电影也越来越关注运动员丰富的运动体验，呈现出从注重外在标准到内在感受的变化。

随着现代社会移民的增多，传统的国家和种族身份构建不再局限于血缘和地缘关系，而是可以被不断构建和改变，并且更加具有包容性，而不是排斥性。多元文化身份的表达体现出了现代体育发展的最新趋势，移民或将成为未来奥运官方电影需要记录的一个特殊群体。同时，奥运会是对全球文化身份的一种隐喻，在未来奥运官方电影的表现中，也应该包容越来越多具有差异性的群体，强调包容开放的文化态度，公民间平等的社会地位以及共同的政治、经济、文化生活，更加强调国家之间和种族之间的平等，以及文化的多样性。

三、奥运官方电影艺术风格的流变

在奥运官方电影近百年的发展历史中，当面对相似的拍摄对象时，不同时代不同民族的艺术家使用了完全的不同的艺术语言，形成了现实主义、现代主义、直接电影、好莱坞戏剧、自我体验式表达等风格迥异的奥运官方电影，这是现代奥运会留给后世的宝贵遗产。在最近几年，国际奥委会更是将奥运官方电影纳入奥运会文化遗产管理的范畴，开始系统地对这些奥运官方电影进行修复，清洁划痕和灰尘，校准色彩，并进行数字化扫描，以便能够进行更为广泛的传播。奥运官方电影在未来的创作中，将会更加强调它独特的艺术价值，在艺术风格上会更加多样化，在拍摄的人群选择上也更强调多样性，以体现奥运会对全球多元文化的包容。

小贴士

不同奥运官方电影的艺术风格

柏林 1936 年奥运会官方电影与欧洲先锋派电影运动

欧洲先锋派电影运动起始于 20 世纪 20 年代，到 20 世纪 30 年代晚期日趋成熟。1936 年里芬斯塔尔创作的《奥林匹亚》受到了欧洲先锋派电影运动的影响。不同于写实主义美学，先锋派电影拒绝对具体世界进行写实主义的描述，而是更强调对视听语言自身表现力的试验以及对人物内心感受的表达。这些美学潮流极大地影响了里芬斯塔尔的创作，使得她对奥运会的表现从写实主义的忠实记录转变为了更加注重表现运动员所体现出来的运动美感。

据里芬斯塔尔在回忆录中的记述，她曾为如何拍摄柏林 1936 年奥运会官方电影的问题去请教过阿诺德·范克博士。范克博士基于拍摄圣莫里茨1928年冬奥会的经验提出了三种可能：其一是一部只能放映一个晚上的影片，只注重美学和艺术上的效果；其二是一部须放映六个晚上的影片，忠实地记录所有赛事；其三是拍摄成新闻报道片，摒弃所有艺术上的要求，在奥运会结束六天后上映。而这三种模式都不符合里芬斯塔尔的预想，她自问："难道在现实中没有一种可能，以电影化的方式将奥林匹克精神和最重要的奥林匹克竞赛很好地统一在一起？"从里芬斯塔尔最终创作的影片来看，她通过全面吸收现代先锋派电影运动的成果，突破了以往奥运会电影的写实主义局限，用艺术的方式呈现了运动的美感以及运动员的心理体验。

欧洲先锋派电影还认为电影不应该模仿戏剧或文学的叙事，电影形式应该以视觉节奏为基础。情绪，而不是故事，才是电影的基础。节奏产生于镜头内的运动以及镜头长度本身准确的拼接。对画面节奏和情绪的把握在《奥林匹亚》的跳水段落中得到了淋漓尽致的表现。在跳水段落中，里芬斯塔尔最先在水上仰拍跳水运动员，并与运动员一道潜入水面以下。然后，又通过倒放镜头让落入水中的运动员重新跃出水面，并通过剪辑让跳水运动员并不落入水中，而是滞留在空中表演他们的回旋。剪辑节奏变得越来越快，这些跳水运动员也如同小鸟，在天空自由飞翔。最后通过叠化消融在天际，与全片开端自云层降下的镜头形成完美呼应。

此外，欧洲先锋派艺术对人物心理进行探索的兴趣也在《奥林匹亚》中得到呈现。在马拉松段落中，里芬斯塔尔用视听语言模拟了马拉松运动员参加比赛的内心体验。从马拉松选手的视角设计了很多视点镜头，如路边风中的小麦、头顶的树、笔直的马路等等。特别是当运动员快要接近终点时，里芬斯塔尔将参赛选手跑动的影子、面部的大特写、移动的手臂剪辑在一起，并伴随紧张的音乐旋律，将运动员在冲刺阶段筋疲力尽的感觉表现得淋漓尽致。"里芬斯塔尔的14分钟马拉松赛记录是电影中的电影。赛前片段本身的融入建立了马拉松赛的一种艺术印象，它让这个段落不只是对赛事的一种记录。它构建了一份关于成绩和耐力的声明，将观众直接带进了比赛本身。"

北京2008年奥运会官方电影与中国纪录电影传统

2008年8月8日，第29届奥运会在北京举行。两年后，记录这届奥运会盛况的奥运官方电影《永恒之火》制作完成。这部影片由中国中央新闻纪录电影制片厂组织拍摄，顾筠担任总导演，影片片长1小时42分，是第22部奥运会官方电影。事实上，在制作《永恒之火》之前，摄制团队还花费7年时间，追踪拍摄了奥运会筹备过程的纪录电影《筑梦2008》。

《筑梦2008》和《永恒之火》这两部纪录电影历经十年，记录下了北京2008年奥运会从筹备到举办的全过程，将对奥运官方电影的理解拓展到了赛场之外，不仅关注赛场上的16天，同样也记录下了奥运会对一座城市的改变，为后代留下了珍贵的历史影像。它们都被位于瑞士洛桑的奥林匹克博物馆永久收藏。正如总导演顾筠所说："纪录片的创作要用人类学、社会学的方法来调查取证，探究处于真实状态中的人与自然、人与社会、人与人的关系。"这两部纪录电影共同体现出中国纪录电影关注普罗大众、直面现实人生的优良制作传统，为世界留下了宝贵的中国记忆。

第三节　奥林匹克转播：突破时空限制、提供临场感

随着技术的发展和媒介形态的变革，圣火传递、开闭幕式、奥运比赛等精彩画面通过"现场直播"传递至世界各地。突破地域限制的奥林匹克转播，借助电视机，为全球体育迷提供了"实时关注赛场动向"的临场感，拓宽了奥林匹克运动的影响力和覆盖面，彰显出奥林匹克运动的巨大魅力。

一、从视听兼备到现场直播

1924年，体育评论之父埃德蒙·德霍特及其团队将转播装置捆在一个热气球上，使它飘在体育场上空。埃德蒙试图以这种方式对奥运会进行实时音频直播。但天公不作美，比赛刚开始不久，就刮来一阵强风，热气球飘到了体育场背后，埃德蒙的视线被挡住，看不到比赛的场面。广播媒体对奥运会的第一次现场直播被迫夭折，但它却成为奥运转播史上重要的一笔。它意味着奥运实况转播的起步、印证了听众对奥运会的兴趣与热情，表明了奥林匹克运动可以借助媒介传播实现更深远的教育意义。

面对电视媒介的诞生，勇于尝试和极具前瞻性的媒体人开始努力将其运用于奥运会的报道。柏林 1936 年奥运会对 175 场比赛总共进行了 138 个小时的电视直播。由于技术有限，电视信号以闭路电视的形式被传送到距离柏林市中心 15 公里之内的一些特定观赛场所，比较典型的是啤酒屋。德国以啤酒闻名，德国人更是爱饮啤酒，也因此，德国的啤酒文化与奥林匹克运动紧密地结合在了一起。奥运会期间，热爱体育的人们纷纷涌入可以观看比赛的啤酒屋，总共有超过 16 万人观看了历史上第一次奥运会闭路电视直播。

伦敦 1948 年奥运会期间，电视直播信号限制在伦敦周围 80 公里的地区，但伦敦 1948 年奥运会的比赛实况却第一次被传送到电视观众的家中。6 台摄像机覆盖了田径、拳击、游泳、足球和马术等项目。电视媒介在诞生之初就表现出了强大的生命力，这届奥运会吸引了将近 50 万名观众每天收看比赛实况。

1960 年，在罗马举行的第 17 届奥运会是奥运史上一次跨时代的进步。奥林匹克运动终于实现了全球实况转播。为了这次通过卫星实况转播，各运动场上都装置了电子记分牌，电子仪器也大量应用，欧洲大陆的大部分观众都能收看到赛事的转播。这些画面同时被制成胶片，传送到亚洲、非洲、大洋洲和南美洲。可以说，从这届奥运会开始，收看比赛的观众人数有了大幅度增长，赛事影响范围也明显扩大。

东京 1964 年奥运会上，马拉松赛事首次通过电视直播，这要归功于日本广播协会（NHK）开发的装有防震系统的转播载具。直升机也对比赛进行了拍摄，25 台摄像机架设在马拉松比赛的终点，将这激动人心的一刻传播至世界各地。东京 1964 年奥运会男子 100 米的转播镜头展示了非裔美国冠军鲍勃·海斯身上的微小细节，电视直播让体育迷有机会比以往更接近运动员。此外，有赖于专门用来对奥运会比赛进行电视实况转播的同步轨道通信卫星“辛科姆 3 号”，奥运会实现了首次跨洋直播——比赛信号在日本和美国之间传递。

时间进入 20 世纪 70 年代，彩色电视机被更多家庭使用，几乎所有的体育比赛都可实现现场直播。借由电视，整个世界都与奥运会联系在一起，被悬念所吸引、被卓然的表现所惊艳。

慕尼黑 1972 年奥运会上，当“慕尼黑惨案”发生时，美国广播公司（ABC）驻中东新闻记者简宁斯也在现场，一听到新闻报道，他立刻抓起步话机跑到奥运村，偷偷溜到意大利运动员住所二楼正对着以色列楼的地方进行观察。正是由于美国广播公司的报道发挥了新闻媒体的权威性，简宁斯第一时间在意大利人的阳台上通过步话机向全世界做了热线报道。同时，美国广播公司从奥运村 292 米高的奥林匹克电视塔上拍摄的照片也配着简宁斯的照片一起播出。摄影师一直把摄像机对准以色列楼，密切关注事态发展，最终，他们把整个事件完整地记录了下来，呈现于世人面前。种族矛盾、地区冲突本属政治范畴，“黑色九月”在奥运会期间进行恐怖活动，无疑是想借助奥运会的全球影响力吸引全世界的关注。“慕尼黑惨案”的发生确实是对奥林匹克运动的一次打击，但在倡导和平友谊的世界性体育大赛上搞恐怖袭击，也从另一方面加深了全世界人民对和平的共识和反对恐怖行为的团结力量。

伴随着电视技术的飞速发展，国际奥委会也开始探索奥运会电视信号制作的管理方式，并形成了“公共信号”加“单边信号”的特殊制作模式。公共信号提供全球通用的奥运会电视信号，而单边信号则是指各国转播机构根据自己的需求，在公共信号的基础上，加入自己制作的信号。从罗马 1960 年奥运会到汉城 1988 年奥运会，除了墨西哥城 1968 年奥运会之外，奥运会公共信号的制作都由举办国的电视机构来完成。

在洛杉矶 1984 年奥运会电视转播权的出售板块中，洛杉矶奥组委主席彼得·尤伯罗斯打破了传统的方式，首次使用了招标的办法，美国广播公司用 2.25 亿美元买下了 16 天比赛的转播权，并提供 7500 万美元的技术设备。此外，转播权益还分别卖给了欧洲和澳大利亚的转播机构，盈利共计 2.87 亿美元。洛杉矶 1984 年奥运会的信号制作由美国广播公司承担，为了更加高效地采集和传播奥运信号，美国广播公司建立了国际广播中心（IBC），并且在各个场馆设立了转播中心。公共信号从各场馆传递至 IBC，然后分配给持有电视转播权的全球各家电视机构进行加工制作，最后通过卫星传递到不同国家（地区）。据统计，在洛杉矶 1984 年奥运会举行的过程中，全世界有 25 亿人在电视上观看了至少一分钟奥运会实况，同时，另有共计 780 万人次在比赛现场感受了无可替代的奥林匹克激情。洛杉矶 1984 年奥运会也因其开创的商业运营模式开启了奥运会的盈利之门，更是为国际奥委会日后强化转播权益运营提供了思路。

二、新世纪的奥林匹克转播新篇章

为了顺应越发多元化的媒介形态和传播趋势，2001 年国际奥委会成立了奥林匹克转播服务公司（OBS）。后者作为所有奥运会、残奥会、冬奥会和青奥会的主办广播组织，通过不懈努力，力求保持每届奥运会转播的服务标准。其总部位于西班牙马德里。

作为奥运会的主办广播公司，奥林匹克转播服务公司负责向全世界数十亿观众传送奥运会和残奥会的图像和声音。它制作并传送来自每个场馆的每项运动的无偏见的现场实况广播和电视报道，这些内容被称为“国际信号”或“世界节目”且作为一项服务分发给所有购买了奥运会转播权的转播机构（被称为持权转播商）。

奥林匹克转播服务公司与东道主组委会合作，监督必要基础设施（包括国际广播中心。该中心是奥林匹克转播服务局和区域广播中心在奥运会期间的主要广播运营基地）和不同奥运场馆设施的发展，以确保奥运会转播信号的成功制作。奥林匹克转播服务公司还向持权转播商提供额外的服务、设备和用品，以帮助他们进行单边内容生产。

北京奥林匹克转播有限公司（BOB）是一家为北京 2008 年奥运会和残奥会制作主要国际节目的中国广播集团，是北京奥组委与国际奥委会旗下之奥林匹克广播服务公司的合资企业，2005 年 5 月 31 日正式揭牌运营，标志着中国真正拥有了奥运传播的话语权，奥运传播在中国实现了重要转折。北京奥林匹克传播有限公司负责为购买转播权的世界各国广播电视媒体提供北京 2008 年奥运会和残奥会的公共信号和相关服务。

伦敦 2012 年奥运会完全由奥林匹克转播服务公司转播。超过 5600 小时的内容（包括比赛现场、开闭幕式和奥林匹克新闻内容）被分发给持权转播商。奥林匹克转播服务公司架设了 1000 多台高清摄像机，包括 40 台超高慢动作摄像机和其他创新的专业设备，如 3D 摄像机、超高视觉摄像机和世界上最长的有线摄像机。

索契 2014 年冬奥会有冬奥会历史上规模最大的转播活动。奥林匹克转播服务公司部署了 450 多台摄像机，包括 12 个有线摄像机系统、31 台高速慢动作（HSSM）摄像机和一架首次使用的多翼飞机（无人机），最终生产了 1300 多个小时的内容。总共有 464 个电视频道转播索契 2014 年冬奥会，这几乎是温哥华 2010 年冬奥会的两倍。里约热内卢 2016 年奥运会是历届奥运会中电视报道时间最长的一届，全球总播出时间接近 35 万小时，远远超过伦敦 2012 年奥运会的 20 万小时。

对奥运会的现场实况进行转播，最初只是信息的传递。它实现了人类对远方发生的事情进行感知和增进交流的古老愿望。电视媒介作为突破时空限制的国际化媒介，使奥林匹克精神感染着全世界的观众，在全世界范围内彰显着奥林匹克价值观，奥林匹克运动的影响力也因此越来越大。

在媒介的映射下，奥运会也逐渐被赋予不同的政治与文化内涵，在民族意识与国家形象构建的宏大命题下，运动竞技往往被作为文化交流、国家实力展示的仪式而存在，运动员则时常被塑造为“英雄”般的人物并借由媒介传播进一步放大，成为有代表意义的文化符号，对一代青年有着不可替代的精神引领作用。例如五连冠时期的中国女排，是改革开放初期激励我国青年昂扬奋斗的精神力量；又如美国篮球梦之队，是“不断前行、保持强大”拼搏精神的代言人。

现代奥运会作为大型体育集会，使参与者通过亲身到场、观看电视直播等方式产生共鸣，使参与者可以想象四海一家的全球社会。在这一过程中，奥林匹克运动通过电视媒介得到了最大范围的普及和推广。

第四节　奥林匹克网络与新媒体传播：社交媒介中形成的新型互动关系

技术变革将社会带入信息时代，计算机与互联网的普及，使大众不再满足于单向地被动接受信息，转而更渴望在交互中分享和传播信息。在这样的时代语境下，奥林匹克运动在价值传播过程中合理利用了网络媒介，使奥林匹克运动这样一个全球性、世界性、集体性的活动，也能兼顾参与个体的个性化体验、强化互动、增进理解，这为奥林匹克价值观在新世纪的更广泛普及拓宽了渠道。

一、奥林匹克运动借助社交媒介实现的人人互动与人机互动

网络媒介从整体发展历程上来说，大致可分为Web1.0、Web2.0、移动互联网三大阶段，并继续朝着虚拟现实的第四阶段发展。

第一个阶段是 Web1.0 时代。

在Web1.0时代，传播形式以网页为主，信息主要来自传统媒介，网络媒介的功能更偏向对传统媒介传播渠道的延伸。但是Web1.0只解决了人们对信息的聚合和搜索需求，因此万维网更像是对传统媒介的延伸。

1995年4月11日，在亚特兰大奥组委和国际商业机器公司（IBM）的共同努力下，正式推出了亚特兰大1996年奥运会的网站（www.atlanta.olympic.org）。此网站以新闻和服务类信息为主，包括各项赛事的官方结果、新闻、运动员简介、电台广播、摄影图片、票务和纪念品的在线购买、比赛安排，以及旅行、赞助、文化奥运、奥林匹克艺术节和火炬接力等信息。企鹅Pudgy是出现在长野1998年冬奥会上的一个玩偶，它的肚子上印有长野1998年冬奥会官方网站的网址，观众可以通过网址向运动员发送祝贺邮件。自此，奥运会迈入了更强调互动的数字时代。长野奥组委还专门为运动员们在奥运村中设立了一间日式茶肆风格的IBM网络信息中心，在这里，运动员可联网登录冬奥会官网回复贺信与留言。悉尼2000年奥运会组委会在奥运村

中准备了“冲浪小屋”。这里为观赛者准备了 50 台可以上网的电脑，作为粉丝，他们可以通过邮件向自己喜爱的体育明星表达赞美，也可以随时搜索和查看赛果。

第二阶段是 Web2.0 时代。

Web2.0 是一次理念上的升级换代，由原来的自上而下的由少数资源控制者集中控制主导的互联网体系，转变为自下而上的由广大用户集体智慧和力量主导的互联网体系。如果说在过去的互联网世界中，信息的传播更多是以“一对多”的形式完成的，那么到了这一时期，信息传播逻辑开始呈现为一种“一对多”和“多对多”并存的局面。自北京 2008 年奥运会以来，奥运会的传播开始从 Web1.0 向 Web2.0 转型。

社交媒体在北京 2008 年奥运会期间已经出现，国际奥委会也开始使用社交媒体进行传播，不过仅仅停留在尝试阶段，并没有产生太大的社会影响力。在北京 2008 年奥运会的官方报告中没有出现社交媒体（social media）的提法。而到了伦敦 2012 年奥运会，社交媒体扮演了越来越重要的角色，在伦敦 2012 年奥运会的官方报告中首次提出了“社交媒体”的概念，因此伦敦 2012 年奥运会成为历史上第一届对话式的奥运会，被称为“社交奥运”（Socialympics）。

第三个阶段是移动互联网时代。

2008 年下半年，随着苹果发布 iPhone3G 并宣布开放 App Store，以及 Google 旗下 Android 操作系统的发布，移动互联网时代悄然到来。移动互联网的到来改变了体育迷的习惯，使他们无论在哪里都可以关注赛事，并选择自己喜爱的项目观赛。曾经的电视媒体将奥运会带入了千家万户的客厅，而移动互联网则让奥林匹克运动无处不在。

索契 2014 年冬奥会比以往任何一届冬奥会覆盖的数字平台都多——有 155 个网站和 75 个应用程序转播了比赛现场的精彩画面。由于索契 2014 年冬奥会的频道和数字平台数量增加，该届冬奥会的全球转播总时长比以往任何一届冬奥会都多——超过 10 万小时（温哥华 2010 年冬奥会的转播时长约为 5.7 万小时）。在奥林匹克历史上，本届奥运会的数字转播时长也首次超过传统的电视广播，数字转播时长约有 6 万个小时，而传统电视平台的转播时长约为 4.2 万个小时。同时，这也是第一届以数字化内容为主导的奥运会，奥林匹克转播服务公司通过在索契首次推出奥林匹克视频播放器（OVP）推动了数字化覆盖率显著增长。该播放器在 95 个国家提供全面整合的数据、新闻、直播流和点播视频。此外，随着超过 500 个电视频道和 250 个数字媒体将奥运会传播到世界各地，索契 2014 年冬奥会的传播覆盖面比以往任何时候都要广。奥运会的传播在索契迎来了一个历史性的时刻——互联网报道的时长首次超过了电视转播。数字平台的覆盖时长几乎是传统电视的两倍，是伦敦2012年奥运会的两倍半以上（218000小时对81500小时），这是奥林匹克转播史上的一个里程碑。此外，社交媒体的使用真正起飞，索契2014年冬奥会官方账号在所有平台上新增了220多万粉丝，Facebook上的粉丝达到770万。

到了里约热内卢2016年奥运会，随着4G通信技术的发展以及智能手机性能的提高，基于移动手机客户端的网络视频开始迅猛发展，奥运会的传播进入了移动互联网时代。以中国为例，在这一届奥运会中，传统的门户网站如新浪、网易、搜狐放弃购买奥运会的新媒体版权，换为互联网巨头腾讯和阿里分别出资1亿元，从中央电视台获得了里约热内卢2016年奥运会的网络播映权。中国的用户也开始越来越多地使用移动智能终端观看奥运会的视频内容。

第四个阶段是面向未来的虚拟现实时代。

在视频直播之后，移动互联网的下一个增长点开始从现实世界走向虚拟世界，虚拟现实（virtual reality，VR）技术开始获得越来越多的关注。

在里约热内卢2016年奥运会中，奥林匹克转播服务公司第一次使用虚拟现实技术制作了85个小时的直播信号，包括开幕式、闭幕式、男子篮球、体操、田径、沙滩排球、跳水、拳击和击剑，以及这些运动赛事的集锦。在拍摄设备上，奥林匹克转播服务公司研制开发了VR摄像机，其形状是类似于保龄球大小的球形，四周分布多个摄像头，树立在一根支柱上。VR摄像机通过图像处理器把从不同角度拍摄的影像合成全景图，从而让受众可以看到360度范围内的影像。在转播内容上，VR信号没有现场评论，也没有视频编辑切换，类似于原始的公共信号；在终端显示上，受众可以通过佩戴虚拟现实头戴式显示器观看，也可以在不佩戴头显设备的情况下，直接通过网页观看，但后者会在一定程度上影响浸入式效果。在里约热内卢2016年奥运会中，共有包括美国NBC、英国BBC、加拿大CBS、中国CCTV等在内的12家全球电视机构订购了此项服务，这次的虚拟现实信号共覆盖31个地区。

此外，4K、8K、超高清与5G通信技术正逐渐融入奥运会的转播。全景相机可以360度实时拍摄其所处环境中的一切细节，这与奥林匹克视频播放器系统相得益彰，共同为通过数字化渠道收看奥运会转播的观众提供其喜欢的观看角度和舒适且便捷的收看渠道。

二、基于网络媒介的奥林匹克教育传播

（一）通过网络媒介搭建运动员365职业+教育计划

在全球化进程中，个体作为参与者，逐渐通过更为便利的网络技术参与多样化

的社会实践。久而久之，个体对自身权益、自身发展的诉求有了明显提升。体育领域中最小单位的个体即是运动员，运动员这一身份只是暂时性或曰阶段性的，结束运动生涯后，能够获得更好的发展，成为更多现役运动员的诉求。

2002 年，国际奥委会在瑞士洛桑举办了第一届运动员论坛。论坛就运动员在退役后如何规划自己的职业生涯等议题进行了讨论，并达成初步共识：运动员在青少年培养方面可以发挥重要作用，这将使他们有机会为促进更多运动员开展职业生涯作出贡献。论坛确定了运动员面临的关键问题之一是如何成功地过渡到运动后的职业生涯。此外，与会成员认为：国际奥委会运动员委员会的一个主要任务是制定一项方案，帮助运动员更有效地为最终的过渡做好准备，并在其职业生涯过渡期提供帮助。

2005 年，国际奥委会与德科集团（the Adecco Group）签署了一项协议，并启动了国际奥委会运动员职业发展计划（IOC Atheletes Career Pprogram，IOC ACP）。这是专为运动员提供退役转型建议、辅导和支持的公益项目，涵盖运动员学习、生活和就业三大发展领域，主要以提供在线课程、实用工具包、互动拓展培训课程和就业实习机会为主。项目由国际奥委会运动员委员会管理、监督执行，国际奥委会合作伙伴德科集团提供技术支持。这一计划旨在帮助优秀运动员在退役前后正确处理训练、比赛和日常生活挑战之间的矛盾，接受必要的教育，接受生活技能和就业培训，解决退役后自己缺乏新的鼓舞人心的目标、缺少一个发展规划等将要面对的问题，为退役后顺利走向社会做准备。

2007 年 10 月 27 日至 28 日，第三届国际奥委会运动员论坛在阿联酋迪拜召开。当时的国际奥委会主席罗格出席了论坛开幕式，他说：“奥运会的成功举办取决于你们——运动员，我们非常关注运动员的需求，希望为你们解决问题。告诉我们您的需要、想法，这样我们够将您的建议融入我们的政策。”本次论坛包括三个课题：运动员如何准备参赛、运动员的教育和职业管理、运动员的形象和网络。

2013 年 9 月巴赫当选国际奥委会主席，随后国际奥委会采取了一系列改革举措，在奥林匹克的思想观念、组织架构、运行体系方面做出了新的表述。2014 年国际奥委会推出拥有 40 项改革方案的《奥林匹克 2020 议程》，其中专门提出“使命”：确保奥运会的独特性及其规律运行；将运动员置于奥林匹克运动的核心；在全社会特别是青少年中推进体育和奥林匹克价值观。其中，支持和保护“干净”运动员是对以往反兴奋剂工作的深化和具体化，包括奥林匹克团结基金、（运动员）生涯项目、运动员社群、与兴奋剂斗争等。巴赫自就任主席以来，对上述工作进行分类和细化，使其有组织有规范地进行，针对奥林匹克团结基金对运动员生涯项目职业发展计划进行专款投入，并且下拨给有关国家（地区）奥委会，帮助运动员进行在线学习，使得他们在退役后转换职业时有一定准备。这些事务以往只是各个国家（地区）奥委会的职责，现在国际奥委会设立专门经费和团队予以保障，体现出对“干净”运动员保护和支持的决心。

2015 年 5 月 26 日，第七届国际奥委会运动员职业发展计划论坛由秘鲁国家奥委会在利马主办。来自 37 个国家的 80 多人参加了为期三天的论坛，庆祝国际奥委会运动员职业发展计划 10 周年，强调其日益取得的成功，并概述了未来的目标。此外，国际奥委会还正式推出了面向精英运动员和他们的教练员的在线教育服务“运动员学习之门”（Athlete Learning Gateway，ALG）。ALG 慕课教育平台通过英语、法语、西班牙语和葡萄牙语向全世界优秀的运动员提供免费的、生动的、精彩的学习内容，形式上包括学术讲座、视频课程、模拟表演、在线直播活动、讨论论坛和各种学习资源。运动员可以通过协作技术、社交网络软件和虚拟世界来拓展学习，打破时空的局限性，获得更好的学习体验。针对运动员的职业生涯规划及运动员品牌开发等问题，该平台提供一系列体育媒体相关课程。该课程借鉴国际奥委会体育媒体专家小组的专业知识，共包括五部分内容：课程介绍、如何与不同媒体互动、如何保持个人影响力、如何吸引赞助商，以及应对可能损害自身形象的情况的最佳做法。

运动员职业发展计划在 2019 年更名为运动员 365 职业 +（Athlete365 Career+），服务内容仍保持不变，依旧致力指导运动员如何从职业发展的角度提高自身素养，并为退役后完成职业转型奠定坚实的基础。疫情期间，国际奥委会发出“保持强大、保持活跃、保持健康”的号召，吸引 5000 名奥运选手以及 50 多个国家（地区）的 2.43 亿人参与相关线上活动。2021 年的奥林匹克日，国际奥委会将活动规模进一步扩大，发起全球范围的线上锻炼活动，跨越 20 个时区，24 小时不间断在社交媒体直播。奥委会与爱彼迎进行合作，在东京奥运会之前、期间和之后向全球观众展示特殊的奥运和残奥会体验，运动员作为在线主持人分享对奥运会的第一手经验和深入了解。这些都为运动员扩大知名度、打造个人品牌、顺利地完成职业过渡奠定基础。

2021 年 3 月 13 日，国际奥委会一致通过了奥林匹克运动新的改革路线图——《奥林匹克 2020+5 议程》，在原有的《奥林匹克 2020 议程》基础上，新增的 15 条改革建议，目的是在未来五年更好地应对后疫情时代的挑战。其中，第八条建议是——与受众进行数字化互动。互联网时代下，在科技飞速发展的今天，奥林匹克运动越来越重视对运动员的媒介素养教育，包括媒体应对、社交媒体平台的使用，这不仅是时代的需求，也是奥林匹克运动员自身发展不断完善、更新自我的手段。

（二）奥林匹克频道的建立与内容传播

随着网络技术的发展，有线电视渠道的奥运会收视情况不断下降。尼尔森调查数据显示，综合里约热内卢 2016 年奥运会 17 个比赛日的收视情况，18~34 岁年龄段受众相比往年下降了 27%；美国 Digital Future 在平昌 2018 年冬奥会后的调研数据显示，65~74 岁年龄段的受众占奥运会受众的 43%，55~64 岁年龄段的受众占奥运会受众的 41%。对于国际奥委会而言，覆盖新媒介渠道、获取更多年轻人的关注，是数字时代提出的最新要求。

《奥林匹克 2020 议程》中提出了“提供一种让年轻一代、体育迷和新观众参与奥林匹克运动的新方式”的愿景。在此指导下，国际奥委会在 2016 年 8 月建立了奥林匹克频道（Olympic Channel），旨在通过分享大量奥运会以外但与奥林匹克运动息息相关的多元内容，弘扬奥林匹克价值观，推进世界范围内对奥林匹克运动的认同。

为了充分发挥奥林匹克频道的效能，国际奥委会成立了奥林匹克频道专门委员会，以便给国际奥委会全会、执委会和主席提供咨询和建议，并为奥林匹克频道的发起和运行提供指导。

平台建设方面，通过官方网站（https://olympics.com/en/olympic-channel）、移动应用、亚马逊 Fire TV、Android TV、Apple TV 和 Roku 平台上的渠道建设，奥林匹克频道将自己打造成了一个覆盖全球多媒体渠道的内容平台，在这里，体育迷们可以深度发掘体育乐趣、参与体育运动、感受体育力量、分享奥林匹克运动的精彩。奥林匹克频道提供原创节目、新闻消息、现场体育赛事转播和精彩集锦，一年 365 天、每天 24 小时以 12 种语言为体育迷和运动员提供奥运会赛场实况之外的更多内容。

北京时间 2021 年 10 月 25 日 16 时，北京 2022 年冬奥会开幕式倒计时 100 天之际，中央广播电视总台奥林匹克频道正式开播，奥林匹克数字平台同步上线。国际奥委会主席巴赫评价道，“对国际奥委会和奥林匹克运动来说，这是历史性的一步。这对保持奥运和体育的影响力以及在年轻群体中培育新一代运动员具有重要意义。”

内容方面，奥林匹克频道的规划初衷是以运动员为核心展开多元对话，提供原创系列节目和电影、体育赛事直播、新闻和精彩集锦，在奥运会赛场之外，全年为体育本身及运动员提供额外的曝光机会。奥林匹克频道的节目内容来自全球 206 个国家（地区）的所有奥林匹克运动项目，涵盖了不同的主题，包括训练、教育和面向青少年的体育主题内容、可持续发展与环境保护、体育科学和营养、健康和积极的生活方式、奥林匹克历史片段和国际奥委会档案馆中收藏的奥运会官方影片，以及由内部新闻团队制作的每日新闻内容。此外，奥林匹克频道还为奥运会、冬奥会、青奥会的体育项目以及其他国际赛事相关的 93 个单项联合会合作伙伴提供了发行和宣传平台。

版权限定方面，在每届奥运会举行期间，只有持权转播商能在权益范围内提供奥运会的实况转播。不过，奥林匹克频道将提供奥运会赛场之外的补充内容，且这些内容的发布并不仅仅局限在奥运会期间，它持续通过励志故事、运动员访谈、突发新闻、现场活动、原创节目和独家幕后内容，为体育迷提供随时随地通过任何设备关注运动员动态及背后故事的渠道。

营销与发行方面，继 2016 年 8 月推出全球数字内容产品后，奥林匹克频道与其他奥林匹克利益攸关方合作，包括持权转播公司和各国家（地区）奥委会，以开发奥林匹克频道的当地化版本。这些合作伙伴在特定地区的数字平台上提供针对特定文化和语言的内容服务，为全世界的奥运粉丝带来更个性化的体验。奥林匹克频道与 NBC 环球传媒及美国奥委会建立了线上分销合作伙伴关系并打造了品牌内容“奥林匹克频道：美国队之家”。此外，奥林匹克频道还与欧洲的探索通信和欧洲体育、中东和北非的 beIN 体育、日本的传媒业财团联盟、巴西的 Grupo Globo、南美的克拉罗体育以及加勒比地区的 SportsMax 分别制订了线上分销合作计划。2019 年，奥林匹克频道与拉丁美洲的克拉罗体育、加勒比地区的 SportsMax、印度的索尼影业、澳大利亚的 7plus，以及南非和撒哈拉以南地区、瑞士和列支敦士登的持权转播商建立了新的发行伙伴关系，为 161 个地区的传统电视观众带来了奥林匹克频道体验。

三、奥林匹克网络传播的全媒体矩阵

基于奥林匹克频道制作的优质内容，国际奥委会目前集合了国际奥委会官方网站、奥林匹克博物馆的合力进行网络传播。

第一，国际奥委会官网、奥林匹克频道，以及奥林匹克博物馆三者均有独立的官方网站且可通过“友情链接”实现互相跳转。国际奥委会官方网站内容丰富，涉及奥林匹克运动的方方面面。历届奥运会的所有资料、所有奥运会项目（夏季与冬季）的详细介绍、各国家（地区）奥委会的情况介绍，以及有关奥林匹克运动的最新消息，都可在国际奥委会官网上找到。奥林匹克博物馆的意义并不仅仅在于其藏品之多、之珍贵，更重要的是关于奥林匹克主义的理念。奥林匹克博物馆的使命是让人们了解并感知奥林匹克运动，见证其对社会的重要贡献，并在举行奥运会和享受比赛之外传递奥林匹克价值观。体育是参观奥林匹克博物馆的重要主题，历史、文化、设计、技术和社会学也是奥林匹克博物馆陈列展品、策划展览所涉及的主题，它反映了奥

林匹克主义的丰富性和多样性。

第二，国际奥委会、奥林匹克频道、奥林匹克博物馆均在仅次于谷歌搜索的世界第二大网站、大型视频互动社区 Youtube 上开通了各自的官方频道。国际奥委会在 Youtube 上的官方频道名为 IOC Media，重点栏目有国际奥委会最新消息、奥林匹克运动、可持续发展的奥林匹克、奥运会筹办及备战相关内容，以及女性体育等。这样的栏目设置既能及时传播国际奥委会工作的最新进展，又特别突出了可持续发展和女性体育这两大当前奥林匹克运动重点关注的问题。奥林匹克频道在 Youtube 上的官方频道名为 Olympic，其频道首页重点推广的主题内容包括历届奥运会上最令人惊叹的高光时刻、旨在帮助教练员和运动员备战的奥运心得、跟踪拍摄三位世界顶级体操运动员平衡青少年生活与东京 2020 年奥运会夺金梦想的专题片“All Around”、展示明星运动员高超技巧与个人品质的运动员高光集锦、回顾奥林匹克发展历程的“回溯星期四”栏目，以及奥林匹克频道原创内容和其他精选内容。东京 2020 年奥运会期间，奥林匹克频道在其 Youtube 官方频道以“HELLO TOKYO”为专题，日更一条帮助大众了解东京及奥运会知识的短视频，截至 2021 年 8 月 22 日，该专题共计 200854 次观看。此外，奥林匹克博物馆在发布在 Youtube 官方频道（The Olympic Museum）上的视频则以奥运会或奥林匹克运动相关的文化导览为主。东京 2020 年奥运会开幕前，奥林匹克博物馆 Youtube 官方频道发布了“Tokyo2020-Sport X Manga”的视频专题，以短视频的方式介绍东京奥运会与日本漫画产业之间碰撞出的文化火花。

第三，国际奥委会、奥林匹克频道、奥林匹克博物馆均在 Facebook、Twitter、Instagram 等社交媒体平台上开通了官方账号，三个宣传阵地在以上三个社交媒体平台的粉丝数共计近 5800 万粉丝，借助信息流发布和在线互动的形式与世界各地的体育爱好者、奥林匹克运动拥趸直接对话。

围绕以上奥林匹克运动核心圈层的网络传播，各国家（地区）奥委会、各国际单项体育联合会、历届奥运会组委会、各国家代表队、教练员和运动员、奥林匹克持权转播商、奥林匹克全球赞助计划等利益相关者也纷纷在互动媒体平台或社交媒体平台建立官方账号，并与国际奥委会、奥林匹克频道、奥林匹克博物馆等奥林匹克运动核心圈层的账号互相关注，一方面在相关内容上互相转发以制造热点话题，另一方面则围绕奥林匹克运动不同阶段的主题进行联动宣传——例如 2021 年 2 月 4 日北京 2022 年冬奥会倒计时 1 周年时，奥林匹克运动核心圈层几个账号的社交媒体主页背景都换成了“BEIJING 2022 ONE YEAR TO GO”字样的主题图，而后随着东京 2020 年奥运会开幕日期的临近，则更换成了东京 2020 年奥运会 logo 配“JULY

23-AUGUST 8 2021”字样的主题背景图，东京 2020 年奥运会闭幕后，又更换成了闭幕式主会场上空烟火盛放的照片。

奥林匹克运动核心圈层与奥林匹克利益相关者通过新媒体平台的横向覆盖以及内容上的纵深拓展，形成了全方位的全媒体传播矩阵，加之奥林匹克运动和奥林匹亚德周期中的诸多活动，形成了线上与线下全覆盖的内容有机联动。（图 9-3）

图 9-3　奥林匹克全媒体传播矩阵

奥林匹克运动核心主体面向青少年。借助奥林匹克教育各项计划展开的奥林匹克教育活动，是主要围绕奥运会的价值表达。

报纸、广播、电视媒体和网络媒体对奥运会的传播，则是通过制造媒介事件，引发全社会的关注，传播奥林匹克知识，传递奥林匹克精神，弘扬奥林匹克主义。

正如爱尔兰诗人叶芝所言“教育不是注满一桶水，而是点燃一把火”。从奥林匹克主义课程体系构建到奥林匹克运动在全世界范围内蔚为大观的润物无声，奥林匹克价值表达体系环环相扣。借助宣教系统表达的奥林匹克价值观，在“在社会中推广奥林匹克主义”重点项目的逐步推进过程中为个体带来更多发展的可能和希望，被最终点燃，并绽放出绚烂夺目的光。

（贺幸辉　徐笑菡　撰稿）

第十章　残疾人奥林匹克运动：奥林匹克的超越精神与包容意识

“残疾人运动是唤醒人类良知的运动。”

——胡安·安东尼奥·萨马兰奇

自1960年第一届残奥会举办以来，残疾人奥林匹克运动发展已有六十余载。从斯托克·曼德维尔运动会的简陋起步，残奥会现已成为与奥运会比肩的世界上最大的体育盛事之一。残奥会上，运动员勇敢拼搏、挑战极限，克服身体和心理的重重障碍，追逐梦想，实现自身价值。残疾人运动员的勇气、努力和自信感动着世界，震撼着世界。

第一节　从康复到竞技的精神超越

一、残疾人体育的兴起

残疾人体育运动（Sport for athletes with an impairment）已有百余年的历史，1888年在柏林建立了第一个盲人体育俱乐部。然而，直到“二战”后，残疾人体育运动才得到广泛推广，当时的目的是帮助大量在战争中受伤的退伍军人和平民。

1944年，应英国政府的要求，路德维格·古特曼（Ludwig Guttmann）博士在英国斯托克·曼德维尔医院（Stoke Mandeville Hospital）开设了一个脊柱损伤中心，随着时间的推移，康复体育运动逐渐发展为休闲体育运动，后又发展为竞技体育运动。1948年7月29日，即伦敦1948年奥运会开幕式当天，古特曼博士组织了第一次轮椅运动员比赛，并将其命名为斯托克·曼德维尔运动会（the International Stoke Mandeville Games），这是残奥会历史上的一个里程碑，其中有16名受伤的军人参加了射箭比赛。1952 年，荷兰退役军人加入运动会，国际斯托克·曼德维尔运动会就此正式建立，当时只有两个国家的 130 名运动员参赛。此后该赛事每年定期举办，至 1959 年共举办了 8 届。

二、残疾人奥林匹克运动的诞生

（一）残奥会的正式诞生及发展

1960 年，在罗马第 17 届奥运会结束两周后，经过古特曼博士等人的策划推动，来自世界 23 个国家（地区）的 400 名残疾人运动员参加了在罗马举行的第 1 届残奥会（Paralympic Games），这届运动会也被承认为第 9 届国际斯托克·曼德维尔运动会。

1960 年在罗马举办的第 1 届残奥会，标志着国际残疾人奥林匹克运动进入正式发展进程中。自 1960 年开始，残奥会每 4 年在不同地方举办。1976 年，第 1 届冬残奥会在瑞典举行，与奥运会一样，每 4 年举行一次，同时还设有正式的开幕式和闭幕式。

自韩国汉城 1988 年奥运会和法国阿尔贝维尔 1992 年冬奥会以后，国际残奥委会和国际奥委会协商通过了一项协议，规定残奥会与奥运会在同一城市和场地举办。

（二）国际残疾人体育组织的成立与发展

1960 年，在世界退役军人联合会的支持下，成立了国际残疾人体育工作组，以研究残疾人体育问题。1964 年，国际残疾人体育组织 (the International Sport Organization for the Disabled，IOSD) 成立，以期使所有的残疾人都融入进来，并作为联合协调委员会，为那些无法参加国际斯托克·曼德维尔运动会的运动员，如视障者、截肢者、脑瘫和截瘫患者提供机会。最初，有 16 个国家加入了国际残疾人体育组织，在该组织的积极努力推动下，盲人和截肢运动员参加了多伦多 1976 年残奥会，脑瘫运动员参加了阿纳姆 1980 年残奥会。继而，其他以残疾人体育运动为导向的国际组织。如国际脑瘫体育和娱乐协会 (CPISRA) 和国际盲人体育联合会 (IBSA) 于 1978 年和 1980 年分别成立。

这四个国际组织经过沟通和协调后，于 1982 年创建了世界残疾人体育运动国际协调委员会（International Co-coordinating Committee Sports for the Disabled in the World，ICC）。世界残疾人体育运动协调委员会最初由国际脑瘫体育和娱乐协会 (CPISRA)、国际盲人体育联合会 (IBSA)、国际轮椅联合会（ISMGF）和国际残疾人体育组织（IOSD）的四名主席、秘书长和另外一名成员 (起初是副主席，后来是技术干事) 组成。国际聋人体育委员会 (CISS) 和国际智障人士体育联合会 (INAS-FID) 于 1986 年分别加入，聋人仍然保留着自己的组织，各成员国要求在本组织中有更多的代表。

1989 年 9 月 22 日，国际残疾人奥林匹克委员会在德国杜塞尔多夫成立，它是一个国际非营利性组织，是世界残疾人奥林匹克运动的治理机构。残疾人奥林匹克（Paralympic）一词源于希腊语的介词 para（旁边或平行）和 Olympic（奥林匹克）的合成，意思是残奥会是与奥运会是平行的两大赛事，并阐明残疾人奥林匹克运动与现代奥林匹克运动是并驾齐驱的两大国际社会运动。国际残奥委会成立，标志着国际残疾人奥林匹克运动诞生了正式的治理机构，如同领导现代奥林匹克运动的国际奥委会一样，引领国际残疾人奥林匹克运动的发展。

三、残疾人奥林匹克运动的蓬勃发展

（一）残疾人大型体育赛事不断壮大

由国际残奥委会管理运营的残奥会，是专为肢体和视力有障碍的人士举行的世界大型综合性运动会，此外还包括听力障碍人士参与的聋人奥运会（Deaflympic Games）和智力缺陷人士参加的特殊奥运会（Special Olympic Games）。

残奥会与奥运会不断融合，共同发展。1984 年，国际奥委会正式批准使用残奥会这一称谓。1988 年，国际奥委会做出规定，残奥会要与奥运会在同一年、同一城市举行。2001 年，国际奥委会与国际残奥委会达成协议，从北京 2008 年奥运会和温哥华 2010 年冬奥会开始，残奥会不仅要与奥运会在同一城市举办，还应由一个组委会负责组织，并且要共享场馆和设施。

无论残奥会还是冬残奥会，其规模都在不断强大，例如，残奥会的规模从 1992 年 83 个参赛国家（地区）、2999 名运动员，扩展到 2016 年的 160 个国家（地区）、4328 名运动员。冬残奥会从 1992 年的 24 个参赛国家（地区）、365 名运动员增加到 2018 年的 49 个国家（地区）、567 名运动员。（表 10-1、表 10-2）

表 10-1　残奥会概况表

届次	举办时间（年）	举办地点	参加国或地区数	参赛运动员数
1	1960	罗马（意大利）	23	400
2	1964	东京（日本）	21	375
3	1968	特拉维夫（以色列）	29	750
4	1972	海德堡（德国）	43	984
5	1976	多伦多（加拿大）	40	1657
6	1980	阿纳姆（荷兰）	43	1973
7	1984	斯托克·曼德维尔（英国）& 纽约（美国）	45	2900

续表

届次	举办时间（年）	举办地点	参加国或地区数	参赛运动员数
8	1988	汉城（韩国）	60	3057
9	1992	巴塞罗那（西班牙）	83	2999
10	1996	亚特兰大（美国）	104	3259
11	2000	悉尼（澳大利亚）	123	3879
12	2004	雅典（希腊）	135	3808
13	2008	北京（中国）	146	3951
14	2012	伦敦（英国）	164	4237
15	2016	里约热内卢（巴西）	160	4328

数据来源：国际残奥委会官网 . https://www.paralympic.org/paralympic-games/summer-overview.

表 10-2　冬残奥会概况表

届次	举办时间（年）	举办地点	参加国或地区数	参赛运动员数
1	1976	恩舍尔兹维克（瑞典）	16	198
2	1980	耶卢（挪威）	18	299
3	1984	因斯布鲁克（奥地利）	21	419
4	1988	因斯布鲁克（奥地利）	22	377
5	1992	阿尔贝维尔（法国）	24	365
6	1994	利勒哈默尔（挪威）	31	469
7	1998	长野（日本）	31	562
8	2002	盐湖城（美国）	36	415
9	2006	都灵（意大利）	38	474
10	2010	温哥华（加拿大）	44	502
11	2014	索契（俄罗斯）	45	541
12	2018	平昌（韩国）	49	567

数据来源：国际残奥委会官网 . https://www.paralympic.org/paralympic-games/winter-overview.

（二）残疾人奥林匹克教育活动开展

同奥林匹克运动一样，残疾人奥林匹克运动也开展了残疾人奥林匹克教育活动，建立了国际残疾人奥林匹克学院，并要求残奥会主办国开展残疾人奥林匹克教育。

残疾人奥林匹克运动的基石是将残疾人奥林匹克的理想和价值融入教育体系，从而强化人们对残障群体认识和理解。残疾人奥林匹克教育的目的是通过以下目标实现的：①增加对残奥会运动项目的了解和认知；②更好地理解包容性在体育活动中的实际应用；③向障碍人士普及竞技运动的不同理念；④加强运用残疾人体育的反向整合；⑤促进对残疾人认知和态度的改变；⑥促进残奥教育的学术研究。

国际残奥委会举办残奥学校日，并与残奥组委合作制订残奥教育计划，此外，国际残奥委会还与世界体育学院（the World Academy of Sport）合作创建国际残奥委会学院（IPC Academy）。国际残奥委会学院是国际残奥委会的教育合作伙伴，致力在整个残奥运动中提高教育标准，确保行政人员、管理人员和官员拥有一个对他们的需求敏感并与趋势和发展保持联系的教育中心，提供世界一流的计划。

（三）残疾人奥林匹克运动承担国际责任

残疾人奥林匹克运动承担国际责任，开展反兴奋剂斗争。2004 年反兴奋剂委员会成立。该组织此前是医学委员会的分支委员会，旨在对整个残疾人奥林匹克运动中反兴奋剂相关事宜向国际残奥委会提供咨询和建议。反兴奋剂委员会一般由 6 名成员组成，包括 1 位主席和 5 名成员。该委员会每年至少举行 1 次会议。该委员会的职能是，协助制定反兴奋剂政策、指导方针和程序，包括结果管理和遵守国际公认的法规，包括《世界反兴奋剂条例》。

为了促进和保护竞技运动的诚信和运动员健康，国际残奥委会与各国际单项体育联合会和国家（地区）奥委会制定了《国际残奥委会反兴奋剂条例》。该条例完全遵守《世界反兴奋剂机构条例》，目的在于：①保护运动员享有参与无兴奋剂体育运动的权利，从而促进运动员的健康、公平与平等；②在国际和国家层面，就侦查、威慑和防止使用兴奋剂事宜，确保反兴奋剂计划团结、协同、有效地进行。反兴奋剂条例，例如竞赛条例，是指治理竞技运动运行的各项规则。所有的参与者（运动员以及运动员辅助人员）接受这些规则作为参与的条件，并同意遵守《国际残奥委会反兴奋剂条例》。

第二节　追求卓越的思想体系

与国际奥林匹克运动具有相似之处，经历几十载的发展，国际残疾人奥林匹克运动也形成了完整的思想体系、组织体系、活动体系和标志体系。

一、残疾人奥林匹克运动愿景

国际残奥委会由 200 名成员组成，其愿景是：让残疾人运动员实现在竞技运动中追求卓越，鼓舞并激励全世界。具体释义为：能够（Enable）是指为运动员的发展创造条件；残疾人运动员（Para Athletes）主要是指从初级到精英层面的所有运动员。实现（Achieve）是指在竞技运动中，追求卓越是其核心宗旨。鼓舞和激励（Inspire and Excite）是指打动所有人的心灵，以建立更加公平的社会。

二、残疾人奥林匹克运动宗旨

让有缺陷人士参与残疾人竞技运动，创造一个更加包容的社会。

三、残疾人奥林匹克运动价值观

勇气（Courage）

残疾人运动员通过他们的运动表现向全世界彰显超越身体极限，实现卓越。

决心（Determination）

残疾人运动员具有独特的性格优势，他们集超强的意志品质、卓越的身体能力、非凡的灵敏于一体，创造优异的运动成绩，不断刷新人们对极限可能性的认识。

鼓舞（Inspiration）

作为榜样，残疾人运动员最大限度地发挥自己的能力，从而能够引领并激发他人参加体育运动。

平等（Equality）

通过体育运动，残疾人运动员挑战陈规，改变社会态度，从而有助于通过打破社会障碍和对有缺陷的人的歧视，促进社会包容。

四、残疾人奥林匹克运动的价值表达

（一）残疾人奥林匹克运动标志

残疾人奥林匹克运动标志经过3次改变。汉城1988年残奥会上首次使用蝌蚪形图案，当时是5个蝌蚪形图案，类似奥林匹克五环相互连接构成整体图案。1989年，国际残奥委会成立时，5个蝌蚪形图案被用作当时的会标。

根据国际奥委会的建议和有利于市场发展的需求，1994年重新设计的标志，将蝌蚪形图案由五个减少为三个。绿色置于红色和蓝色之上，以白色为背景。之所以会选择绿色、红色和蓝色，是因为它们是国旗中最常用的颜色。这一会徽在残奥会中延续了十年。

在2004年9月28日雅典2004年残奥会闭幕式上，国际残奥委主席克雷文正式向全世界推出了新会标，将原来的红、蓝、绿三个小“蝌蚪”和IPC三个字母组成的三角形图案，改为由红、蓝、绿三个“扇叶”和“IPC”三个字母组成的圆形图案。

根据国际残奥委会的介绍，新的会标凸显动感和活力，三个扇叶围绕着同一个中心点，象征着国际残奥委会把来自世界各国的残疾人运动员聚集在一起，为他们提供一个互相竞争的舞台。同时，三个富有动感的扇叶组成的“车轮”图案，代表着残疾人体育事业滚滚向前，永不停止。红、蓝、绿是全世界国旗和地区旗上使用最多的三原色，象征着参加残奥会的残疾人运动员分别来自不同的国家（地区），有着广泛的代表意义。北京 2008 年残奥会是第一届使用这一新会标的残奥会。（图 10-1）

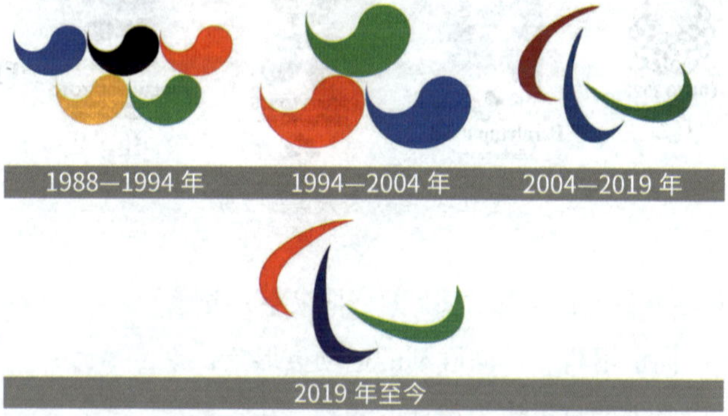

图 10-1　1988—2019 年残疾人奥林匹克运动标志

2019 年，会标又做了一些小改动。元素的颜色被调亮，并且在它们之间放置了更多的空间，创造了一种轻盈和自由的感觉。刷新的色调使会徽更受欢迎。红色、蓝色和绿色的 3 个蝌蚪形表示人类最重要的组成要素：心智、身体和精神，因此“心智、身体和精神”被作为国际残奥委会的箴言。

（二）残奥会会徽与吉祥物

残奥会会徽与吉祥物是一届残奥会的徽记，历届残奥组委都要为其所举办的残奥会设计会徽。会徽的图标不仅要体现残奥元素，而且往往还要体现出东道国和主办城市的元素。（图 10-2、图 10-3）

图 10-2　部分残奥会会徽

东京 2020 年残奥会的会徽采用方格图纹和日本传统色彩靛蓝色。三个不同的四方形代表多样性，多样性让世界更具活力，我们因多样性而有所不同，也因多样性而相聚一起。如果能相互尊重和支持，多样性就能融为一体。东京 2020 年奥运会与残奥会的会徽是由同样的形状组成的，代表着人都是平等的。不管是健全人还是残疾人，我们在人性上是相通的。对运动的激情激励着我们，并让全世界的心跳走到同一个节拍。

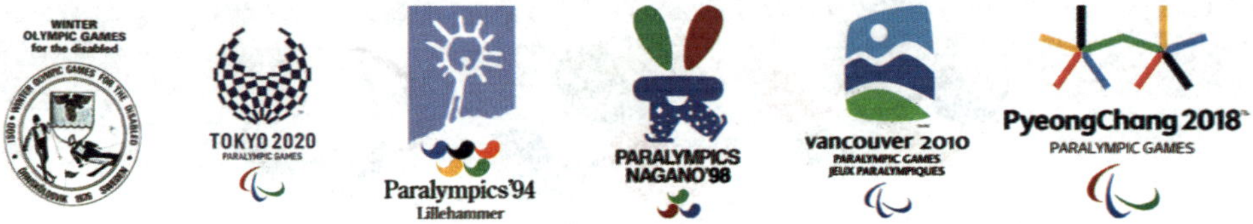

图 10-3　部分冬残奥会会徽

北京 2022 年冬残奥会的会徽“飞跃”，把汉字“飞”，巧妙地幻化成一个向前滑行、冲向胜利的运动员形象，象征并激发运动员以坚强的意志作为精神的翅膀，在冬奥赛场上放飞青春梦想。上半部分线条刚劲曲折，下半部分柔美圆润，寓意运动员经过顽强拼搏、历经坎坷最终达到目标获得圆满成功。（图 10-4）

图 10-4　北京 2022 年冬残奥会会徽

除了会徽外，吉祥物也是每届残奥会有趣并有代表意义的纪念品，吉祥物以巧妙的构思，可爱的形象，常给人留下深刻的印象。荷兰阿纳姆 1980 年残奥会出现了首个残奥会吉祥物，但是是非官方的。1992 年出现官方残奥会和冬残奥会吉祥物。（图 10-5、图 10-6）

图 10-5　部分残奥会吉祥物

东京 2020 年残奥会吉祥物 Someity，拥有强大能力以及樱花触觉传感器。Someity 性格冷静、温和，但是拥有体现残疾人运动员艰苦与决心的超能力。Someity 热爱大自然，能够和大自然中的元素进行沟通，比如石头和风。

图 10-6　部分冬残奥会吉祥物

北京 2022 年冬残奥会的吉祥物雪容融，以灯笼为原型进行创作设计。顶部的如意造型象征吉祥幸福；和平鸽和天坛构成的连续图案，寓意着和平友谊；装饰图案融入了中国传统剪纸艺术；面部的雪块既代表“瑞雪兆丰年”的寓意。灯笼以“中国红”为主色调，渲染了 2022 年中国春节的节日气氛，身体发出光芒，寓意着点亮梦想，温暖世界，代表着友爱、勇气和坚强，体现了冬残奥运动员的拼搏精神和激励世界的冬残奥会理念。（图 10-7）

图 10-7　北京 2022 年冬残奥会吉祥物

第三节　协同联动的组织体系

一、国际残奥委会

（一）国际残奥委会职能

国际残疾人奥林匹克委员会建立于 1989 年 9 月 22 日，现在总部位于德国波恩。国际残奥委会是负责指导、协调残奥会及其他跨类别残疾人体育赛事的非营利性国际组织，现有 161 个国家（地区）残奥委会。旨在为从初学者到精英阶层的所有残疾人提供参与体育运动的机会。国际残奥委会作为残疾人运动的全球性管理机构，组织举办夏季和冬季残奥会，并作为十项运动项目的国际单项体育联合会的代表，监督和协调残疾人世界锦标赛和其他残疾人比赛等。

国际残奥委会的主要职责包括：组成一个在国际上代表残疾人运动员的组织，组织指导协调残奥会和其他高水平残疾人体育赛事；与范围内的体育组织和国际奥委会及相关国际组织联络；寻求将残疾人体育运动与健全人体育运动联合；协调国际残疾人体育比赛的时间安排及各国际单项体育联合会的技术要求；协助促进培训、科研和活动的推广；提供残疾人参与体育运动和提高运动成绩的机会。

（二）国际残奥委会组织结构

国际残奥委会由代表大会、理事会、管理团队以及各委员会和理事会组成。国际残奥委会的成员包括各国际单项体育联合会（ISFs）、国家（地区）残奥委会（NPC）、国际残疾人体育组织（IOSD）和区域组织。各成员都享有提交提案权、会议投票权、提名国际残奥委会机构的候选人的提名权，并参与国际残奥委会的各种活动。国际残奥委会有职员 70 多名，来自 20 多个国家，由代表大会（最高决策机构）、治理执委会（执行机构）、管理团队和各种常设委员会及理事会组成。

1．代表大会（General Assembly）

代表大会是国际残奥委会的最高治理机构。它每两年举行一次会议，由国际单项体育联合会、国际残疾人体育组织、国际残疾人奥林匹克单项体育组织（International Sports Federations，IOSD Sports，IPC Sports）、国家（地区）残奥委会（The National Paralympic Committees，NPCs）、国际残疾人体育组织和区域组织组成。

国际残奥委会成员大会（The Assembly of IPC Members）是最高权力机构，负责确定国际残奥委会的愿景和总体方向。此外，大会还履行以下职责：选举主席、副主席，共 10 人；审议和批准国际残奥委会预算和国际残奥委会会费政策；审议并批准治理执委会成员提名和选举的政策程序；审议委员和常务委员会通过治理执委会提出的议案；听取并接收治理执委会和首席执行官的报告；批准并接纳国际残奥委会正式成员；审议和批准财务报告和审计账目，享有免除组织机构的职责；审议和批准各成员权利和义务的附则；批准对国际残奥会章程的修订；收录和批注以前代表大会的会议纪要。

2．治理委员会（Governing Board）

治理委员会目前由 15 名成员组成，其中 12 名是在代表大会上选举产生的，包括主席、副主席和 10 名委员。总体而言，治理委员会是国际残疾人代表大会的代表。治理执委会负责制定政策，确保代表大会制定的指导方针得以贯彻执行。治理执委会每年至少召开三次会议，会议由主席主持。治理委员会的两名委员是当然成员，包括运动员理事会代表（具有投票权）和国际残奥委会首席执行官（没有投票权）。治理委员会也可以最多拥有三名增选成员。治理委员会主要负责落实大会制定的政策和指南。此外，还就委员资格（成员条件和会费）向大会提供推荐建议，包括来自委员的建议，同时还负责批准预算和审计国际残奥委会的规章制度、委员资格以及残奥会的举办。治理委员会成员每四年选举一次，成员最多任期3届。最近的一次选举是在2017年的9月8日。

3. 管理团队（Management Team）

由于国际残奥委会的业务种类和复杂性与日俱增，因此建立一个基于志愿者管理的专业组织运行机构势在必行。在德国联邦政府以及波恩市政府的资助下，国际残奥委会的办公大楼进行了翻新改建，以使轮椅可以随意进出。国际残奥委会总部于1999年9月3日正式开放。国际残奥委会的管理团队由专业职员组成，他们在首席执行官的指导下进行工作。受治理委员会的授权，首席执行官代表委员会组织处理日常业务和各种法庭与机构的诉讼和谈判，此外还负责组织管理直接采用、监督、控制审核绩效以及员工职位的终止等业务。除了全职和兼职委员外，国际残奥委会还接纳来自不同领域的几名专家为其提供服务。

（三）国际残奥委会及其职能

国际残奥委会作为十大国际残疾人单项体育联合会（表10-3）总会组织，负责这些运动项目的治理和运行管理，并履行以下职责：①所有技术方面的管理，如规则、排名、记录和运动员分类；②监督世界锦标赛和其他比赛，并与当地残奥组委密切协调；③财务经营管理与行政管理；④普及和宣传每项运动。这表明，国际残奥委会、利益相关者和国际残奥委会的体育代表期望将这十项运动转向独立。

表10-3 国际残疾人单项体育联合会

序号	中文名称	英文名称
1	国际残疾人高山滑雪联合会	World Para Alpine Skiing
2	国际残疾人田径联合会	World Para Athletics
3	国际残疾人冬季两项联合会	World Para Biathlon
4	国际残疾人越野滑雪联合会	World Para Cross-Country Skiing
5	国际残疾人舞蹈比赛联合会	World Para Dance Sport
6	国际残疾人冰上曲棍球联合会	World Para Ice Hockey
7	国际残疾人举重联合会	World Para Powerlifting
8	国际残疾人射击运动联合会	World Shooting Para Sport
9	国际残疾人滑雪板联合会	World Para Snowboard
10	国际残疾人游泳联合会	World Para Swimming

（四）国际残奥委会主席

迄今为止，国际残奥委会有三任主席。第一任主席是加拿大的罗伯特·斯特德沃德（Robert Steadward），任职时间是1989—2001年。在此之前，他建立了加拿大身体残障人士体育基金会（Canadian Sports Fund for the Physically Disabled）。第二任是英国的菲利浦·克雷文（Philip Craven），任职时间是2001—2017年。在此之前，他担任国际轮椅联合会主席。2017年巴西人安德鲁·帕森斯（Andrew Parsons）出任第三任主席。之前他曾担任国际残奥委会副主席和巴西残奥委会主席。

二、国际残疾人单项体育联合会

（一）具有成员资格得到国际残奥委会承认的国际单项体育联合会

国际单项体育联合会是得到国际残奥委会承认的独立的体育联合会组织，是残疾人奥林匹克运动项目的唯一代表。国际单项体育联合会负责残奥会期间的技术裁定、竞赛指导和各自项目的训练场馆。目前国际残奥委会承认的国际单项体育联合会共15个（表10-4）。

表10-4　国际残奥委会承认的国际单项体育联合会一览表

序号	中文名称	英文名称
1	国际滚木球联合会	Boccia International Sports Federation (BISFed)
2	世界羽毛球联合会	Badminton World Federation (BWF)
3	国际马术联合会	Fédération Equestre Internationale (FEI)
4	世界划船联合会	World Rowing Federation (FISA)
5	国际皮划艇联合会	International Canoe Federation (ICF)
6	国际网球联合会	International Tennis Federation (ITF)
7	国际乒乓球联合会	International Table Tennis Federation (ITTF)
8	国际铁人三项联合会	International Triathlon Union (ITU)
9	国际轮椅篮球联合会	International Wheelchair Basketball Federation (IWBF)
10	国际轮椅曲棍球联合会	International Wheelchair Rugby Federation (IWRF)
11	国际自行车联盟	Union Cycliste International (UCI)
12	世界射箭联合会	World Archery (WA)
13	世界冰壶联合会	World Curling Federation (WCF)
14	世界残疾人排球联合会	World ParaVolley (WPV)
15	世界跆拳道联合会	World Taekwondo (WT)

（二）非成员但得到国际残奥委会承认的国际单项体育联合会

国际残奥委会在其宗旨中阐明：“推动促进残疾人运动员参与从基层到精英残疾人体育运动的机会和参赛机会，视残疾人运动员为残疾人精英体育的基础。”为达到此目的，国际残奥委会意识到了建立残疾人大家庭网络的重要性，由此承认了13个非国际残奥委会成员的国际单项体育联合会（表10-5）。尽管这些组织不是国际残疾人奥林匹克运动的成员，但它们与国际残疾人奥林匹克运动有联系，能促成残疾人运动员的参与，而且其组织宗旨与国际残奥委会的愿景和使命一致。

表 10-5　非成员但得到国际残奥委会承认的国际单项体育联合会一览表

序号	中文名称	英文名称
1	国际雪车和钢架雪车联合会	International Bobsleigh & Skeleton Federation (IBSF)
2	国际电动轮椅足球联合会	International Federation of Powerchair Football (FIPFA)
3	国际高尔夫联合会	International Golf Federation (IGF)
4	国际手球联合会	International Handball Federation (IHF)
5	国际曲棍球联合会	International Hockey Federation (FIH)
6	国际冲浪联合会	International Surfing Association (ISA)
7	世界飞盘联合会	World Flying Disc Federation (WFDF)
8	国际现代五项联盟	Union Internationale de Pentathlon Moderne (UIPM)
9	世界掰手腕联合会	World Armwrestling Federation (WAF)
10	世界空手道联合会	World Karate Federation
11	国际 CP 足球联合会	International Federation of CP Football
12	世界帆船联合会	World Sailing
13	国际攀岩联合会	International Federation of Sport Climbing

三、洲际、国家（地区）残奥委会

（一）洲际残奥委会

洲际残奥委会独立于国际残疾人奥委会，又是国际残疾人奥委会成员在某一具体地区的唯一代表。这些组织与国际残奥委会保持联络，组织洲际体育赛事，协调发展各种活动，并在各自所在的地区为国际残奥委会成员资格部门提供支持。它们也有权利参加国际残奥委会的各种活动。

目前，国际残奥委会承认了四个洲际组织，并在美洲建立了第五个地区组织。（表10-6）

表 10-6　国际残奥会承认的地区奥委会一览表

序号	中文名称	英文名称
1	非洲残奥委会	African Paralympic Committee
2	美洲残奥委会	Americas Paralympic Committee
3	亚洲残奥委会	Asian Paralympic Committee
4	欧洲残奥委会	European Paralympic Committee
5	大洋洲残奥委会	Oceania Paralympic Committee

（二）国家（地区）残奥委会

国家（地区）残奥委会是国际残奥委会在国家（地区）层面承认的组织，而且是残疾人运动员的唯一代表组织。目前，国际残奥委会拥有 179 个国家（地区）奥委会成员，它们负责残奥运会运动员的选拔、管理和代表队筹备，也负责其他国际残奥委会竞赛的组织。

第四节　残疾人奥林匹克运动的商业开发与社会价值

一、残疾人奥林匹克运动的商业开发

国际残奥委会的收入主要来自残奥会和锦标赛相关的电视转播和营销收入、国际奥委会的资金支持、奥运会全球合作伙伴和其他国际合作伙伴的赞助和 Agitos 基金。

国际残奥委会 2018 年收入为 2414 万欧元，创造了收入历史的新纪录。其中，近 58% 的收入来自与 2018 年冬残奥会和各残奥项目的世界锦标赛相关的电视转播和营销，平昌 2018 年冬残奥会的全球观众累计达 20.2 亿人；21% 的收入来自国际奥委会的资金支持。国际残奥委会的收入从 2008 年的 637 万欧元增长到 10 年后的 2414 万欧元，几乎是 2008 年的 4 倍。（图 10-8）

（一）国际奥委会与国际残奥委会的协议

经过多年的非正式合作，国际奥委会和国际残奥委会于 2000 年签署了一份具有历史意义的谅解备忘录，涵盖了两个组织之间的基本原则和关系。谅解备忘录分为两部分：第一部分在悉尼 2000 年残奥会期间签署，声明中包含了共同的理念、礼仪、认可、资金和信息技术等事项。第二部分于 2001 年 6 月签署，以保护残奥会的组织工作，并确保“一个城市，一次申办”（One City One Bid）的做法，即从 2008 年开始，残奥会于奥运会后举办，并使用跟奥运会相同的体育场馆和设施。每一个被选中举

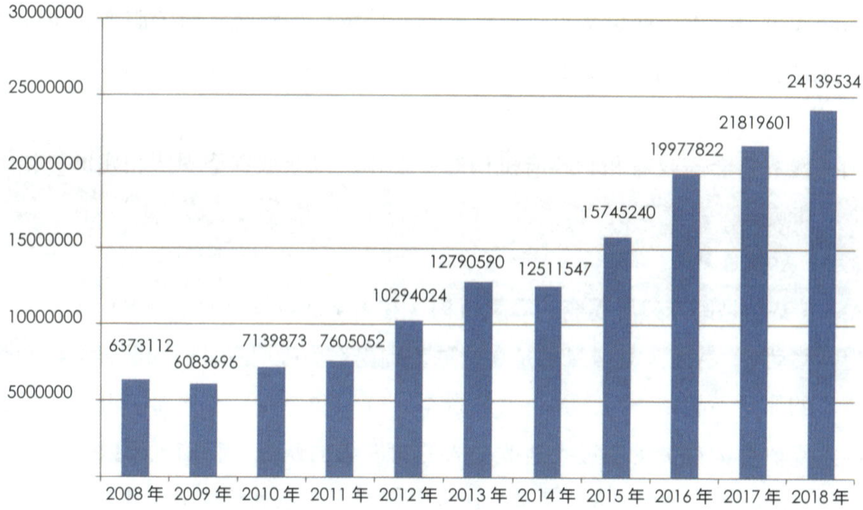

图 10-8 国际残奥委会 2008—2018 年收入（单位：欧元）

办奥运会的主办城市也将举办残奥会。

2012 年，国际奥委会和国际残奥委会签署了延长协议，确保国际奥委会将继续支持国际残奥委会和残奥会，直至 2020 年。2016 年，双方达成了新的合作协议，新协议将持续到 2032 年，将使国际残奥委会在未来至少 14 年保持财政稳定，而整个残奥会运动也将从中受益。

从 2021 年起，国际奥委会将合并并联合管理奥运会和残奥会的国际转播权，结束了国际奥委会和国际残奥委会单独进行的电视转播权谈判。

（二）全球合作伙伴（Worldwide Paralympic Partners）

从 2021 年起，奥林匹克全球合作伙伴将自动获得残奥会的全球营销权。同时，国际残奥委会还可以保留签署自己特有的全球合作伙伴的选择权，但作为全球合作伙伴的跨国公司之间的产品必须是非竞争类别。国际残奥委会主席安德鲁·帕森斯在接受采访时表示，这对国际奥委会、国际残奥委会和赞助商都有意义，并将为国际残奥委会带来更多的保障和可观的收入。

（三）国际合作伙伴（International Partners）

除了全球合作伙伴，国际残奥委会的合作伙伴还包括国际合作伙伴，它为国际残奥委会提供和部分国家（地区）残奥委会提供支持。

（四）国际残奥委会供应商（IPC Suppliers）

国际残奥委会供应商负责提供所需产品和服务，如物流和清关服务、国际残奥委会商业战略分析和媒体估值服务等，同时还支持对残奥会的宣传活动。

（五）合作机构

国际残奥委会与政府和非政府机构展开合作，以获取资金支持和残奥会相关活动的推广和实施。

（六）Agitos 基金

Agitos 基金是国际残奥委会的筹款机构，其名字 Agitos 来源于残奥标志，拉丁语中意为“移动”。Agitos 基金目的是在全球范围内努力吸引资金，如慈善捐赠和赠款以及广泛的非财务战略支持，并将这些资金、资源和专业知识传递给世界上最需要的地区。残奥会运动员可以极大地改变人们对能力的认识，我们也可以通过体育建设一个包容的世界。为此，Agitos 基金设计并实施了一系列解决全球共同问题的核心项目，包括向国际残奥委会会员提供赠款，并对所有的资助和项目实施都有严格的监督和评估程序。在过去五年中，Agitos 基金会已经在 61 个国家（地区）的 179 个残奥会体育发展项目中分配了 380 万欧元。

二、残疾人奥林匹克运动的社会价值

（一）促进残疾人社会融合，建立更和谐的社会

残疾人奥林匹克运动的意义在于推动对多元性的包容。四年一度的残奥会聚集了世界上最好的残疾人运动员在全世界数百万观众和数十亿电视观众面前同场竞技。随着残奥会规模和影响力的扩大，它对促进社会观念转变的影响也越来越大。残奥会的举办，往往能够改变举办国社会对残疾人持有偏见的观念，并成为增加社会包容和促进社会融合的催化剂。

北京 2008 年残奥会的举办，不仅通过体育运动扩大了残疾人的社会交往面，而且促进了中国社会对残障人士群体的尊重与关注。在法律制度层面，2008 年 4 月 24 日，第十一届全国人民代表大会常务委员会修订通过了《中华人民共和国残疾人保障法》，法律中申明，国家和社会要依法维护残疾人的合法权益，发展残疾人事业，保障残疾人能够平等地参与社会生活并共享社会物质文化成果。而残奥会带来的社会观念的转变以及留下的物质遗产，为残障人士提供了更好的社会保障、更多的教育机会和就业机会。

伦敦 2012 年残奥会，英国广播公司第四频道招募了一批残障人士主持人和记者，

并花费重金培训和发展他们的专业技能，以确保残奥会期间一半的荧屏人物由残障人士组成。第四频道因出色的残奥会报道赢得了多项国内和国际奖项，为残疾人事业作出了贡献。第四频道还在残奥会前制作了一则令人惊叹、名称为“遇见超人”的电视公益广告，将运动员训练和比赛中大胆和醒目的特写镜头与他们成长的故事结合在一起，感动并鼓舞了广大观众，也打破了公众对残奥会的冷漠。残奥会比赛一开始，超过英国总人口三分之二的人们观看了比赛。根据《伦敦 2012 年奥运会赛后报告》，有三分之一的英国人口改变了他们对残疾人的态度，残奥会对他们来说是非常鼓舞人心的，运动员的勇气、决心和努力应该成为社会积极的榜样。

（二）推进无障碍设施建设，创建更友好的环境

残奥会为举办国和城市留下的最大遗产之一，就是无障碍设施的建设和改善。

北京赢得 2008 年奥运会和残奥会的举办权后，在奥运会前的七年里，中国政府花费了超过 1.5 亿美元（相当于过去 20 年在无障碍基础设施上的投资总额），在全国修建了 14000 个无障碍设施；还花费了 1700 多万美元，让 60 多个热门旅游景点的公共环境设施变得更加方便和便捷，在中国最受欢迎的长城景区沿线安装了电梯和轮椅坡道，方便了残疾人、老年人等群体观光和游览。

尽管冬残奥会规模通常比残奥会小，但仍然提供了保障残障人士权利的平台。索契获得 2014 年冬残奥会的举办权后，促使俄罗斯为残障人士创建无障碍环境。2014 年索契冬奥组委监督了无障碍基础设施的建设，确保为奥运会建造的每一个设施都对所有人开放。现在索契已成为俄罗斯无障碍设施的典范，已有 200 个城市将以残奥会设立的设施作为指南，以促进无障碍交通。正是得益于索契 2014 年冬残奥会的举办，数百万俄罗斯人的生活得到了改善。

在里约热内卢 2016 年残奥会开幕前一年，巴西政府通过了一项新法案，改善巴西近 5000 万残障人士的生活。这个法案解除了残障人士在交通、住房、服务、教育、体育和行使公民权等方面的障碍。巴西政府将近 100 万美元的资金投入到城市主要旅游景点的无障碍设施建设上，为奥运会修建的新的交通基础设施也面向所有人开放。

（三）展示运动员内在潜能，赢得更平等的机会

残奥会提供了一个平台，让运动员们克服不寻常的挑战，通过运动展示自己的潜能。大多数残奥会运动员都是全职的体育专业人士，他们受益于与奥运会运动员一样高水平的训练计划，残奥会所展示出的竞技水平不断提高。通过展示人类精神的力量，通过一次次突破身体的极限，甚至与正常运动员的同场竞技，残疾人运动

员成为“变革”的使者，他们的表演鼓舞和激励了世界，并为许多人重新定义了什么是人类的可能。

南非游泳运动员娜塔莉·杜·托伊特（Natalie du Toit）、波兰乒乓球运动员娜塔莉亚·帕蒂卡（Natalia Partyka）、澳大利亚乒乓球运动员梅利莎·塔珀 (Melissa Tapper) 等人虽然是残疾人，但因优异的成绩，同时获得了奥运会的入场券。她们和普通人一样有梦想、有目标、有追求，在赛场上，她们只是单纯地想尽量做到最好，成为一名优秀的运动员。正如塔珀所说：“你能看到的场馆内的选手都有残疾，但你看不到残疾，只能看到他们的能力。”残疾人运动员通过天赋与付出、艰辛与汗水，创造了更多与普通运动员公平竞赛的机会，也体现了残疾人自强不息、顽强拼搏、超越自我的精神风貌和“更快、更高、更强”的奥林匹克精神。

除了体育领域，残障人士还可以在政治、音乐、科学等任何领域成为榜样，跟普通人一样取得辉煌的成就，甚至超越普通人，从而为自己、为更多的残障人士赢取更多的发展机会，促进社会更加平等和进步。

（陈文倩　撰稿）

第十一章　中国的奥林匹克梦想：从百年梦圆到“双奥之城”

中国政府一贯重视发展体育事业，重视奥林匹克运动在社会发展中的重要作用。

——习近平

北京 2022 年冬奥会将成为世界冰雪运动发展的里程碑。

——托马斯·巴赫

第一节　百年奥运征程

一、曲折与辛酸的中国奥林匹克运动历程

中国人最初是通过了解奥运会来认识奥林匹克运动的，1904 年第 3 届奥运会在美国圣路易斯举行，一些中国报刊报道了这届运动会的消息，但是未能在社会上引起反响。1907 年 10 月 24 日，著名教育家、体育家张伯苓在天津基督教青年会第 5 届学校运动会的开幕式上发表了以奥林匹克为主题的演说。他指出，虽然许多欧洲国家获奖机会甚微，但仍派出选手参加奥运会，因此建议中国加紧准备，争取早日派团参加奥运会。这是中国著名人士首次公开提出中国参加奥运会的问题，产生很大反响。

1928 年，第 9 届奥运会在荷兰阿姆斯特丹举行。经国际奥委会批准，中华全国体育协进会获准派团参赛，但由于经费短缺，最终只派出宋如海一人作为观察员出席，

这是中国首次派人出席奥运会。宋如海后来撰写了《我能比呀》(*Olympiad*) 一书，对奥运会进行全面介绍。该书于 1930 年由上海商务印书馆出版，是中国第一部关于奥运会的专著。1931 年，中华全国体育协进会得到国际奥委会承认，从此，中国与奥林匹克运动有了更紧密的联系，并积极参与了国际奥委会的一些重大比赛活动。

1932 年 8 月，第 10 届奥运会在美国洛杉矶举行，当时的中国政府本不拟选派运动员参赛，后来因为日本企图以所谓的"满洲国"来取代中国出席奥运会，才不得不同意体育界派出一个由 3 人组成的代表团参赛，运动员仅有刘长春一人，这是中国第一次正式派运动员参加奥运会比赛。中国参加本届奥运会有着特定的历史背景。1931 的"九一八事变"，日本帝国主义悍然占领了我国东北。为了骗取世界的承认，日本侵略军拼凑的所谓"满洲国"政权竟然致电国际奥委会，称要派刘长春、于希渭作为所谓的"满洲国"代表参赛。消息传出，举国震怒，刘长春发表声明，坚决拒绝代表伪满政权参赛。在社会各界积极声援下，中华全国体育协进会改变原来仅派全国体协总干事沈嗣良作为观察员出席的计划，募资派团参赛。代表团领队为沈嗣良，教练为宋君复，运动员为刘长春。

在奥运会开幕式上，刘长春执旗前导，沈嗣良、宋君复，以及中国留学生和美籍华人代表刘雪松、申国权、托平等组成的中国代表团受到了全场的热烈欢迎。刘长春报名参加 100 米、200 米、400 米 3 个田径项目，由于准备不足，在 100 米、200 米跑中仅获小组 5、6 名，未进决赛，而在 400 米跑中则因体力不支而放弃。虽然刘长春在本届奥运会成绩不佳，但他的参赛粉碎了日本帝国主义妄图分裂中国的阴谋。他作为首位参加奥运会比赛的中国运动员而永昭史册。

1936 年 8 月，第 11 届奥运会在德国柏林举行。中国派出了 69 人组成的大型代表团参赛，同时还派出一个武术表演团和一个由 37 人组成的赴欧体育考察团随行前往观赛。中国代表团在本届奥运会上比赛成绩不佳，除符保卢在撑竿跳高中进入复赛外，其他田径选手均在初赛中被淘汰。

由于"二战"，第 12、13 届奥运会未能举行。1948 年 7 月 29 日至 8 月 14 日，第 14 届奥运会在英国伦敦举行。这是因"二战"中断 12 年后举行的首届奥运会。中国派出了由 33 名运动员组成的代表团参赛。代表团是在国内处于战争状态的条件下参加这届奥运会的，人力、财力、物力严重匮乏而且得不到政府的支持，中华全国体育协进会派出由王正廷为总领队、董守义为总干事和 33 名运动员组成的代表团，参加足球、篮球、游泳、田径、自行车等项目的比赛。其中，足球队首战以 0∶4 败于土耳其而遭淘汰；篮球队在预赛中3胜2负，在复赛中2胜1负，在23个队中名列第18。其余各项比赛均未进入决赛。奥运会结束后，代表团回国经费不足，虽一再电催政府提供旅费，但均无结果。中国驻英使馆和中国银行也拒绝担保和借贷。代表团大批运动员最后靠在英华侨捐款筹资才得以回国。

二、奥林匹克大门外的苦痛与重返奥林匹克大家庭

中华人民共和国成立以后，党和政府积极支持和推动体育事业和奥林匹克运动，成立了中华全国体育总会（简称中华全国体总），并行使中国奥委会职能。在中华全国体总领导下，中国克服了重重困难，为了争取中国在国际奥委会中的合法权利，中国政府与人民同国际反华势力及分裂中国的阴谋做了坚决的斗争。

1952年7月19日，第15届奥运会在芬兰赫尔辛基举行。1952年2月5日，中华全国体总筹委会致函国际奥委会，声明将派运动员参加第15届奥运会，同时还声明，中华全国体总是代表中华人民共和国的唯一合法体育组织。然而，中国台湾的国民党政权此时也声称要参加本届奥运会，并以“中华体育协进会”的名义占据国际奥委会的席位。国际奥委会领导层对中国代表权问题的态度摇摆不定，经过一系列紧张而激烈的交涉，直到7月18日晚，即奥运会开幕前一天，中国才接到第15届奥运会组委会发出的邀请信。7月23日，中国代表团宣告成立，代表团包括男子篮球队、足球队、男子游泳选手吴传玉等共40人。7月29日上午11点，代表团到达赫尔辛基机场，当天中午举行了升旗仪式，五星红旗首次在奥运村冉冉升起。由于代表团到达之日离奥运会闭幕只有5天，多数比赛已经结束。只有吴传玉赶上100米仰泳比赛，由于旅途劳累。他在预赛中仅以1分12秒3的成绩列小组第5，未能进入决赛。尽管中国首次参加奥运会历经艰难，也未能取得好的成绩，但飘扬在奥运会会场上空的五星红旗却向全世界表明了中国有参加奥运会的合法权利，同时表达了中国人民热爱和平、同全世界人民加强友谊的良好愿望。

1954年，国际奥委会第49次全会再次讨论中国代表权问题，以23票对21票通过决议，承认中华全国体总为中国奥委会。但是，国际奥委会主席布伦戴奇却未经讨论，将中国台湾的体育组织以“中华民国”的名义继续列入被国际奥委会承认的国家奥委会之中，这就违背了《奥林匹克宪章》关于一个国家只能有一个奥委会的规定，中国提出抗议，要求取消对所谓“台湾奥委会”的承认。

1956年，中华全国体总拟派团参加在澳大利亚墨尔本举行的第16届奥运会，但是，国际奥委会对中国发出邀请的同时，也邀请中国台湾以“中华民国”的名义参

加奥运会。1956年11月6日，中华全国体总发表声明：由于国际奥委会违反了《奥林匹克宪章》，坚持邀请中国台湾单独派遣运动员参加第16届奥运会，在这一问题没有得到合理解决之前，中国运动员不能参加本届奥运会。在奥运会开幕前举行的国际奥委会第52次全会上，由于国际奥委会部分领导人坚持其错误立场，中国被迫宣布不参加本届奥运会，已到达墨尔本的先遣团也在奥运会开幕当天回国，集结在广州的中国代表团随之解散。

为了抵制“两个中国”的阴谋，维护国家主权，1958年8月19日，中国奥委会（原中华全国体总）发表声明，宣布断绝与国际奥委会的关系。与此同时，中国奥委会出于同样的原因，宣布退出国际游泳、田径、举重、射击、摔跤、自行车联合会及亚洲乒乓球联合会等8个国际体育组织，董守义也辞去了国际奥委会委员职务。

中国与国际奥委会正常联系的中断不仅给奥林匹克运动在中国的发展造成损失，而且损害了国际奥林匹克事业。缺少占世界人口四分之一的中国人民的参与，大大降低了奥林匹克运动的代表性与权威性，中国为维护自身合法权益与国家尊严进行的斗争得到包括大多数国际奥委会委员在内的国际正义力量的同情与支持。

在与国际奥委会的关系断绝后，为促成中国在国际奥委会席位问题的合理解决，中国体育界与国际体坛的有识之士进行了不懈的努力。1971年3月，中国运动员赴日参加第31届世界乒乓球锦标赛，借此启动了著名的“乒乓外交”，打破了中美两国外交关系的坚冰，改善了中国的国际关系。1971年10月25日，第26届联合国大会通过恢复中华人民共和国合法席位的决议。外交上的重大成就与国际关系的不断改善为恢复中国在国际奥委会及其他国际体育组织的合法席位创造了有利条件。

在1979年3月举行的国际奥委会执委会以及4月举行的第81次全会上，中国奥委会代表阐述了关于解决国际奥委会中国席位的新建议，得到委员们的积极响应。1979年6月，国际奥委会执委会波多黎各会议建议：承认中国奥委会，并以“中国台北奥委会”的名称维持对设在台北的奥委会的承认，条件是后者采用的歌与旗要有别于曾经使用的“歌”与“旗”。国际奥委会执委会决定，10月下旬在日本名古屋举行执委会会议对此建议做出正式决定，然后以通信表决的方式提请全体委员批准。

1979年10月25日，国际奥委会执委会在日本名古屋举行会议，通过了恢复中国在国际奥委会合法席位的决议，批准了波多黎各会议的有关建议。确认代表全中国奥林匹克运动的是中国奥委会，正式名称为“中国奥林匹克委员会”（Chinese Olympic Committee），会址北京，使用中国的国旗与国歌；设在台北的奥委会将作为中国的一个地方性机构留在国际奥委会内，其正式名称为“中国台北奥林匹克委员会”（Chinese Taipei Olympic Committee），会址台北，不得使用原来的旗、歌和徽，其新的奥委会的会旗、会歌和会徽均须经国际奥委会批准。国际奥委会执委会将这些决定提交给全体委员以通讯表决的方式投票。

1979 年 11 月 26 日，国际奥委会在瑞士洛桑宣布，经国际奥委会全体委员通讯表决，以 62 票赞成、17 票反对、2 票弃权批准了国际奥委会执委会在日本名古屋会议上通过的关于中国代表权的决议。次日，即 1979 年 11 月 27 日，中国奥委会主席钟师统宣布：中国奥委会接受国际奥委会决议，并将参加 1980 年举行的奥运会。于是中国在国际奥委会的合法席位在中断 21 年后得到恢复。

名古屋决议创立了著名的“奥运模式”，即采用“一国两制”方针来解决中国在国际组织中的合法席位问题及台湾问题，为恢复我国在国际体育组织中的合法地位和解决台湾问题铺平了道路，使我国全面登上了国际体坛，成为中国体育全面走向世界的新起点。

三、走向世界的中国奥林匹克运动

中国在 1979 年重返国际奥林匹克大家庭后，于 1980 年 2 月，首次正式派出运动员参加在美国举行的第 13 届冬奥会。到 2018 年，中国共参加了 11 届冬奥会。中国运动员在奥运会上不仅取得举世公认的优异成绩，而且展示了良好的体育精神与精神面貌，增强了各国运动员之间的友谊。

1980 年 2 月 12 日至 24 日，在美国普莱西德湖举行的第 13 届冬奥会上，来自 37 个国家（地区）的 1283 名运动员参加了比赛。中国派出 28 名运动员参加了此届冬奥会，参加了滑冰、滑雪、现代冬季两项等 18 个单项的比赛。这是中国运动员首次正式在冬奥会赛场上亮相。由于与世界先进水平有较大的差距，中国运动员无一人进入此届冬奥会前 10 名。但是，中国运动员出现在奥运会赛场上，引起了世界人民和体育界的瞩目，也受到了东道主美国人民的热烈欢迎。

为了参加 1980 年在苏联莫斯科举行的第 22 届奥运会，中国体育界进行了积极而紧张的准备。中国在很短的时间内完成了国家队的选拔与集训工作，做好了各种参赛准备。然而，1979 年 12 月 27 日，苏联悍然出兵侵略阿富汗，在国际上引起了巨大反响，受到全世界的反对与指责。中国作为热爱和平的国家，一向反对霸权主义，主张世界和平，坚决反对苏联这种恃强凌弱的侵略行径。1980 年 4 月 24 日，中国奥委会宣布不派运动员参加本届奥运会。

1984 年 7 月 28 日至 8 月 12 日，在美国洛杉矶举行的第 23 届奥运会中，中国派出了 353 人的代表团，其中运动员 225 人。这是新中国第一次全面正式参加奥运会，中国运动员在比赛中表现出了良好的道德风貌和顽强的拼搏精神，共取得 15 枚金牌、8 枚银牌和 9 枚铜牌的优异成绩，在 140 个参赛国家（地区）的角逐中，金牌总数名列第 4，极大振奋了中国人民及海外华人，提高了中国体育的地位。其中射击运动员许海峰获得本届奥运会的第 1 枚金牌，实现了我国自 1932 年参加奥运会以来奥运金牌“零”的突破，成为中国体育史上的划时代事件。

1984 年 2 月 8 日至 19 日，在南斯拉夫萨拉热窝举行的第 14 届冬奥会上，中国派出 37 名选手参加了速度滑冰、花样滑冰、越野滑雪、现代冬季两项等 5 个项目的比赛。由 14 人组成的中国台北队也参加了这届冬奥会。这是海峡两岸中国选手第一次同时参加奥运会，中国在这届冬奥会上仅获得团体总分 5 分，排在第 23 位。

1988 年 9 月 17 日至 10 月 2 日，在韩国汉城举行的第 24 届奥运会中，中国派出 445 人的代表团，其中运动员 297 人，参加了 21 个项目的比赛。由于上届未参赛的苏联和东欧等体育强国加入了本届奥运会的激烈角逐，中国在此届奥运会上的成绩不如上届，仅在跳水、体操、乒乓球比赛中获得 5 枚金牌，另获银牌 11 枚、铜牌 12 枚。汉城 1988 年奥运会使中国体育界清醒地看到了自己与世界体育强国之间还存在差距，激发了体育健儿发奋励志、刻苦训练、力争在下一届奥运会上打翻身仗的决心。

1988 年 2 月 13 日至 28 日，在加拿大卡尔加里举行的第 15 届冬奥会上，来自 57 个国家（地区）的 1445 名运动员参加了比赛。中国队派出了 20 人的代表团，参加速度滑冰、花样滑冰、越野滑雪 3 项共 18 枚金牌的争夺。中国台北代表团的 13 人参加了滑雪、花样滑冰、雪车、雪橇等项目的比赛。中国队与中国台北队比赛成绩平平，各项最好成绩是第 14 和 15 名。令人欣慰的是，在短道速度滑冰表演赛中，李琰夺得了第 1 名。

1992 年 7 月 25 日至 8 月 10 日，在西班牙巴塞罗那举行的第 25 届奥运会中，中国派出了由 380 人组成的代表团，其中运动员 250 人，参加 23 个项目的比赛。中国体育健儿奋力拼搏，连创佳绩，勇夺 16 枚金牌、22 枚银牌和 16 枚铜牌，在有 172 个参赛国家（地区）的竞争中位居金牌榜和奖牌榜第 4 位，并有 3 人 2 次创 2 项世界纪录。在这届强手如林的奥运会上，中国运动员能获得如此优异的成绩，显示了中国竞技运动的迅猛发展势头和中国运动员的实力，在国际体育界引起了巨大反响。

1992 年 2 月 8 日至 23 日，在法国阿尔贝维尔举行的第 16 届冬奥会上，中国终于实现了自 1980 年参加冬奥会比赛以来奖牌“零”的突破。34 名中国运动员参加了这届比赛，共获得银牌 3 枚，在 2 项运动中获第 4 名。中国运动员在这届比赛中所取得的成绩，表明中国冬季运动项目取得了突破性进展。其中女选手叶乔波在比赛中带伤上阵，顽强拼搏，勇夺 500 米和 1000 米两项速度滑冰银牌，虽与金牌擦肩而过，但她所表现出来的体育精神和良好作风，受到了广大运动员和观众的一致称赞。

1994 年 2 月 17 日至 27 日，在挪威利勒哈默尔举行的第 17 届冬奥会上，来自 67 个国家（地区）的 1737 名运动员参加了比赛。中国有 27 名运动员参加了速度滑冰、短道速滑、花样滑冰、冬季两项和自由式滑雪等项目的比赛。在比赛中，张艳梅获短道速滑女子 500 米银牌，叶乔波获速滑女子 1000 米铜牌，陈露获花样滑冰女子单人滑铜牌，中国名列奖牌榜第 18 位。

1996 年 7 月 19 日至 8 月 4 日，在美国亚特兰大举行的第 26 届奥运会中，中国派出由 495 人组成的代表团，其中运动员 309 人，参加 26 个大项中的 22 个大项 153 个小项的比赛。在规模庞大、竞争激烈、奖牌分流和困难较多的情况下，中国运动员顽强拼搏，最终夺得奖牌 50 枚，其中金牌 16 枚、银牌 22 枚、铜牌 12 枚，有 2 人 4 次创 4 项世界纪录，3 人 6 次创 6 项奥运会纪录，6 人 13 次创 12 项亚洲纪录，7 人 15 次创 12 项全国纪录，金牌总数与奖牌总数均列此届奥运会排行榜第 4 位。

1998 年 2 月 7 日至 22 日，在日本长野市举行的第 18 届冬奥会上，作为 20 世纪最后一届冬奥会，共有 72 个国家（地区）的 2304 名运动参加了比赛。在这届比赛中，中国选手奋勇拼搏，共夺得银牌 6 枚，铜牌 2 枚。其中，女选手杨扬在与队友联手夺得接力项目的银牌后，又夺得短道速滑女子 500 米与 1000 米银牌，成为 20 世纪夺得冬奥会奖牌最多的中国选手。李佳军夺得短道速滑男子 1000 米银牌，成为中国首位获得冬奥会奖牌的男运动员。

2000 年 9 月 15 日至 10 月 1 日，在澳大利亚悉尼举行的第 27 届奥运会是世纪之交的一届奥运会。中国派出了由 310 名运动员组成的代表团，其中男运动员 108 名，女运动员 202 名，取得 59 枚奖牌，其中金牌 28 枚，银牌 16 枚，铜牌 15 枚，在金牌榜上和奖牌榜上均仅次于美国和俄罗斯名列第 3 位。这是中国首次名列奥运金牌榜前 3 位，进入奥运会金牌第一集团，实现了历史性的突破。

2002 年 2 月 9 日至 25 日，在美国盐湖城举办的第 19 届冬奥会上，来自 77 个国家（地区）的 2399 名运动员参加了比赛。中国派出了 72 名运动员。在短道速滑女子 500 米决赛中，中国队的杨扬夺得冠军，为中国获得了第一枚冬奥会金牌。此后，她又在女子 1000 米比赛中再夺金牌。中国运动员终于实现在冬奥会金牌“零”的突破，这届冬奥会成为中国冰雪运动发展史上的一个里程碑。

2004 年 8 月 13 日到 29 日，在希腊首都雅典举行的第 28 届奥运会中，中国派出由 633 人组成的规模庞大的代表团，其中运动员 407 名，参加了 26 个大项、203 个小项的比赛，共获得了 32 枚金牌、17 枚银牌、14 枚铜牌，金银铜奖牌共计 63 枚。这是前所未有的辉煌成绩。中国台北选手也在跆拳道比赛中获得 2 枚金牌，取得历史性的突破。

2006 年 2 月 10 日至 26 日，在意大利都灵举办的第 20 届冬奥会上，共有 80 个国家（地区）的 2508 名运动员参加了比赛，中国派出了 151 人组成的代表团，76 名运动员参加了 3 大类、9 个分项、47 个小项的比赛。中国共获得 2 枚金牌、4 枚银牌、5 枚铜牌，位列奖牌榜第 14 位。中国队的两枚金牌分别由短道速滑项目的王濛和自由式滑雪空中技巧项目的韩晓鹏获得。值得一提的是，韩晓鹏的这枚金牌是中国雪上项目的第一金。

2008 年，北京作为第 29 届奥运会的举办城市，为世人呈现了一场无与伦比的赛事盛会。在该届奥运会中，中国共派出 1099 名运动员参加比赛，获得 48 枚金牌，位列奖牌榜第 1 位。此届奥运会中，中国实现了首次在奥运会金牌榜上排名第一，不仅扩大了中国体育在国际体育中的影响力，还提升了中国在国际社会中的地位与形象。

2010 年 2 月 12 日至 28 日，在加拿大温哥华举办的第 21 届冬奥会上，来自 82 个国家（地区）的 2566 名运动员参加了比赛。中国派出了 182 人组成的代表团，90 名运动员参加了 5 个大项、10 个分项、49 个小项的比赛，共获得 5 枚金牌、2 枚银牌、4 枚铜牌，位列奖牌榜第 7 位，并先后打破了 2 项世界纪录和 4 项奥运会纪录。

2012 年，在英国伦敦举行的第 30 届奥运会中，中国派出由 612 人组成的代表团参加比赛，其中，396 名运动员参加了 23 个大项、212 个小项的比赛，获得 38 枚金牌、27 枚银牌、23 枚铜牌，位列奥运会金牌榜排名第二位和奖牌榜排名第二位。

2014 年 2 月 7 日至 23 日，在俄罗斯索契举办的第 22 届冬奥会上，来自 88 个国家（地区）的 2856 名运动员参加了比赛。中国派出了 139 人组成的代表团，66 名运动员参加了 4 大类、9 个分项、49 个小项的比赛。中国共获得 3 枚金牌、4 枚银牌、2 枚铜牌，位列奖牌榜第 12 位。其中，张虹获得速度滑冰女子 1000 米金牌，实现了中国在冬奥会基础大项金牌零的突破。中国男子冰壶队获得第四名，创造了中国男子冰壶参加冬奥会历史最好成绩。花样滑冰选手闫涵获得男子单人滑第七名，创造了中国在这个项目上冬奥会历史最好成绩。

2016年，在巴西里约热内卢举行的第31届奥运会中，中国派出由711人组成的代表团参加比赛，416名运动员参加了26个大项、210个小项的比赛，获得26枚金牌、18枚银牌、26枚铜牌，位列奖牌榜第2位。在此次奥运会中，中国在自行车、男子跆拳道2个项目历史上首次获得了奥运会金牌。中国运动员良好的精神风貌和体育道德风尚得到了充分的展现。

2018年2月9日至23日，在韩国平昌举办的第23届冬奥会上，来自92个国家（地区）的2920名运动员参加了比赛。中国派出了82名运动员参加了比赛。中国共获得1枚金牌、6枚银牌、2枚铜牌，位列奖牌榜第16位。其中短道速滑运动员武大靖面临强敌，无所畏惧，以绝对优势为中国赢得一枚金牌，并打破短道速滑的奥运会纪录。

2021年7月23日至8月8日，在日本东京举行的第32届奥运会上，中国派出由431名运动员组成的777人的体育代表团参加比赛，共获得38金32银18铜共88枚奖牌，金牌数、奖牌数仅次于美国，位居第二，追平在伦敦2012年奥运会取得的境外参赛最好成绩。东京奥运会赛场上，中国体育健儿积极弘扬奥林匹克精神和中华体育精神，爱国拼搏，挑战自我，尊重规则、尊重裁判、尊重对手，自信、开放、阳光，展现了中国青年一代“使命在肩、奋斗有我”的精神风貌。

第二节　北京2008年奥运会

一、百年奥运，中华圆梦

在中国举办奥运会，是全体中国人民长期的愿望。但在相当长的时期内，中国都不具备举办奥运会的能力与条件。改革开放以来，中国政治稳定，经济繁荣，人民生活水平不断提高，体育事业取得了巨大的成就，极大地提高了我国在国际上的地位和在国际奥林匹克运动中的影响力。加之1990年第11届亚运会的成功举行，不仅使北京积累了举办大型国际体育赛事的经验，也证明了中国有承办奥运会的能力。因此，在1991年2月26日，北京市人民政府和中国奥委会决定向国际奥委会提出承办2000年第27届奥运会的申请，开始了申办奥运会的历程。

1993年1月，在洛桑国际奥委会总部，萨马兰奇收到了北京奥申委代表团吴重远等5人呈交的《申办报告》。在报告中，中国一一回答了国际奥委会提出的23个问题，全面表述了北京申办的原因、条件和计划安排。3 月 6 日，北京迎来了共 12 人的国际奥委会考察团对北京进行了长达 3 天的考察。5 月 9 日，北京再次迎来了国际奥委会主席萨马兰奇、副主席高斯帕一行人。在此次考察过程中，北京奥申委向国际奥委会汇报了关于竞赛日程、场馆设施、信息网络、新闻、财政和市场开发等方面的情况。然而在考察过程即将结束时，同年 6 月 10 日，美国的人权小组委员会以人权为理由，对北京举办 2000 年奥运会表示反对。6 月 19 日，国际奥委会的执委们对美国这一行为进行了讨论，并最终表示美国这一行为违反奥林匹克原则，不予以接受。6 月 24 日，萨马兰奇在瑞士洛桑发言称，国际奥委会将单独决定 2000 年奥运会的主办城市。

1993 年 9 月 23 日，在摩纳哥蒙特卡洛城举行的国际奥委会第 101 次全会上，5 个申办国家的代表向全体国际奥委会委员做了最后的陈述报告。88 名国际奥委会委员参加了投票。经过 4 轮紧张激烈的角逐，伊斯坦布尔和柏林分别在前两轮中被淘汰。在第 3 轮的投票中，北京、悉尼、曼彻斯特 3 个城市的得票数分别为 40、37、11，北京领先，曼彻斯特被淘汰。在最后一轮投票中，北京为 43 票，悉尼得了 45 票。北京以两票之差申奥失利。

虽然申办的过程并非顺利，受到了诸多因素的干扰，但此次申奥中国以积极、平等的态度展现了自己的实力，表达了参加国际奥林匹克运动的决心，表达了中国人民对发展奥林匹克运动、与世界人民增进友谊的真诚愿望，同时也让世界认识了中国改革开放以来的巨大成就，促进了中国奥林匹克事业的发展。

北京首次申办（2000 年）奥运会失利后，国际奥委会多数委员们均表示支持北京继续申办 2004 年奥运会；但由于我国当时正处于改革开放的关键时期，继续申办势必会影响改革进程，考虑到经济等方面的原因，所以暂时放弃申办 2004 年奥运会，改为申办 2008 年奥运会，中国再次踏上申奥征途。

1999 年 4 月 7 日，北京市委书记刘淇和中国奥委会主席伍绍祖向国际奥委会正式递交了北京市申办 2008 年奥运会的申请书。2000 年 6 月 19 日，北京奥申委向国际奥委会递交了《申请报告》，按照国际奥委会的要求，全面回答了 6 个方面的 22 个问题。北京将“新北京、新奥运”（New Beijing，Great Olympics）作为申奥口号，并提出了“绿色奥运、科技奥运、人文奥运”的新理念。

2001 年 7 月 13 日，国际奥委会第 112 次全会在莫斯科举行，确定 2008 年奥运会的举办城市。在 5 个申办城市陈述后，国际奥委会开始投票。除去萨马兰奇及申办国委员不参加投票外，共 106 名委员参加投票。北京在首轮投票中获 44 票，多伦多 20 票，伊斯坦布尔 17 票，巴黎 15 票，大阪 6 票。第二轮投票，有效票 105 张，其中北京 56 票，超过半数。多伦多 22 票，巴黎 18 票，伊斯坦布尔 9 票。北京以绝对优势胜出。

当萨马兰奇主席宣布这一投票结果后，中国大地一片欢腾，海外华人奔走相告。北京 40 万名群众自发来到天安门广场，上百万首都群众涌上街头，举国上下共庆这一历史性时刻。北京庄严承诺：将按照国际奥委会的规定和奥林匹克宪章的要求，扎扎实实地进行奥运会的各项筹备工作，为世界各地的运动员创造一流的比赛环境与条件，为世界各国家（地区）的朋友们提供最好的设施和服务，确保 2008 年奥运会的成功举行。为了办好这届奥运会，北京市人民政府制订了奥运行动计划，开始了一系列的筹办工作。

二、科技、绿色、人文

2001 年 12 月 13 日，北京奥组委成立。它承担着北京奥运会和北京残奥会各项筹办任务的组织工作。北京奥组委的执行机构为执委会，执委会由主席、副主席、执行主席、执行副主席和执委组成。

北京奥运会在筹办过程中秉承“开放办奥运，创新办奥运，节俭办奥运，廉洁办奥运，全民办奥运”的方针，以有特色、高水平的奥运会为目标，以“绿色奥运、科技奥运、人文奥运”为理念，以“同一个世界，同一个梦想”（One World，One Dream）为口号，会徽是“中国印·舞动的北京”，吉祥物为五福娃，火炬样式为“祥云”，“金镶玉”式奖牌将中华民族特有的文化艺术形式与奥林匹克文化完美结合，为奥林匹克运动留下宝贵的文化遗产。

在北京 2008 年奥运会的筹办过程中，“绿色奥运、科技奥运、人文奥运”的三大理念具有十分重要的意义。

绿色奥运：把环境保护作为奥运设施规划和建设的首要条件，制定严格的生态环境标准和系统的保障制度；广泛采用环保技术和手段，大规模多方位地推进环境治理、城乡绿化美化和环保产业发展；增强全社会的环保意识，鼓励公众自觉选择绿色消费，积极参与各项改善生态环境的活动，大幅度提高首都环境质量，建设宜居城市。

科技奥运：紧密结合国内外科技最新进展，集中全国科技创新成果，举办一届高科技含量的体育盛会；提高北京科技创新能力，推进高新技术成果的产业化和在人民生活中的广泛应用，使北京 2008 年奥运会成为展示高新技术成果和创新实力的窗口。

人文奥运：传播现代奥林匹克思想，展示中华民族的灿烂文化，展现北京历史文化名城风貌和市民的良好精神风貌，推动中外文化的交流，加深各国人民之间的了解与友谊；促进人与自然、个人与社会、人的精神与体魄之间的和谐发展；突出“以人为本”的思想，以运动员为中心，提供优质服务，努力建设使奥运会参与者满意的自然和人文环境。

三、无与伦比

“这是一届真正的无与伦比的奥运会！”国际奥委会主席罗格在北京 2008 年奥运会闭幕式上致辞时如此评价本届奥运会。

据统计，在本届奥运会上，总共有 204 个国家（地区）参加了比赛，87 个国家（地区）赢得了奖牌。其中，东道主中国体育代表团共派出 1099 人参加比赛，取得 48 枚金牌。值得一提的是这是中国首次在奥运会金牌榜上排名世界第一。

北京 2008 年奥运会的成功举办，为中国和国际奥林匹克运动的发展留下了重要的宝贵遗产。

（1）进一步增强了中国的国际影响。奥运会是对外交往的一个重要领域，自洛杉矶 1984 年奥运会举办以来，全世界参加这一盛会的国家（地区）不断增加，为争夺奥运会的举办权，各国间的竞争越来越激烈。中国成功举办奥运会是中国坚持改革开放政策的结果，为中国致力于世界和平事业，营造更有利于国家统一的国际环境提供了更多的可能；为我国经济与国际接轨，使我国企业走向世界，拓展国际市场创造了更加有利的条件；为东西方文化的进一步的交流与融合，让世界了解中国，中国融入世界提供了新的动力。

（2）激发了全国人民的爱国热情，增强了民族的凝聚力。爱国主义是一个国家重要的精神支柱，体育运动对于培养爱国主义有着特殊的重要作用。申办和举办奥运会的过程，也是激发人们的爱国主义热情、使全体中国人民进一步团结在一起的过程，可以有力地推动中国特色社会主义现代化建设。

（3）促进了中国体育事业的发展。奥运会是当代规模最大，水平最高的体育盛会，中国体育尤其是竞技运动的发展，与奥运息息相关，从参加奥运会到实现金牌“零”的突破，再到获得奥运金牌数第 2 的好成绩；从 1993 年申奥失利到 2001 年申奥成功，再到举办北京 2008 年奥运会，反映了中国体育事业的巨大进步。参加奥运会、申办奥运会和举办奥运会，意味着承认奥林匹克宪章，坚持奥林匹克主义、精神和宗旨，按奥林匹克运动的规程、标准办事，也意味着要与国际体育规程接轨，按国际惯例办事。因此，申办奥运会的成功不仅会加快中国实现奥运战略的步伐，也会有力推动中国体育的对外开放和体育体制的进一步改革。

（4）促进了首都北京的建设与发展。奥运会的申办与举办，全面促进了北京城市的发展，树立了其文明开放、团结发展的现代化国际大都市的形象。“新北京，新奥运”口号与“绿色奥运、科技奥运、人文奥运”的理念，极大地促进了北京的“两个文明”建设。首先，为举办奥运会进行的大规模设施建设和环境整治有力地提高了北京市现代化水平与环境质量。其次，由奥运建设带动的相关产业推动了北京产业结构的调整，增强了城市经济可持续发展的能力。再次，奥运建设项目的相关产业的发展，使北京地区形成了庞大而活跃的投资和需求市场，促进了首都经济的发展。最后，申办和举办奥运会，也是大规模的民众参与过程，有效地提高了北京市民的文明素质和意识，促进了北京软环境的改善。

第三节　北京 2022 年冬奥会

一、书写冰雪文化奇缘

日月如梭，当北京 2008 年奥运会的辉煌正在逐渐融入国家发展的巨大身影时，新的奥运梦想悄然勃发。2013 年 11 月 3 日，中国奥委会正式致函国际奥委会，提名北京市为 2022 年冬奥会的申办城市，中国北京再次踏上追梦之旅。

2014 年 7 月 7 日，国际奥委会宣布，中国北京与挪威奥斯陆、哈萨克斯坦阿拉木图三座城市正式入围 2022 年冬奥会候选城市。2015 年 1 月 6 日，北京冬奥申委在瑞士洛桑向国际奥委会提交 2022 年冬奥会《申办报告》。2015 年 3 月 24—28 日，国际奥委会评估团来华，实地考察北京、延庆、张家口三个赛区。2015 年 6 月 1 日，国际奥委会公布 2022 年冬奥会候选城市《评估报告》。2015 年 6 月 9—10 日，北京冬奥申委赴瑞士洛桑出席 2022 年冬奥会候选城市与国际奥委会委员陈述交流会。

2015 年 7 月 31 日，在马来西亚吉隆坡举行的国际奥委会第 128 次全会上，北京张家口申办冬奥会的三大理念“以运动员为中心、可持续发展、节俭办赛”与《奥林匹克 2020 议程》的高度契合，给国际社会留下了深刻的印象。最终，国际奥委会主席巴赫宣布，在国际奥委会委员对冬奥会候选城市进行的不记名投票中，北京获得 44 票，另一申办城市哈萨克斯坦的阿拉木图获得 40 票，北京成功赢得 2022 年冬奥会举办权。奥运会再度花落北京，既显示了其对中国经济稳步发展、社会持续进步的信心，也是对北京举办 2008 年奥运会体现出来的大型赛事承办能力的又一次高度肯定。

小贴士

2019 年 9 月 17 日晚，北京 2022 年冬奥会和冬残奥会吉祥物发布仪式在北京首钢园区国家冬季运动训练中心冰球馆隆重举行。中共中央政治局常委、国务院副总理、第 24 届冬奥会工作领导小组组长韩正和国际奥委会主席巴赫，国家体育总局局长、北京 2022 年冬奥组委执行主席苟仲文以及运动员和冰雪少年代表，一同开启装置，北京 2022 年冬奥会吉祥物“冰墩墩”“雪容融”精彩亮相。

北京 2022 年冬奥会吉祥物“冰墩墩”，以熊猫为原型进行设计创作。冰象征纯洁、坚强，是冬奥会的特点。墩墩意喻敦厚、健康、活泼、可爱，契合熊猫的整体形象，象征着冬奥会运动员强壮的身体、坚忍的意志和鼓舞人心的奥林匹克精神。

北京 2022 年冬残奥会吉祥物“雪容融”，以灯笼为原型进行设计创作。雪象征洁白、美丽，是冰雪运动的特点。容融表达了世界文明交流互鉴、和谐发展的理念。灯笼代表着收获、喜庆、温暖和光明，体现了冬残奥运动员的拼搏精神和激励世界的冬残奥会理念。

二、展现长城文化景观

举办冬奥会这样的大型活动，将进一步加快城市建设发展，推动环境更加优美，交通更加顺畅，服务更加便利，顺应群众对美好生活的新期待，增强人民群众的获得感。同时，京张地区是京津冀协同发展的重要区域，加快京张地区协同发展，对于推动京津冀协同发展，具有强有力的牵引作用。通过筹办冬奥会，将实现京张地区交通设施相连相通、生态环境联防联控、产业发展互补互促、公共服务共建共享。

北京作为中国的首都，是全国政治中心、文化中心、国际交往中心、科技创新中心。古老而富有韵味之中又有现代都市繁华的庞大城区，向东南方铺展的广阔平原，加之逶迤蜿蜒、镇守城区西北的太行山脉和燕山山脉，成就了北京独特的魅力。园林遗迹，古刹皇陵，给北京城注入了深厚的人文底蕴；峻崖曲壑，丽泉飞瀑，为城郊挂上了一层神秘的面纱；而人来人往的步行街和星罗棋布的商业区，则为这座古老的城市增添了时代的新生命力。

在北京 2022 年冬奥会筹办过程中，北京赛区共有 12 个竞赛、非竞赛场馆，其中现有场馆 8 个、新建场馆 3 个、临时场馆 1 个。北京赛区将进行 3 个大项（冰壶、冰球、滑冰）、5 个分项（冰壶、冰球、短道速滑、花样滑冰、速度滑冰）、32 个小项的比赛。北京奥林匹克公园作为 2008 年奥运会的重要遗产，在 2022 年将再次成为冬奥会的核心区域，冬奥会 25 个场馆中的 7 个位于北京奥林匹克公园范围内。国家体育场（鸟巢）将举办冬奥会及冬残奥会的开闭幕式；国家游泳中心（水立方）将进行冰壶及轮椅冰壶项目的比赛；国家体育馆将进行男子冰球及冰橇冰球项目的比赛；五棵松体育中心将进行女子冰球项目的比赛；首都体育馆将进行短道速滑及花样滑冰项目的比赛；新建的国家速滑馆将进行速度滑冰的比赛。北京赛区的奥运村将可容纳运动员和随队官员 2260 人。

延庆区位于北京市西北部，距市区 74 公里，总面积 1993.75 平方公里，常住人口 31.6 万，是首都生态涵养发展区，气候冬冷夏凉，素有“北京夏都”之美誉，正在依托丰富的冰雪资源，全力打造“冰雪之城”。延庆区生态环境优良，林木绿化率高，空气质量连续多年全市领先，青山绿树、碧水蓝天成为绿色北京的闪亮名片。延庆属京郊旅游胜地，区域内有八达岭长城、龙庆峡、玉渡山等 30 余个风光独特的景区景点，有冰灯冰雪节等精彩纷呈的休闲活动，2015 年接待游客达 2108.97 万人次。延庆历史文化底蕴深厚，炎黄文化、妫川文化和长城文化等特色鲜明的地域文化熠熠生辉，为人文北京增光添彩。

在北京 2022 年冬奥会期间，延庆赛区共有 5 个竞赛、非竞赛场馆，将进行 3 个大项（高山滑雪、雪车、雪橇）、4 个分项（高山滑雪、雪车、钢架雪车、雪橇）、20 个小项的比赛。延庆赛区的建设将会带动周边地区交通及市政基础设施的建设，为该区域的发展创造条件，其场馆建设也会尽量与环境结合、减少工程量、节省投资。延庆赛区的奥运村将可容纳运动员和随队官员 1430 人。

张家口市位于河北省西北部，北京、河北、山西、内蒙古四省（自治区、直辖市）交界处，辖 6 区、10 县、2 个管理区、1 个经开区，总面积 3.7 万平方公里，总人口 468 万人。

张家口历史十分悠久，阳原泥河湾是东方人类起源地，涿鹿黄帝城是炎帝、黄帝、蚩尤“三祖”合符地，拥有“东方人类从这里走来”“中华文明从这里走来”

两大人文历史名片。明清时期，张家口是我国北方重要的陆路商埠，与广州并称“陆水双码头”，与丝绸之路相媲美的张库大道就从这里起始。

张家口赛区位于张家口市崇礼区。崇礼区至今已有 20 多年的滑雪产业发展史，目前正在运营的滑雪场有 7 个。该区域是中国滑雪产业发展的龙头区，是中国周边国家、众多滑雪爱好者冬季滑雪休闲度假的目的地。张家口赛区共有 8 个竞赛、非竞赛场馆，将进行 2 个大项（滑雪、冬季两项）、6 个分项（单板滑雪、自由式滑雪、越野滑雪、跳台滑雪、北欧两项、冬季两项）、50 个小项的比赛。北京 2022 年冬奥会将充分利用现有滑雪场的各项资源，可节省大量资金。张家口赛区的奥运村将可容纳运动员和随队官员 2640 人。

三、谱写春节文化新篇

北京 2022 年冬奥会申办成功后，习近平主席对办好北京 2022 年冬奥会作出了重要指示，强调“要坚持绿色办奥、共享办奥、开放办奥、廉洁办奥，确保把北京 2022 年冬奥会办成一届精彩、非凡、卓越的奥运盛会”。“四个办奥”理念简洁而深刻，为北京 2022 年冬奥会的筹办工作指明了方向。

坚持绿色办奥是指提升全社会环保意识，加强环境治理和污染防控，把绿色发展理念贯穿筹办工作始终，是北京 2008 年奥运会的“绿色奥运”理念的延续和发扬光大。它将奥运会视作社会环境的一部分，让奥林匹克运动与环境共生共荣。

2014 年，国际奥委会全票通过了《奥林匹克 2020 议程》，围绕可持续发展、提高公信力和吸引青少年这三大主题对奥运会未来发展提出了改革方案。实际上，早在申办时期，北京 2022 年冬奥会的筹办思路就与国际奥委会的改革不谋而合。在场馆规划上，北京 2022 年冬奥会充分利用了北京 2008 年奥运会场馆资源，北京赛区的 13 个冬奥场馆中有 11 个场馆是通过改造、改建奥运会场馆而来。此外，北京 2022 年冬奥会的新建场馆从选址、设计、建设、交付、移除到转为赛后利用，全过程都以赛时和赛后相互关联、共同设计为出发点。国家速滑馆“冰丝带”是北京 2022 年冬奥会北京赛区唯一新建场馆，也是亚洲最大的冰面速滑馆。它采取全冰面设计，冰面面积 1.2 万平方米，近乎等同于一个田径场大小。通过冰面的分区控制，“冰丝带”不仅可以满足速度滑冰、短道速滑、花样滑冰、冰壶、冰球、班迪球等六大类冰上运动项目的竞赛要求，还能够实现 3500 人同时上冰的全民健身需求。在北京 2022 年冬奥会后，国家速滑馆将被打造成“体育赛事、群众健身、文化休闲、展览展示、社会公益”五位一体的多功能冰雪中心，面向社会公众开放。

小贴士

2021年6月23日（国际奥林匹克日），北京冬奥组委专职副主席、秘书长韩子荣代表北京冬奥组委向全社会发布《北京2022年冬奥会和冬残奥会遗产报告（2020）》，国际奥委会同步发布遗产报告国际版。

北京2022年冬奥会和冬残奥会是《奥林匹克2020议程》颁布之后的第一届从筹办之初就全面规划管理奥运遗产的奥运会。这是北京2022年冬奥会筹办工作的重要内容，也是落实“绿色、共享、开放、廉洁”办奥理念的具体行动。

该报告以图、文和专栏的形式总结提炼了北京2022年冬奥会自2015年申办成功以来筹办工作所形成的遗产成果：促进中国冰雪运动普及发展，超前谋划场馆赛后利用，持续提升京张地区生态环境，促进京津冀地区协调发展，主办城市转型发展，引领社会文明进步。

发布会上播放了国际奥委会副主席、国际奥委会北京2022年冬奥会协调委员会主席胡安·安东尼奥·萨马兰奇·萨利萨克斯的视频祝词。他说，北京2022年冬奥会遗产报告的发布标志着北京冬奥组委在打造持久的、可持续的奥运遗产征程中迈出了重要一步。

四、简约、安全、精彩

坚持“共享办奥”是指积极调动社会力量参与办奥，提高城市管理水平和社会文明程度，加快冰雪运动发展和普及，使广大人民群众受益，让更多的普通人品尝到竞技运动结出的硕果。

“共享办奥”首先体现在共同参与，实施“共享办奥”公众参与计划，推动冰雪运动进校园、进社区，助力实现“带动三亿人参与冰雪运动”的目标等方面。

筹办好冬奥会是重大的民生工程、幸福工程，北京冬奥组委将联合中央和市人民政府有关部门实施“共享办奥”公众参与计划，包括奥林匹克教育、青少年、影像出版、社会文明四个分计划。通过推动成立北京冬奥宣讲团，推出更多冬奥和冰雪运动的纪录片、电影、宣传片、动画片、网络微视频等，让全社会特别是青少年有更多机会关注、参与冬奥，享受冰雪运动的乐趣。

早在申办2022年冬奥会时，中国就明确提出“带动三亿人参与冰雪运动”的目标，希望让更多普通市民通过参与冰雪运动项目受益，身心得到更全面的发展。“带动三亿人参与冰雪运动”目标的提出，向世界传达这样一个信息：中国举办冬奥会不仅仅是为在竞技层面的争金夺银，更重要的是希望让更多普通市民通过练习冰雪运动项目受益，尤其是青少年群体通过冰雪运动身心能够得到更全面的发展。2018 年 2 月，教育部、国家体育总局、北京冬奥组委印发《北京 2022 年冬奥会和冬残奥会中小学生奥林匹克教育计划》（以下简称《计划》），加快推动青少年冰雪运动普及发展。《计划》强调，有条件的北方地区中小学校，要开设冰雪项目运动课程，鼓励南方地区城市中小学校积极与冰雪场馆或冰雪运动俱乐部建立合作，促进青少年冰雪运动普及发展。北京冬奥组委与教育部在全国遴选建设了一批全国青少年校园冰雪运动特色学校（以下简称特色学校）和北京 2022 年冬奥会和冬残奥会奥林匹克教育示范学校（以下简称示范学校）。截至 2020 年底，全国奥林匹克教育示范学校累计达到 835 所，冰雪运动特色学校达到 2062 所，形成了以东北、华北、西北为重点地区，辐射全国的总体布局。通过特色学校和示范学校遴选，树立一批校园冰雪运动教育教学工作的先进典型，推动广大青少年普及校园冰雪运动，促进青少年对冬奥会和冬残奥项目知识的了解和兴趣的培养，不断丰富体育教学活动内容，构建具有中国特色的冰雪运动教学、训练、竞赛和条件保障体系，传播积极健康的生活方式和包容性发展理念，夯实冬季运动青少年基础，增强青少年体质。

围绕北京冬奥会的筹办，有序组织各类文化教育活动。连续举办两届“筑梦冰雪 · 相约冬奥”全国学校冰雪运动竞赛暨冰雪嘉年华活动。2020 年共有 19 个省市 867 名青少年运动员参加了 51 项比赛，师生代表近 7000 人参加。在主办城市北京，连续举办五届北京市中小学生冬季运动会，超 6300 名运动员参赛。截至 2020 年底，北京市已组建 6 支市级、126 支区级青少年冰雪运动队，冰雪项目注册后备人才达 7565 人，较 2016 年增长了近 100 倍。张家口市已建立 19 支区县级冰雪运动队，共有注册运动员 766 人，较 2016 年增长近 5 倍。同时，围绕关键时间节点和重要文化元素，有序组织各类主题教育活动，为学生搭建舞台，提升活动参与广度和深度。北京冬奥组委与教育部联合，在全国小学生中开展北京冬奥会和冬残奥会吉祥物故事征集主题活动，鼓励全国各地的小学生通过撰写“冰墩墩”和“雪容融”的故事，将奥林匹克价值观和残奥价值观践行于成长过程中。活动吸引了全国 25 个省市超过 3.62 万所学校的 1518.2 万中小学生参与，各地共收集了 466.7 多万件征文作品。推出“我的冬奥梦”冬奥小记者国际营活动，2019-2020 年该活动落地全国 12 个分站，走进全国1000所中小学校，覆盖150万青少年。北京市连续举办三届中小学生冬奥知识竞赛，2020年全市826所学校超过39万名中小学生参与竞赛活动。

“共享办奥”还体现在共同建设和共同享有，即积极吸引企业和社会各界参与冬奥筹办，实施冬奥遗产战略计划，依托冬奥场馆设施等载体，发挥冬奥对区域发展的溢出效应，推进产业转型升级，带动群众就业增收，促进京冀两地协同发展。

作为北京冬奥组委的办公地，百年首钢变得越来越富有生机和活力，将被打造为新时代城市复兴新地标，这也获得国际奥委会主席巴赫高度评价。北京还鼓励中关村高科技企业积极参与冬奥，加强朝阳奥林匹克公园、延庆赛区、首钢园区应用场景建设，让最新的科技元素在北京冬奥上充分展示。

坚持“开放办奥”是指借鉴北京奥运会和其他国家经验，弘扬奥林匹克精神，加强中外体育交流，推动东西文明交融，展示中国良好形象。打开门来办奥运，这是从北京2008年奥运会就定下的办奥方针。从2008年到2022年，中国又进入了一个崭新的阶段，需要向世界再一次展现自己的大国风采。

“开放办奥”的第一步是走出去。2017年11月，北京冬奥组委召开2017—2018赛季实战培训工作动员部署会议，正式启动实战培训工作。此次实训包括实习计划、专项实习计划、观察员项目3种形式。实习计划是这次实战培训的重点任务。从2017年11月初开始，北京冬奥组委分批选派41名业务骨干到平昌冬奥组委总部、相关竞赛和非竞赛场馆、国际残奥委会驻平昌冬奥组委的总部机构，开展为期1~4个月的顶岗实习，参与赛时运行保障任务。此外，北京冬奥组委分别派出竞赛管理、转播服务、技术保障团队，在平昌冬奥组委相应的业务领域开展专项工作实习，同时，协调组织相关中央单位、北京市和河北省相关部门、北京冬奥组委重点业务领域的工作人员，参与国际奥委会、国际残奥委会分别组织实施的官方观察员项目，综合学习赛时运行及服务保障情况。根据要求，2017—2018赛季实训结束后，参加实训的人员须完成个人学习总结，相关赛时运行计划、方案等编制工作，各类研究报告起草工作等。其中，实习计划人员将召开学习成果结题会，专项实习计划人员将开展冬奥会和冬残奥会竞赛组织、转播服务、技术运行桌面推演活动，观察员项目将举办学习成果分享会，完成实训成果转化。

2018年5月29日，北京冬奥组委会同国家体育总局、中国残联、北京市人民政府、河北省人民政府联合印发《北京2022年冬奥会和冬残奥会人才行动计划》。该行动计划的出台，是冬奥会和冬残奥会进入“北京周期”以后，北京冬奥组委首推的重要举措，表明“聚天下英才而用之”成为北京 2022 年冬奥会的战略选择。该行动计划面向直接参与筹办工作的人才队伍，将组织实施包括国际优秀人才集聚、工作人员队伍建设、竞赛管理人才开发在内的 7 个专项计划。

其中，引进外籍专家颇受关注。据了解，北京冬奥组委建立了特聘专家制度，与国际奥委会等相关国际组织密切合作，在场馆规划、赛道设计、竞赛组织、雪务工作等领域，引进 14 位外国专家指导解决了很多关键性技术难点问题。2017 年 6 月开展的首次全球招聘中，有来自 20 多个国家（地区）的 3894 人注册报名，最终，北京冬奥组委择优录取了 31 人。

坚持“廉洁办奥”是指严格预算管理，控制办奥成本，强化过程监督。公开、透明、公正一直是北京冬奥组委所坚持的基本原则，也是中国对国际奥委会、奥林匹克运动、中国人民和全世界人民的尊重与承诺。

“廉洁办奥”首先是节俭办奥，场馆持续利用就是最大的节俭。北京在冬奥会中尽可能使用现有场馆，北京赛区的 13 个场馆中，有 11 个是北京 2008 年奥运会的遗产；在新建场馆规划中，与设计单位、场馆业主合作，同步编制场馆赛后利用方案，努力实现场馆的持续利用、长久利用。

北京 2022 年冬奥会不仅是一次专业的体育盛会，也是普通老百姓接触冰雪运动、爱上冰雪运动的有利契机。北京 2022 年冬奥会场馆，无论新建还是改扩建场馆在设计和施工中都充分考虑了赛后的可持续利用。五棵松篮球馆实现冰球转换是在设计之初就考虑好的；国家速滑馆新建的 1.2 万平方米亚洲最大冰面，为赛后运营创造了有利条件，可以在赛后实现速度滑冰、短道速滑、花样滑冰、冰球等所有冰上运动的全覆盖，为民众提供更大的冰上活动空间；国家体育馆是可转换式的冰球场馆，赛后可以用作冰场活动和文化活动；水立方的架子可以重复利用，根据需要实现冰水转换，既可以用作游泳中心，也可以开展冰壶运动；北京奥运村在赛后将作为人才公寓。此外，延庆赛区中的高山滑雪中心在赛后可以开展专业级别的比赛活动，同时也可以开展群众滑雪运动，夏天可举行野外登山、野营、山地自行车等活动；雪车雪橇中心在比较低的位置也设立了群众滑行路线，可以进行体验，高的位置比较危险，适合国家队训练；延庆奥运村将作为酒店对外开放。

2021 年 1 月 18—20 日，习近平主席在北京、河北考察，并主持展开北京 2022 年冬奥会和冬残奥会筹办工作汇报会，强调要突出“简约、安全、精彩”的办赛要求，全面防范化解各种风险，精心做好赛事组织、赛会服务、科技应用、文化活动等各种筹办工作，最大限度降低疫情风险。

国际奥委会主席巴赫在 2021 年 2 月 28 日与新华社的连线中表示：“简约是双方一致的想法，简约办奥是世界在后疫情时代的合理方案。安全是各项筹办工作的第一要务。我们也希望通过奥运会，感受运动的激情与精彩，以及中国在筹办方面作出的出色工作。我们已经通过多项体育赛事在很多方面感受到了这点。”

2021 年 9 月 17 日，北京 2022 年冬奥会和冬残奥会主题口号在北京首都博物馆内正式对外发布——“一起向未来”（Together for a Shared Future）。该口号是中国向世界发出的诚挚邀约，传递出 14 亿中国人民对奥林匹克运动的美好期待：与世界人民携手共进、守望相助、共创美好未来。

2021 年 10 月 20 日，北京 2022 年冬奥会火种抵达北京，火种欢迎仪式在奥林匹克塔隆重举行。“双奥之城”北京时隔 13 年再次迎来奥林匹克的荣光。随后，北京冬奥组委发布了北京 2022 年冬奥会火种展示和火炬接力计划。火炬接力活动将分为火种展示、传统火炬接力和网络传递三个部分，通过展示与接力线上线下相结合的形式，开创一次具有北京 2022 年冬奥会特色的火炬接力之旅。

北京 2022 年冬奥会和冬残奥会正张开热情的怀抱迎接世界冰雪健儿的到来，期待演绎一场东方传统文化与欧美现代体育交融互动的激情约会！

（王芳　撰稿）